GÜTERSLOHER
VERLAGSHAUS

Gütersloher Verlagshaus. Dem Leben vertrauen

Für meine Tochter Julia

Michael Cöllen, Diplom-Psychologe und Psychotherapeut, war 17 Jahre Mitautor der NDR-Fernsehserie »Ich und Du« für Partnerprobleme. Er ist Mitbegründer und Lehrtherapeut der Deutschen Gesellschaft für integrative Paartherapie und Paarsynthese (GIPP) in Hannover; zahlreiche Veröffentlichungen zum Thema Paartherapie.

MICHAEL CÖLLEN

Liebe deinen Partner wie dich selbst

Wege für Paare aus narzisstischen Krisen

unter Mitarbeit von Ulla Holm

Gütersloher Verlagshaus

Bibliografische Information Der Deutschen Bibliothek

Die Deutsche Bibliothek verzeichnet diese Publikation in der Deutschen
Nationalbibliografie; detaillierte bibliografische Daten sind im Internet über
http://dnb.ddb.de abrufbar.

ISBN-13: 978-3-579-06509-0
ISBN-10: 3-579-06509-2
© Gütersloher Verlagshaus GmbH, Gütersloh 2005

Umschlaggestaltung: schwecke.mueller Werbeagentur GmbH, München
Umschlagmotiv: getty images
Satz: Buch-Werkstatt GmbH, Bad Aibling
Druck und Bindung: GGP Media GmbH, Pößneck
Printed in Germany

www.gtvh.de

Inhalt

9   Ein Wort vorab

11   Einleitung

13   **Stürmische Beziehungen**

16   Narzisstische Paardynamik – Küssen oder Streiten?

18   Kennzeichen narzisstischer Paare –
     Gefangen in Angst

31   Unglück im Glück

35   Liebe und Narzissmus –
     Zentrum menschlicher Dynamik
36   *Beziehung zwischen Ich und Selbst*
40   *Beziehung zwischen Ich und Du*
42   *Beziehung zwischen Ich und Welt*

46   **Narzissmus und Seelendynamik**

52   Definition

54   Gesunder Narzissmus

56   Gestörter Narzissmus
56   *Der ungehemmte Narzisst*
59   *Die gehemmte Komplementärnarzisstin*

62   **Entstehung der narzisstischen Kränkung**

62   Das innere Kind – das verletzte Kind

72   Zum Narzissmus der Männer
75   *Ursachen für männlichen Narzissmus*

86 Narzisstische Paare –
Zwischen Krieg und Frieden

86 Die hingebungsvolle Seite narzisstischer Liebe –
Ich baue dir ein Schloss

89 Die streitvolle Seite des Narzissmus –
Fallstricke der Liebe

91 Abwehr- und Widerstands-Dynamik
95 *Ich oder Du (Beziehung)*
98 *Opfer oder Täter (Existenz)*
103 *Fremdbestimmung – Selbstbestimmung (Freiheit)*
106 *Aufwertung – Abwertung (Würde)*
109 *Veränderung – Konstanz (Selbstentfaltung)*

112 Kombination von Paararbeit und Paartherapie
114 *Der Einstieg in die eigene Paararbeit*
117 *Widerstand des Narzissten – in Aggression*
121 *Abwehr der Komplimentärnarzisstin – in Depression*

125 Selbstverteidigung oder Selbstverhinderung –
Umgang mit Abwehr und Widerstand

132 Paararbeit und Paartherapie

132 Die therapeutische Reise

135 Vorteile der Paartherapie

136 Verdichtung der Prozesse

138 Methodenvielfalt

141 Innere Motivation

144 Narzissmus der Therapeuten –
therapeutische Liebe

148   Die Ausgangslage
151   *Sonderregeln für Therapeuten und Partner*
151   *Rahmenbedingungen*

153   **Heilung vom Liebeskummer**

153   Fünf Stationen der therapeutischen Reise
153   *Erste Station: Paargestalt*
167   *Zweite Station: Partnerwerdung*
190   *Dritte Station: Paardynamik*
221   *Vierte Station: Konfliktanalyse und Sinnfindung*
232   *Fünfte Station: Paargestaltung*

254   Literaturhinweise

Ein Wort vorab

Eine erstaunliche Erkenntnis aus 30 Jahren paartherapeutischer Praxis mit dem Verfahren der *Paarsynthese* eröffnet bisher völlig ungenützte Perspektiven für die psychologische Eigenarbeit der Paare. Liebe und Paartherapie, Paardynamik und Therapiedynamik stimmen in wichtigen und heilsamen Sequenzen überein. Die Paare übernehmen, um ihre Beziehung zu vertiefen oder sich aus einer Krise zu retten, die Techniken und Methoden der Paartherapie in ihre »Liebesarbeit« zu Hause. Diese Prozesse miteinander zu kombinieren, erhöht die Effektivität der Konfliktbewältigung, die gerade narzisstisch gekränkten Partnern sonst schwer fällt.

Sie können durch diese Eigentherapie viel Geld sparen und viel früher mit der notwendigen Dialogarbeit beginnen. Viele Paare geraten erst in äußerste Krisen, bevor sie sich endlich gemeinsam zu einer Therapie entschließen. Bis sie dann den richtigen Therapeuten und auch noch einen freien Therapieplatz gefunden haben, ist es oft zu spät.

Eine Absicht dieses Buches ist es deshalb, Paaren zu helfen und ihnen die wichtigsten psychologischen und therapeutischen Erkenntnisse über Paartherapie als eine Art »Do-it-yourself-Handbuch« mit nach Hause zu geben.

Nachdem Sie im ersten Teil des Buches alles Wissenswerte zum Themenbereich Narzissmus erfahren und viele verschiedene Verhaltensweisen Ihres Partners besser einordnen und verstehen können, bekommen Sie anschließend praxisorientiertes Handwerkszeug für den sicherlich lohnenden Versuch einer Bewältigung Ihrer Probleme.

Mit dem Leitsatz der *Paarsynthese* wünsche ich Ihnen nun Erfolg bei Ihren gemeinsamen Bemühungen um Ihre Liebe:

Liebe ist der Sinn,

Dialog der Weg,

Würde das Prinzip.

*

Amour est sens,

Dialogue le chemin,

Dignité le principe.

*

Ask Gir anlam,

Diyalog Gir Yol,

Hay siget Gir prensiptiv.

*

Love is the sense,

Dialogue the path,

Dignity the principle.

Hamburg, im Sommer 2005
Michael Cöllen

Hinweis: Immer dann, wenn vom einen oder anderen Partner oder von beiden die Rede ist, wurde als Kennzeichen dieser Bezogenheit: Der Eine, der Andere oder Beide groß geschrieben.

Einleitung

Im Zentrum der Liebe finden zwischen den Partnern innerseelische Verflechtungen statt, deren Ausmaß und Auswirkung bisher zu wenig beachtet wurden. Diese *Paar-Psychodynamik* wirkt im Kleinen wie im Großen – im Paar wie in der Weltpolitik. Liebe evoziert, provoziert und (re-)produziert in uns *narzisstische Selbstwertzufuhr*, die Stärke, Mut, Kreativität und Lebensfreude weckt. Andererseits kann misslungene Liebe unseren Selbstwert ebenso zerstören. Ursache dafür ist, dass in jeder Intimbeziehung alte narzisstische Kränkungen aus Kindheit und Jugend wie Krankheitsherde unbewusst streuen und infizieren. Verletzungen der Selbstliebe damals führen zu Verletzungen der Partnerliebe heute. In der Folge wird Streit – und auch Krieg – angezettelt: Diese dienen immer dazu, eigene seelische Mängel zu verdecken. Sie werden stattdessen dem Partner, dem Fremden angelastet. Dann werden sie zur seelischen Existenzbedrohung für diesen. Egozentrische Durchsetzung einerseits und ängstliche Manipulation andererseits führen zum irrsinnigen Partner-Krieg der offensiven und defensiven Narzissten. Die unvermeidliche Eskalationsspirale von Anklage und Gegenklage dreht sich immer weiter. Gegenseitige seelische Übergriffe auf dem Weg des *Problemtransfers* und der *identifikatorischen Konfliktübernahme* blockieren dann menschliche Entfaltung und *Individuation*.

Die narzisstisch gestörte Liebesfähigkeit setzt sich fort als Zerstörung von Menschlichkeit. Die in den Eingeweiden der tiefen Seele wütende Unersättlichkeit nach Erlösung vom ursprünglichen Kummer des verletzten inneren Kindes bringt den Partner in immer neue Beweisnot doch nie ausreichender Liebeszuwendung. Die endlose Wiederholungsspirale von Klage und Gegenklage führt schließlich zum Zusammenbruch im Teufelskreis. So werden narzisstisch gekränkte Menschen zu den in der Liebe doppelt Betrogenen: als Kind in der Liebe zu den Eltern, als Erwachsener in der Partnerliebe.

Rettung aus diesem Chaos der Gefühle gibt es dann, wenn die Narzissten als ewige Selbstzweifler durch gemeinsame Selbstüberwindung in der Paarbeziehung zur Selbstverwirklichung finden. Das gelingt durch Aufdeckung und Aufarbeitung der *Abwehr- und Widerstandsmechanismen* der Partner. Narzisstische Verflechtung wandelt sich in liebevollen Austausch.

Dazu will dieses Buch beitragen. Narzisstische Erotik und *Paardynamik* – diese brisante Verbindung wird jetzt zum Schlüssel neuer und intensiver Liebesarbeit. Es gilt, Mittel, Techniken und Wissen bereitzustellen, diese großen menschlichen Energien konstruktiv statt destruktiv auszusteuern. Dann wird Liebe zu einem tragenden Faktor auch in Kultur und Politik – durch ihre wirksame Streitkultur und hohe Dialog-Kompetenz.

Liebe besitzt mehr als alles andere auf dieser Welt das Potenzial, uns Menschen stark, kreativ und selbstbewusst zu machen. Lieben bedeutet Sinnerfüllung und Selbstverwirklichung im Austausch von Körper, Geist und Seele. Das ist der Weg, alle unsere menschlichen Kräfte optimal zu entfalten. Und diese Entfaltung lässt uns Frieden schaffen. Frieden zwischen Frau und Mann, Frieden zwischen den Geschlechtern, Frieden aber auch in der Gesellschaft und zwischen den Völkern. »Lieben, Streiten und Versöhnen« (Cöllen 2003) wird dann nicht zum unauflöslichen Widerspruch, sondern zum psychologischen Entwicklungsprozess der Partner.

Stürmische Beziehungen

Paare sind hier angesprochen, die im Auf und Ab der Gefühle geschüttelt werden. Paare zwischen Streiten und Versöhnen, zwischen Lieben und Verzweifeln; Paare, die im Chaos der Leidenschaften zu versinken drohen, die im Wirbelsturm der widersprüchlichen Impulse die Beziehung mal beenden, mal in größter Hoffnung jubeln. Tiefstes Glücksempfinden steht neben tiefsten Kränkungen durch gegenseitige Verletzungen. Flammen ständig neu der Widerstreit der Gefühle und das Schwanken zwischen Hoffnung und Verzweiflung auf, dann lesen Sie weiter. Manchmal sind es nur sanfte Ausläufer am Ufer, manchmal aufgepeitschtes Meer, manchmal haushohe Wellen, manchmal nur leises Plätschern, immer aber ist die Liebe dieser Paare in heftiger Bewegung. Von Horizont zu Horizont erleben und erleiden sie eine Vielfalt von Erfüllung und Verzweiflung.

Von Paaren ist die Rede, die in einer narzisstischen Beziehungsdynamik ge- und verfangen sind. Allerdings wird hier Narzissmus nicht als klinisches Syndrom abgehandelt, sondern als intensives, extrem krisenreiches Paarerleben, das in seinen Ausläufern durchaus jeden von uns betrifft.

Narzissmus ist ursprünglich zu verstehen als Streben nach Liebe, eine Grundkraft in jedem Menschen. Narzissmus ist es, der uns treibt, zu lieben und geliebt zu werden. Er treibt uns ewig um und veranlasst uns ständig neu, nach Liebe zu suchen, aber auch Liebe zu geben.

Wir Menschen sind beseelte Wesen, die in ihrer Individualität stark geformt, oft auch verformt sind durch die Kräfte der Liebe. Wir sind durch die Liebe der Eltern Mensch geworden. Durch sie haben wir gelernt, uns selbst zu lieben, wenn das denn gelungen ist. Unsere Selbstliebe bedarf aber immer neuer Sättigung. Wir bleiben hungrig bis ins hohe Alter. Wir suchen ein Leben lang weiter und versuchen, die alles erlösende Liebe in der Beziehung zum Partner zu finden. Diese Erfüllung scheitert aber oft an den eigenen Blockierungen unserer Liebesfähigkeit. Je mehr Blockierungen in uns hausen, umso größer wütet der Hunger. Mischen sich diese dann noch mit den Blockierungen des Partners, prallt doppelte Bedürftigkeit in hoher Brisanz zusammen.

In diesem Suchen nach sättigender Liebe sind wir auf einen Partner angewiesen. Das macht diese Dynamik so kompliziert. Wir können unsere Selbstliebe nur befriedigend auffüllen, wenn wir dafür Resonanz im Partner finden. Trotzdem: Selbstliebe ist erst einmal gesund. Sie drängt uns zur optimalen Selbstentfaltung, um in dieser Welt Selbstwert zu erlangen. Je vielfältiger wir uns nun durch die empfangene Liebe entfalten, umso intensiver können wir unsere eigenen Liebesbeziehungen gestalten. Das ist der positiv gepolte Energiekreis von Geben und Nehmen bei den Paaren.

Aber in vielen von uns ist dieses narzisstische Bestreben von Kindheit an gekränkt, in der einen oder anderen Weise von den Eltern vernachlässigt worden. Dann ist das Sehnen nach Liebe unerfüllt, unser Selbstgefühl defizitär geblieben. Wir verstehen also unter Narzissmus das Sehnen nach Liebe, um uns in unserem Selbstwert zu erfahren. Narzissmus meint gleichzeitig das Leiden an gekränktem Selbstwert. Deshalb brauchen wir ein Leben lang Selbstwertzufuhr.

Narzissmus ist getragen vom Sehnen nach Liebe.

Haben wir als Kind nicht genügend von dieser Selbstwertzufuhr bekommen – oder paradoxerweise zu viel davon –, werden wir diese seelische Kränkung unweigerlich und ein Leben lang in jeder neuen Beziehung abarbeiten. Es sei denn, es gelingt uns, uns dieser Kränkung bewusst zu werden. Wir transportieren sie dann nicht blind auf den Partner, sondern können sie gemeinsam mit ihm bearbeiten.

Und darum geht es in diesem Buch auch: Die Kränkungen

aus der Kindheit, die sich narzisstische Persönlichkeiten in der Folge gegenseitig zufügen, werden dem Partner als Schuld angelastet. Das ist der negativ gepolte Energiekreis von Geben und Nehmen. Diese Dynamik ist immer das Ergebnis der unverarbeiteten Kränkungen im Inneren der eigenen Seele. Damit sie nicht ständig weiterschmerzen, werden sie ins Unbewusste verdrängt. Dort schwären sie wie eine Wunde weiter. Körper, Geist und Seele sind unmerklich damit beschäftigt, diese »Altlast« nach außen zu transportieren und irgendwo abzuladen. Das geht am besten beim Partner.

In der Intimität der Zweierbeziehung geht es vor allem um den Austausch von Partnerliebe in der Verflechtung mit Selbstliebe. Dementsprechend wogt die narzisstische Dynamik besonders hoch. Ich will im Weiteren versuchen, dafür typische Verhaltensweisen und Partnermechanismen aufzuzeigen, die sie auch von anderen Paaren unterscheiden. Die Übergänge sind natürlich fließend. Nicht deutlich genug kann gesagt werden, dass wir alle davon betroffen sind.

Die narzisstische Dynamik greift aber auch über die Paarbeziehung hinaus und tobt sich in der Beziehung mit Freunden und Kollegen, letzten Endes auch in Institutionen und in der Politik genauso aus. Bewunderung oder Macht treten dann lediglich an die Stelle von Liebe als treibendes Motiv, wie dies auch Geld, Ruhm, Ehre und sogar Selbstlosigkeit in Form von aufopfernder Hilfe für andere sein können.

Entscheidend ist, dass Männer und Frauen sich bei ihrer Partnerwahl unbewusst immer Partner suchen, die sie in dieser narzisstischen Problematik ergänzen. Dadurch verhaken sich die so Gefundenen in einem gemeinsamen Kernproblem, dem so genannten *Substanzkonflikt*. Wir sprechen dann von Narzissten und *Komplementärnarzissten*, die ein Beziehungsgefüge bilden. Sich selbst Behauptende und an sich selbst Zweifelnde finden sich: Ungehemmte und Gehemmte, Offensive und Defensive, Aggressive und Depressive, Aktive und Passive. Im Kern zweifeln und verzweifeln sie beide zutiefst an sich selbst, tragen dies aber entgegengesetzt aus.

Narzisstische Paardynamik – Küssen oder Streiten?

Narzisstisch gekränkte Partner neigen dazu, sich ständig als Opfer des Anderen zu fühlen und trotzdem verzweifelt an dieser Beziehung festzuhalten. Gedanken wie verlassen zu werden und allein zu sein sind ihnen unerträglicher als gedemütigt zu werden. Die nötige Distanz zum Partner zu halten und sich selbst überlassen zu bleiben, fällt vielen Betroffenen schwer. Andere dagegen fühlen sich bei zu großer Nähe erdrückt, erleiden Ängste und gehen in Rückzug. Solche Paare fürchten die Abhängigkeit genauso wie die Isolation. Zum Ausgleich wechselt ihr Verhalten zwischen stürmischem Anklammern und Zornesausbrüchen, Hingabe und Abgrenzung, manchmal sogar zwischen übertriebener Dankbarkeit und irrationalem Hass.

Die Rollen sind meist entgegengesetzt verteilt: Der Eine klammert sich an, der Andere fürchtet, vereinnahmt zu werden, und stößt zurück. Beide aber haben Angst, verlassen zu werden. Beide sehnen sich unendlich nach tiefster Intimität, verhindern sie jedoch aus Angst vor der Erfüllung. Auf tragische Weise wird mit Hilfe unsinniger Streitereien die Verschmelzung abgeblockt.

Diese so widersprüchlich erscheinende Dynamik kommt so häufig vor und ist von so großer Wichtigkeit, dass wir in der *Paarsynthese* einen eigenen Begriff dafür haben, den der *paradoxen Wunschumkehrung*.

Manchmal gleichen sich die Partner darin haargenau, manchmal erscheinen sie völlig entgegengesetzt: Oft ist die Frau die Abhängige, während der Mann fast schon Einzelgänger, oft auch Fremdgänger zu sein scheint. Sie sucht für sich das, was er zu haben scheint: Autonomie und Unabhängigkeit. Er dagegen sucht bei ihr das, was er schon als Kind nicht bekommen hat: eine fürsorgliche, konstante und verlässliche Bezugsperson, die sich um seine Bedürfnisse kümmert und ihn nicht für eigene Bedürftigkeit missbraucht.

Ein weiteres Kennzeichen neben der Distanz-Nähe-Problematik und der *paradoxen Wunschumkehrung* ist die ausufernde Streitlust des Paares. Kleine und große Streits wechseln sich ab, lassen dem Paar kaum Zeit, ein Fundament ihrer Beziehung herzustellen. Diese Streits kosten zu viel an Seelenkraft, die dringend für den Aufbau der *Paarsubstanz* gebraucht würde. Vom kleinen Gezänk und ewigen Nörgeln bis hin zum eskalierenden Sturm, vom Dauerstreit bis zum jähzornigen Ausbruch, die ganze Erscheinungsbreite von Streitphänomenen wird akut. Dabei spielt der Streitanlass kaum eine Rolle; oft ist er nach dem Streit sogar vergessen. Viele Paare fragen sich dann verblüfft, warum und worum sie sich eigentlich so bitterlich gestritten haben. Alles kann zum Streitanlass werden: Kinder, Geld, Schwiegereltern, Freunde, vor allem natürlich Sexualität und seelische Nähe, aber auch die Suche nach einem Parkplatz oder das Fahrverhalten des Mannes, ein Zuspätkommen, mangelnde Freizeit: alles, was sich bietet.

In der *narzisstischen Paardynamik* dient Streit nur als Ersatz für nicht herstellbare, sogar insgeheim gefürchtete intime Nähe. Lieber Streiten statt Küssen, aus Angst vor Hingabe. Verzweifelt gesucht wird Zuwendung, produziert wird Ablehnung.

Es handelt sich hier nicht um Streitereien eines »normalen« Paares wie persönliche Lebensgestaltung, »Revierabgrenzung«, notwendige Anpassungskämpfe.

Hier dreht es sich um Streitereien, die zum Durchdrehen führen, da sie so aussichtslos sind. Sie entspringen der inneren, doch nicht in Worte zu fassenden Not. Diese innere Not wiederum entspringt einem *Selbstdefizit*. Da dieses *Selbstdefizit* aber den meisten nicht bewusst ist oder verdrängt und geleugnet werden muss, weil es zu viel Angst macht, kann es auch nicht zur Sprache gebracht werden. Beiden fehlt ebenso das klare Wissen um diese innere Not. Stattdessen kommt es zu dumpfer Bedrückung, ständiger Unzufriedenheit und Unglücklichsein, zu Trauer und Wut, zum Wechselbad der Gefühle zwischen Aggression und Depression. Mitunter werden geradezu Anlässe gesucht, einen Streit vom Zaun zu brechen, um so die eigene innere Unruhe loszuwerden. Streit dient somit als Ventil für Überdruck im Inneren.

Dafür wird beim Partner nach einem Grund gesucht, nicht im eigenen Inneren. Streit ist zu 70 % die Veräußerung der inneren Unfriedlichkeit und eigenen seelischen Konfliktlage. Die Fachliteratur nennt diesen Vorgang *projektive Identifikation*.

*So erzählt **Ursula,** zehn Minuten lang, wie schwer es sei, ihren Mann **Gustav** zum Zuhören zu bewegen. Plötzlich erklärt sie mir im Anschluss, ich würde mich auch nicht für das interessieren, was sie sage, und wohl auch nicht zuhören. Sie projiziert ihr Misstrauen aus ihrer Kindheitsgeschichte völlig auf ihn und auch auf mich: Keiner hört ihr zu, keiner hat Interesse an ihr, sie war immer fünftes Rad am Wagen.*

Innere Aufruhr, Not und Zwietracht, die Unzufriedenheit mit sich selbst und Trauer über das eigene Unglück werden auf den Partner geladen. Es kommt zum *Problemtransfer.*

Kennzeichen narzisstischer Paare – Gefangen in Angst

ABWERTUNG

Das Streitgebaren der Partner wirkt auf Außenstehende oft bizarr, irrational: Liebe wird eingefordert, verbunden mit der immer stärkeren Abwertung des Anderen. Diese dient der vermeintlichen eigenen Aufwertung. Auf solche Weise gewinnt die Streitdynamik etwas sehr Entwürdigendes. Beide demütigen einander und damit auch sich selbst. Respekt und Würde gehen verloren. Dann kommt Trotz auf. Die Folgen: Tagelanges Grollen, Rückzug und Isolation, bei manchen sogar bis zu Wochen und Monaten. Sexuelle Verweigerung, Sprachlosigkeit und Verachtung nehmen zu.

BEWEISNOT

Und jetzt kommt es zur Doppelbotschaft der Beweisnot. Liebevolle Zuwendung soll durch Streit erzwungen werden: »Beweise mir, dass du mich liebst, indem du mit mir schläfst oder das und jenes für mich tust!« Da Beide kein wirkliches Gefühl für den eigenen Selbstwert haben, können sie auch dem Anderen nicht wirklich Wert vermitteln. Deshalb braucht es ständig neue Beweise, dass jeder der Liebe wert ist und bedeutend genug für den Anderen, geliebt zu werden. Beide sind, meist auf entgegengesetzte Weise, in dieser Suche und Sucht nach Liebesbeweisen schier unersättlich. Sie fühlen sich selbst nicht liebenswert oder nicht erwünscht, oft hässlich, langweilig und für andere wenig attraktiv. Sie können nicht wirklich empfinden, dass sie ohne erhebliche Gegenleistung wirklich liebenswert sind, nur weil sie sind, wie sie sind.

Tragisch dabei: Dieses Lebensgrundgefühl vom Unwertsein, dass sie schon als Kind mit allen Poren in sich aufgenommen haben, setzt sich im ganzen Organismus des Heranwachsenden fest. Der Erwachsene verkörpert schließlich diese Haltung. In der Folge kommt es zu einer manchmal existenziell gefährlichen Abwertung des eigenen Selbst. Um diese nicht ständig ertragen zu müssen, lastet der Eine schließlich dem Anderen diese Abwertung an und behauptet nun, der Andere liebe ihn nicht, wolle ihn nicht mehr haben. Nicht selten kommt es hierbei zu Trennungsfantasien.

Was zu Beginn der jungen Liebe oft als charmanter Test wirkt, funktioniert vehement: Der anbetende Partner unternimmt Riesenanstrengungen, dem an sich selbst Zweifelnden das Gegenteil zu beweisen. Er beteuert immer wieder, wie sehr er ihn doch liebe und wie über die Maßen liebenswert er sei.

In einem Fall ließ sich die Frau die Liebe ihres Partners in einem Dokument versichern. Mit Datum und Unterschrift musste er begründen, welches ihre liebenswerten Eigenschaften seien und wie sehr er sie deshalb begehre.

Je länger aber diese Einklage von Liebesbeweisen dauert, desto mehr bleiben sie aus. Die Beweislast wird für den Partner auf Dauer zu groß. Die Beweise müssen drastischer werden, um sie der Abnutzung zu entreißen. Das führt schließlich zur »selbsterfüllenden Prophezeiung«: Wenn der Partner irgendwann entnervt seine Liebesbeweise aufgibt und sie nicht mehr schnell und intensiv genug liefern kann, hat der Selbstzweifler endlich den Beweis in der Hand: »Siehst du, du liebst mich nicht mehr. Siehst du, ich bin unerwünscht, mich liebt ja keiner. Keiner versteht mich und du auch nicht. Ich habe es gewusst, du hast mich nie richtig geliebt.«

So meinte ein erfolgloser Schauspieler, der sich nur leer und kraftlos fühlte, von sich: »Was ich kann, wünsche und will, das interessiert doch keinen. Mein Vater erging sich schon in diesem Zynismus. Mir fehlt der innere Kompass.«

DAUERSTREIT

Die Partner können nicht voneinander lassen. Sie können nichts auf sich beruhen lassen und müssen vieles bis zum bitteren Ende klarstellen. Nächtelange Diskussionen arten aus, oft verbunden mit Alkohol und Nikotin. Sie rauben alle Kräfte, eskalieren, manchmal bis zur Gewaltanwendung. Die gesunde seelische Substanz wird dabei zerstört. Der Streitanlass steht meist in keinem Verhältnis zum Kriegsgeschrei. Der Streit findet kein Ende. Oft wird er noch tagelang fortgesetzt, manchmal wochenlang.

Einfühlungsblockade

Dies gilt besonders für die offensiven Narzissten. Sich in den Partner einzufühlen, wird abgelehnt. Ihn verstehen und begreifen zu wollen, was Liebende sonst gern praktizieren, stößt hier auf größten Widerstand. Seelische Einfühlung wird zwar für sich selbst gefordert, aber nicht gewährt. Sie haben nur Mitgefühl für sich selbst. Narzisstische Partner sind nicht wirklich fähig, manchmal auch nicht willens, sich in das Gegenüber einzufühlen, weil sie in ihrer Kindheit schon ein Übermaß davon erbringen mussten. Defensive Narzissten leiden am Gegenteiligen: Sie fühlen sich derart stark in den Anderen ein, dass sie sich selbst verlieren. Das stimmige Selbstgefühl fehlt Beiden. Es ist entweder zu minderwertig oder zu überhöht angesetzt. Dadurch sind Beide kein wahres Gegenüber für den Partner.

Egozentrik/Altruismus

In der Folge ist den Narzissten kaum Einfühlung in sich selbst möglich. Zwei scheinbar entgegengesetzte Ersatzhaltungen sollen die innere Not kompensieren: Die einen sprechen unaufhörlich von sich, kreisen in ihren Gedanken und Empfindungen viel um sich selbst und tun alles, um Anerkennung zu bekommen. Es sind dies die Egozentriker. Sie handeln offensiv und ungehemmt ichbezogen. Das Selbst wird ständig aufgewertet. Ein überhöhtes Selbstwertgefühl fußt auf tief verborgenen Selbstzweifeln.

Die anderen gebärden sich als Altruisten. Sie handeln oft gehemmt, defensiv und regressiv. Sie sind an ihrer Aufopferung und Selbstlosigkeit zu erkennen, die mitunter bis zur Selbstaufgabe und Hörigkeit führen. Eigene Bedürfnisse werden bescheiden zurückgestellt, manchmal unter dem Mantel von Nächstenliebe und Wohltätigkeit. Das Selbst wird abgewertet. Nagende Minderwertigkeitsgefühle verhindern die Lust an der Selbstentfaltung. Dafür wird ersatzweise der Partner idealisiert und aufgewertet.

FREIHEIT

In dieser Liebe herrscht weder innere Freiheit noch Autonomie, alles geschieht unter Zwang und Druck. Die Partner schenken sich nicht einander, sie kämpfen miteinander. Liebe, Zuwendung und Anbetung finden statt, letztlich aber nur mit der unausgesprochenen Erwartung, dafür selbst unerschöpfliche Liebe zurückzubekommen. Dieses Muster ist fest eingebrannt: »Wenn ich dies alles für dich tue, dann musst du mich doch lieben!« Die so gelebte Symbiose führt immer mehr in Abhängigkeit statt in persönliche Freiheit. Sie wird bedrohlich, weil die Partner das Gefühl gewinnen, in dieser Beziehung verloren zu gehen. Es beginnt ein Teufelskreis: Aus Furcht vor Abhängigkeit zerstreiten sich die Partner, bis die Angst vorm Alleinsein wieder überhand nimmt. Dann schlägt das Verhalten in das Gegenteil um: Die Partner werden erneut idealisiert und mit Liebe überschüttet.

FREMDBESTIMMUNG

Die an sich selbst Zweifelnden fühlen sich meist fremdbestimmt oder meinen, sich heftig dagegen wehren zu müssen. Wer infolge dieser Selbstzweifel nicht Herr seiner selbst ist, kann nicht über sich verfügen. Sie leiden unter der Angst, der Andere wolle ihnen etwas aufzwingen. Meist werfen sie einander Manipulation vor. Oder sie wehren sich dagegen, dass der Andere in sie hineininterpretiere. Der Streit geht dann darum, wer was zu entscheiden hat, was richtig oder falsch ist. Besonders Sexualität wird dann auch zum Machtkampf. Hingabe, Einfühlen und Nachgeben würden zum Gefühl der Unterwerfung und Bloßstellung der eigenen Schwäche führen.

GEFÜHLSINKONTINENZ

Viele der betroffenen Männer können weiche, sanfte, innige Regungen und Empfindungen nicht wirklich zulassen, müssen sie mitunter sogar bekämpfen. Sie fürchten, sich bloßzustellen, beschämt oder missbraucht zu werden und das Gesicht zu verlieren. Sie fürchten, sich so weich zeigend, verletzlich zu sein und keinen Schutz mehr zu haben. Auf den Punkt gebracht: Sie haben Angst, in der Innigkeit der Gefühle unterzugehen, von den Gefühlen weggeschwemmt und im wahrsten Sinn des Wortes »übermannt« zu werden.

Aus Furcht vor weichen Gefühlen werden sie überkontrolliert, überbeherrscht und bemüht, sich keine Gefühlsregungen anmerken zu lassen. Sie vermeiden Zärtlichkeit und suchen stattdessen häufigen Geschlechtsverkehr als Liebesbeweis. Sexualität wirkt dann beziehungslos: häufig ohne Worte vollzogen, ohne seelenvolle Anteilnahme, ohne stimulierende Zartheit. Sex wird als Gefühlsersatz missbraucht. Das leuchtet solchen Männern allerdings nicht ein. Sie bestreiten vehement, dass sie dabei keine Liebe zeigen. Ebenso vehement fordern sie im gleichen Atemzug ihr Recht auf Geschlechtsverkehr.

Einige Frauen haben eher das entgegengesetzte Problem: Sie jammern und klagen oft, traurig und sehnsuchtsvoll, ohne dass jemand ihre Sehnsucht wirklich stillen könnte. Ein Prinz wird herbeigesehnt. Jede neue Liebe löst unendliche Verzückung aus, aber die Enttäuschung folgt. Das Gefühl von Unverstandensein, allein auf dieser Welt zu sein, niemanden zu haben, überwältigt diese Frauen immer wieder, weil auch der neue Prinz den Glanz verliert. Es sind Frauen, die verzweifelt einen Partner suchen, weil sie glauben, dann wirklich geborgen, geschützt, geliebt, gehalten und in tiefster Seele verstanden zu werden.

Sollte sich ein Partner finden, sind sie bereit, im ersten Sturm der Gefühle alles, aber auch wirklich alles hinzugeben. Schon darin liegt der erste Schritt zum Schicksal des ewigen Opfers. Diese restlose Hingabe wird zur Selbstaufgabe, für die natürlich insgeheim eine Gegenleistung eingefordert wird, nämlich die Erlösung von der eigenen tiefen Seelennot. Die Enttäuschung ist vorprogrammiert.

GERECHTIGKEITSZWANG

Zwanghafter Gerechtigkeitssinn wird zum Terror: Ständig wird gestritten, wer von Beiden Recht hat und was gerecht ist. Der aufmerksame Beobachter sieht, dass dieses Einfordern von Gerechtigkeit überwiegend auf Gerechtigkeit für die eigene Person abzielt, nicht aber gerechtes Verhalten gegenüber dem Partner meint. Am Markantesten ist das bei Männern, die selbst fremdgehen, höchst eifersüchtig aber von ihren Frauen extreme Treue verlangen. Paradoxes Phänomen: Der Betroffene erkennt, dass er Gerechtigkeit nur für sich fordert, aber die an andere anlegten Maßstäbe keinesfalls selbst erfüllt. Es wird ihn aber nicht davon abbringen, genauso weiter zu handeln.

IDENTITÄT

Das stimmige Gefühl für das eigene Selbst fehlt: Oft haben diese Paare Schwierigkeiten, sich mitzuteilen, was sie sich voneinander wünschen und erhoffen. Oder die Wünsche sind so unstillbar, dass sie den Partner/die Partnerin überfordern. Das eigene Selbst verständlich zu machen, misslingt. Tiefste Sehnsüchte sind nur als dumpfes Fühlen vorhanden, ohne klare Worte und verständlichen Ausdruck zu finden. Tragisch ist, dass sie meist gar nicht die Frage beantworten können, was sie denn vom Partner wünschen, um glücklich zu sein. Oder sie rasseln eine große Liste von Bedürfnissen herunter, die so nicht erfüllbar ist. Dieses trifft besonders für den Bereich der Sexualität zu. Dort fehlt es besonders häufig an einem kompetenten *Gefühls-*, *Sprach-* und *Körperdialog*, um sich in diese Intimität hineinfallen lassen zu können. Das fehlende Selbstgefühl wird ersetzt durch floskelhafte Sprache, modischen Zwang und übertriebenen Konsum, innere Leere durch Reizüberflutung verdrängt. Das Selbst ist ein geliehenes. Die eigene Identität wird erst durch den Partner erfahrbar. Das führt zu einer Abhängigkeit ohnegleichen, mit der Folge von Schwankungen zwischen irrationalem Hass und ohnmächtiger Liebe.

MANIPULATION

Alle Betroffenen werden es abstreiten: Sie versuchen, die Liebe herbei zu manipulieren oder zu erzwingen. Liebe ist für sie etwas, das hergestellt, gemacht, durch Leistung erreicht wird. Die Liebe des Partners dient immer dazu, sich selbst liebenswert fühlen zu können, sich als gut, wertvoll und würdig begreifen zu dürfen. Daher ist es wichtig, für andere wichtig zu sein. Liebe wird für den eigenen Selbstwert instrumentalisiert und missbraucht. Aus Angst vor Liebesverlust wird verdeckt agiert, Streit vermieden, unehrliche Harmonie gesucht.

OPFERGLAUBE

Hier greift das Klischee der Geschlechtsrollen besonders stark: Frauen versinken eher in klagender Verzweiflungstrauer, Männer eskalieren häufig in jäh aufschießender Wut. Beide fühlen sich als Opfer. Beide sehen den Partner als den Täter. Beide glauben von sich, der bessere Partner zu sein. Sie verdächtigen aber den Anderen, dass dieser sich selbst für den besseren halte und alle Fehler immer nur beim Anderen sehe. Typische Redewendungen dafür sind: »Immer gibst du mir die Schuld – immer bin ich der Schuldige – immer mache ich alles falsch – du gibst nie irgendetwas zu – immer bist du das arme Opfer – dir kann man es nie Recht machen – du entschuldigst dich nie.«

Tausend andere Spitzen wären hier noch aufzuzählen. Die eigene Ohnmacht wird heraufbeschworen, die Übermacht des Anderen noch gesteigert. Eigene Verantwortung wird auf diese Weise verneint, Schuld hat in Wirklichkeit nur der Andere. Die Opferstrategie zeigt Wirkung: Der Andere fühlt sich vor diesen Anklagen immer hilfloser und schlägt irgendwann zu. Dann ist er wirklich der Täter.

SCHULDGEFÜHLE

Sich schuldig zu fühlen und dem Anderen die Schuld zu geben, heißt das *Psychodrama* der unglücklich Liebenden. Eine gute Möglichkeit, sich den Partner gefügig zu machen, ist es, ihm Schuldgefühle einzuflößen. Narzissten sind gerade bei diesem Thema besonders empfindlich. Sie lenken von der eigenen Schuld ab, indem sie den Partner anklagen. Dieser gerät durch die realen, teils irrealen Schuldgefühle immer mehr in Abhängigkeit. Schuldgefühle entstehen vielfach: für zu viel Selbstständigkeit genauso wie für zu viel Unselbstständigkeit. Schuldgefühle veranlassen, immer neu über Liebesbeweise nachzudenken. Aber Schuldgefühle machen jede wirkliche Liebe unmöglich. Sie machen unfrei und verhindern den Genuss an der Liebe. Durch Pflichterfüllung wird Liebe zu einem Abtragen von Aufgaben, Lasten und Zumutungen. Liebe wird dann zur Anstrengung, gerade auch in der Sexualität. So werden die Partner einander müde. Liebesbeweise bleiben ganz aus. Stattdessen gehen Männer häufig fremd, Frauen suchen sich ihrerseits einen sie tröstenden Bewunderer. Daraus entstehen wieder Schuldgefühle, die verhindern, dass das Fremdgehen genossen und dadurch die eigenen Defizite aufgefüllt werden könnten. Stattdessen wird Fremdgehen zur Sucht nach Selbstbestätigung.

Schuldgefühle sind das große Thema der so früh Geschädigten. Als Kinder fühlten sie sich schuldig durch die Strenge der Eltern oder schuldig für deren Unglück. Bis zum Erwachsenwerden und in der Beziehung folgen endlose Varianten davon.

Selbstzweifel

Eine für die Betroffenen typische Eigenart zeigt sich: Die einen zweifeln zu wenig, die anderen zu viel an sich selbst. Beide schüttelt aber trotzdem das gleiche *Substanzproblem*: Sie haben kein sicheres Fundament. Beide fürchten, letzten Endes nicht genug zu sein. Nur um ihrer selbst willen Zuwendung, Anerkennung und Liebe zu finden, können und wollen sie nicht glauben. Der Eine schreit deshalb nach Anerkennung, der Andere wagt es gar nicht, diese einzufordern, und hofft nur still darauf. Der Offensive giert nach Lob und klagt es fordernd ein, der Defensive spendet Lob, weil er es selbst am meisten bräuchte. »Ich kenne keine Minderwertigkeitsgefühle – ich sterbe vor Minderwertigkeitsgefühlen«, das ist die oft leidvolle Beziehungsdynamik von Narzisst und *Komplementärnarzisst*. Die an sich selbst Zweifelnden zersetzen jede Liebeskraft durch nie endende Zweifel. Sie finden keine Gelassenheit. Sie haben kein Urvertrauen, sie bleiben immer misstrauisch.

Sprachverwirrung

Den Selbstzweiflern fehlt klare Einsicht in die eigenen Potenzen und Möglichkeiten. Sollen sie Auskunft über sich selbst geben, werden sie meist entweder sprachlos oder reden so viel, dass sich eben der Persönlichkeitskern nicht finden lässt.

Beide fühlen sich nicht richtig verstanden. Es darf nicht täuschen: Diese innere Sprachlosigkeit für das eigene Selbst kann sich auch in Form von Vielreden und brilliantem Diskutieren äußern. Das macht auch die Arbeit mit therapeutisch vorgebildeten Menschen oder Therapeutenkollegen so schwierig. Sie haben dann eine sehr elaborierte, sehr ausgefeilte und differenzierte Sprache und eine sehr intelligente Argumentationskette, die aber völlig wegführt vom defizitären Selbstgefühl. Solche Paare melden sich zur Paartherapie meist mit so genannten Kommunikationsproblemen an. Jedes Kommunikationstraining würde dann aber am falschen Ende ansetzen, denn durch Reden kann die innere Verunsicherung und Leere nicht gelöst werden. Nächtelanges Debattieren, ewiges Argumentieren und immer neues Richtigstellen führen nur tiefer in das Labyrinth gegenseitiger Klagen.

Sucht

Bei den Selbstzweiflern fällt auf, dass das Streiten an sich und viele andere Verhaltensweisen einer Sucht nahe kommen. Schon das Leben mit diesen extremen Schwankungen zwischen Versöhnung und Zerwürfnis hat suchtartigen Charakter. Häufig tauchen noch andere Symptome auf: Alkohol, Nikotin, Magersucht, Bulimie, Fresssucht, übermäßiges Gewicht, heftige Eifersucht. Am meisten aber treibt die Sucht nach Anerkennung um. Häufig können die Betroffenen nicht damit zufrieden sein, zum Durchschnitt zu gehören. Die Partner führen das auf die schlechte Zweisamkeit zurück, die keine Erfüllung biete. Aber sie besitzen selbst keine Fülle in sich. Stattdessen fühlen die gehemmten Narzissten sich leer, haben nichts zu sagen, fühlen wenig Antrieb und spüren oft keine Lust, schon gar keine sexuelle. Es fehlt an Unternehmungsgeist und Vitalität. Die Ungehemmten dagegen kommen vor lauter innerem Drang nicht zur Ruhe, müssen immer ein Ziel vor Augen haben. Sie können den Moment nicht genießen, weil sie schon das nächste Ziel, die nächste Aufgabe und oft schon die nächste Frau suchen. Sie übertönen die innere Leere durch Aktionismus.

Symbiose

Narzisstisch getönte Paare leben häufig in enger Symbiose. Einer lebt vom Anderen und erhofft von ihm »Erlösung«. Allerdings: Solange sie sich ihre eigene, oft bodenlose Bedürftigkeit nicht eingestehen, beuten sie den Partner dafür aus. Sie leben von dessen Zuwendung. Durch den Partner erst fühlen sie sich selbst. Das Selbstgefühl wird also vom Partnergefühl gespeist. Da viele aber die weichen Gefühle der Liebe fürchten, brauchen sie Streitgefühle, um sich selbst zu fühlen. Je heftiger der Streit, umso fühlbarer das eigene Selbst. Im Extremfall fügen manche sich selbst Schmerzen zu oder verletzen sich, um sich fühlen zu können.

Diese Symbiose hat fatale Folgen: »Es geht nicht mit dir, aber auch nicht ohne dich. Aber nur du besitzt, was ich brauche. Ich wünsche so dringend, dass du mir gibst, aber ich kann dir nicht das geben, was du brauchst, denn dann gehe ich verloren.« Diese Abhängigkeit vom Du führt zur Depression oder zu Wut und Trotz.

Trotz

Trotz ist die mächtigste, aber die sinnloseste Waffe im narzisstischen Partnerkrieg. Trotz zerstört die meisten Beziehungen. Für ein Kind ist Trotz die einzige Chance zum Widerstand gegen die übermächtigen Eltern, in der Liebe des erwachsenen Paares schadet er nur noch. War der Trotz einstmals Selbstschutz, wird er jetzt zur Selbstzerstörung. Trotzige nehmen in ihrer Wut keinerlei Rücksicht mehr auf mögliche Schäden oder Zerstörung, die sie anrichten. Entweder der Andere akzeptiert die eigene Position, oder er ist Feind. Es gibt keinen Kompromiss:

»Entweder du hast Recht oder ich. Entweder du bist gut mit mir, oder du bist böse. Dann muss ich dich bekämpfen. Entweder du schläfst mit mir, oder ich bin gekränkt. Nur wenn du das einsiehst, höre ich auf, mit dir zu streiten.«

Jedes Eingestehen und Zugestehen würde als Unterordnung, ja als Beschränkung eigener Freiheit und Selbstbestimmung empfunden.

Eine Klientin meinte, wenn sie ihren Trotz aufgebe, dann habe sie keine Kraft mehr, dann sei sie verwundbar.

*Als ich **Jana** vorschlage, sich doch einmal zu Hause von ihrem Mann wie ein kleines verletztes Mädchen halten zu lassen, bei ihm im Schoß zu liegen und sich streicheln zu lassen, eventuell auch ganz nackt, fängt sie immer mehr an zu weinen und wird kleiner und kleiner. Und dann wird ihr Trotz wieder deutlicher: Sie sagt: »Nein, ich will auch den Trotz gar nicht aufgeben. Ich kann das nicht zulassen. Dann werde ich schwach, dann werde ich ja schutzlos. Der Trotz gibt mir Kraft und Energie. Ich habe die ganze Zeit danach getrachtet, bei meiner Erfahrung mit den Männern, dass ich es schaffe, allein existieren zu können. Ich habe alles getan, um unabhängig und frei zu werden, um mich im Krisenfall alleine durchzubringen.«*

Hier wird die narzisstische Verwundung der Klientin besonders deutlich. Die ehemals kindliche Abwehrstrategie des Trotzes, damals überlebenswichtig und sie schmerzunempfindlich machend, wird jetzt zum alles verhindernden Block. Damals konnte sie trotz der Schläge ihrer Mutter hinter ihr her in die Küche gehen, wieder lachen und fragen, was sie jetzt tun solle, so, als ob sie überhaupt nie Schmerzen gespürt habe. Ihr Triumph bestand darin, dass die Mutter nun anfing zu weinen und verzweifelte, weil ihre Strafmaßnahmen so fruchtlos blieben.

Dieses schädigende Trotzverhalten abzulegen, wird in der Entwicklungsarbeit des Paares zur not-wendigen Selbstüberwindung.

Schritte zur Versöhnung fallen zumindest den offensiven Narzissten ganz schwer. Lieber verharren sie im Trotz und Groll. Nach einem Streit den ersten Schritt zur Wiedergutmachung und zum Frieden zu leisten, schaffen sie einfach nicht. Die Defensiven dagegen nehmen quasi unter Selbstaufgabe und um des lieben Friedens willen die Schuld auf sich und bieten immer wieder Versöhnung an. Aber damit wird der offensive Teil nur noch mehr in Rage versetzt, weil er dann ja der moralisch Unterlegene bleibt. Die Würde wiederzufinden, ist für solche Paare ein schwieriges Unterfangen.

Unglück im Glück

Es ist leicht möglich, in dieser Phänomenologie narzisstischer Paarpsychodynamik noch viele weitere Symptome aufzuführen. Viele davon tauchen später bei den für jede Paarbeziehung kritischen Abwehr- und Widerstandsmechanismen, den eigentlichen »Fallen der Liebe«, wieder auf.

Es fehlt beiden Partnern an Selbstbewusstsein. Umgangssprachlich wird dies meist mit »gutem Selbstwertgefühl« gleichgesetzt. Gemeint ist aber, von sich selbst und seinem Inneren ein Bewusstsein zu haben. Dieses Selbstgefühl fehlt diesen unglücklich Liebenden, da sie vor allem ihr eigenes Selbst bezweifeln. Sie finden keinen Weg zur eigenen Identität, zu ihren Gefühlen und Bedürfnissen. Der innere Kompass fehlt. Dadurch bleibt auch das Selbstwertgefühl – wie bei einem Kind – angewiesen auf Zufuhr von außen, vor allem durch den Partner.

Dem mit Seelenproblemen vertrauten Leser entgeht nicht die Ähnlichkeit der Symptomatik, wie sie Frühgestörten bis hin zur *Borderline-Problematik* eigen ist. Ich beziehe mich dabei im Wesentlichen auf Hans-Peter Röhr (2004) und Kreisman/

Straus (1992). Das wird besonders deutlich bei den stärker ausgeprägten Formen von *narzisstischer Paardynamik*. Diese gegenseitige Qual, die solche Partner sich zufügen, lässt sich nicht einfach durch noch so große Gefühle »weglieben«. Im Gegenteil, es liegt in der Eigenart dieses gestörten Seelenlebens, dass die so herbeigesehnte Liebe gleichzeitig abgewehrt werden muss, weil sie das defizitäre eigene Selbst zu überfluten droht. Der Widerstand gegen den Partner wird dann immer heftiger und irrationaler. Die Ausprägungsmerkmale reichen von ganz harmlos über normal bis hin zu schwersten Ausfällen. Die Tragik dabei: Gerade, weil im Liebesglück die höchste Heilungskraft für menschlich-seelische Wunden liegt, glauben die narzisstisch Verwundeten so verzweifelt an dieses Glück. Es ist die Nahrung, die ihre Seele früher entbehrt hat und jetzt dringend braucht. Aber sie können die Nahrung nicht aufnehmen und bei sich behalten. Sie können nicht satt werden am sonst so reich gedeckten Tisch der Liebe. Das Glück ist da, aber sie können es nicht fassen.

Im Liebesglück liegt höchste Heilungskraft.

Im noch harmlosen Zusammenspiel der Liebenden wirken diese Selbstzweifel als Antriebskraft für den Partner, den Anderen von seiner Liebenswürdigkeit immer wieder zu überzeugen. Wir alle brauchen solche Bestätigung ständig.

In der kritischen Ausprägung wird dieser Drang nach Selbstbestätigung für das defizitäre Selbstbewusstsein zum unaufhörlichen Beweisdruck. Im Extremfall führt das zur gewaltsamen Einforderung, manchmal sogar zur Vergewaltigung in der Ehe. Seelische Quälereien, sadomasochistische Techniken, Sucht, Hörigkeit, manchmal auch Selbstverletzung und Verstümmelung gehören dazu.

Wir wissen, dass es bei früh gestörten und narzisstisch geprägten Persönlichkeiten zu *Borderline-Erkrankungen* kommen kann. Diese sind verbunden mit einer Spaltung zwischen Gut

32

und Böse, zwischen Liebe und Zorn, zwischen Aufbau und Zerstörung. Enorme Kräfte werden in die Beziehung investiert, doch nur, um heilloses Chaos anzurichten. Die so erhoffte Liebe wird zugleich misstrauisch bekämpft.

Das »Unglück im Glück« der Paarbeziehung weist eine Besonderheit auf, die die wechselseitige Dynamik gefährlich zuspitzen kann. Die große Nähe und die Intimität der Zweierbeziehung bieten geradezu eine Krisen-Dynamik an, die in der bisherigen Neurosen- und Psychosenforschung zu wenig bedacht wurde: Das fehlende Selbstbewusstsein bewirkt oder provoziert eine dramatische, aber unbewusst bleibende Problemverschiebung. Die Paarbeziehung fördert geradezu die Tendenz, die unbewusste Eigen-Problematik gänzlich und unmerklich für Beide auf den Partner zu transportieren. Die verdrängte Angst des Mannes z. B. potenziert jetzt die Angst der Frau, während er selbst mutig auftreten kann. Wenn wir das in der Konsequenz zu Ende denken, ist es vorstellbar, dass Menschen, die sich sonst selbst verstümmeln, um überhaupt etwas zu fühlen, dies durch *Problemtransfer* am Partner ausüben. Statt sich selbst die schmerzhaften Wunden zuzufügen, um eben sich selbst fühlen zu können, wird der Partner seelisch gequält. Der schon genannte Prozess des *Problemtransfers* führt dann zu einer starken Symptomverschiebung auf den Partner.

Denn erst der sichtbare Schmerz des Partners macht es dem eigenen Selbst möglich, in dieser übersteigerten Form endlich zu spüren: Sich selbst zu spüren und damit auch wieder den Anderen zu spüren. Dann werden unter extremen Bedingungen Gefühle frei, die sonst unter strenger Kontrolle niemals zugelassen werden. Die übermächtige Kontrolle hindert so z. B. einige Frauen daran, einen Orgasmus zu erleben, nur weil das wilde Sich-gehen-Lassen verboten und schamvoll ist. Diese Kontrolle behindert aber auch viele Männer beim Mitschwingen, Mitfühlen und Mitgehen mit der Partnerin.

Jetzt, in der höchsten Qual und wenn der Partner völlig am Boden liegt, wenn er ganz klein und hilflos ist, dürfen endlich die Energien fließen, die sonst niemals wahrnehmbar und lebbar sind. Erst unter der Erschütterung des Krisenhöhepunktes tritt die Freiheit ein, sich diesen Gefühlen zu öffnen, die sonst in der inneren Abwehr weggeblockt werden.

Das Teufelsrad dreht immer weiter: Jetzt können die beiden sich wahrnehmen in tiefsten Tiefen. Sie können einander die Unendlichkeit ihrer Liebe gestehen, sie können sich schutz- und wehrlos zeigen, sie können sich ausliefern und hingeben. In der sonst so gefürchteten Preisgabe allerletzter Widerstände kommt es zur Ekstase.

Nur so ist zu verstehen, dass viele Paare so schreckliche Krisen brauchen, um sich dann liebend vereinigen zu können. So kommt es, dass manche sich sogar schlagen und prügeln, um dann hinterher leidenschaftlich zusammen zu schlafen. Die entsetzlichen Schmerzen erzeugen den tiefsten Orgasmus. Aber die Gefahr bleibt: Dieser Orgasmus ist nicht heilsam. Er trägt uns nicht auf seinen Glücksgefühlen in die kosmische Freiheit, sondern schon im Höhepunkt lauert der Absturz. Denn diese intensive Nähe, dieser Rausch der himmelweiten Glücksgefühle, dieses völlig schutzlose und rückhaltlose Sichpreisgeben kann nicht aufrechterhalten werden. Neue Verletzungen ziehen am Horizont auf. Die Selbstzweifler verzweifeln dann. Allzu schnell. Es ist keine Vermittlung mehr möglich, es gibt nur Höhepunkt oder Untergang.

Wenn wir in diesem Buch überwiegend von den normalnarzisstischen Beziehungen sprechen, gilt es trotzdem, die Grenzbereiche aufzuzeigen. Die werden erreicht, wenn allzu viel der eigenen Seelenlast auf den Partner übertragen und auf ihn abgewälzt wird. Hier wird Partnerschaft missbraucht, der Partner nicht nur gekränkt, sondern durch *Problemtransfer* krank gemacht.

So kommt es auch zu *Übertragungen* zwischen den Partnern aus den Folgen unglücklicher Kindheit. Haben damals Verletzungen stattgefunden, dann wird das Unglück daraus auf den Partner übertragen.

Was wir in der tiefenpsychologisch fundierten Therapie als *Übertragung* auf den Therapeuten kennen, geschieht in jeder Paarbeziehung, sowohl in der normalen als auch in der seelisch belasteten oder gestörten Beziehung. Wir werden immer einen großen Teil unserer Vorerfahrungen und der daraus resultierenden Sehnsüchte auf den Partner übertragen. Wir tun das genauso mit unseren Ängsten und Wunden. Das ist durchaus gesund, normal und sogar erwünscht, solange beide Partner selbstbewusst und in der Folge selbstkritisch an der eigenen Fehlerhaftigkeit korrigierend arbeiten. Wenn aber eigene *Altlasten* und Persönlichkeitsdefizite überwiegend oder ausschließlich dem Partner angelastet werden, dann ist die Grenze erreicht.

Liebe und Narzissmus –
Zentrum menschlicher Dynamik

Auch wenn die Postmoderne diese humanistische These über die zentrale Bedeutung von Liebe für menschliches Sein und Identität kaum noch toleriert, bleibt sie Realität. Politik, Militär, Wirtschaft und Kapital ignorieren sie. Aber die individuell erfahrene Liebe entscheidet über die lebenslange Prägung aller Menschen. Alle Motive privaten und öffentlichen Handelns lassen sich daraus ableiten. Ausgeglichene Selbstliebe oder hungrige Ich-Bezogenheit entscheiden über den Umgang mit mir selbst, mit dem Du und mit der Welt. Dieser *narzisstische Dialog* prägt das Antlitz unserer Erde. Das gilt für die Mächtigen dieser Erde genauso wie für die kleinen Leute.

Ausgangspunkt für alle Annahmen zur *Paardynamik* und

zum gesellschaftlichen Kontext ist daher der Gedanke der Vernetzung, die in dieser Liebesdynamik gründet. Sie liefert gesunde Selbstwertzufuhr und vertieft oder verhindert den Dialog der Liebenden und Hassenden. Liebendes Miteinander und menschliche Koexistenz in Krieg und Frieden hängen davon ab. Dadurch wird die *Paar-Psychodynamik* zur Grundlage aller Beziehungsdynamik, die Liebe zum Lernmodell für jede weitere menschliche Beziehung.

Beziehung zwischen Ich und Selbst

Stellen wir uns die Frage: »Liebe ich mich selbst?« oder »Kann man sich tatsächlich selbst lieben?«

Nachdenklichkeit steigt auf, zusammen mit Bildern, Erinnerungen, meist gemischten Gefühlen und sicherlich vielen Fragen. An wen richten sich diese Fragen, – und wer ist es, der sie stellt? Und wer beantwortet sie uns? Unser Verstand, unser Herz, unsere Seele?

Diese Selbstbesinnung lenkt unsere Aufmerksamkeit nach innen. Das Ich konzentriert sich auf das Zentrum im eigenen Selbst, auf die Empfindung vom eigenen Sein. Alles, was das Leben uns überhaupt zu bieten hat, empfangen wir als Kleinkind in der absoluten Liebe zu den Eltern. Im Glanz der elterlichen Augen erfahren wir uns selbst. Diese Augen, ihre Hände, ihre Stimmen, ihr Geruch und Atem werden zum Spiegel für unsere sich entfaltende Persönlichkeit. Ihre unumschränkte Zuwendung verleiht uns erst allmählich das Empfinden vom eigenen Selbst. Sie gibt uns das Gefühl, kostbar und wertvoll zu sein. Menschenwürde entsteht so in uns.

Und alles, was wir für dieses Leben zu lernen haben, die wesentlichen Lernvorgänge vollziehen sich in diesem Alter durch Identifikation mit den idealisierten Eltern und im Weiteren durch Imitation ihres Verhaltens. Bevor eine Identifizierung mit dem eigenen Selbst also möglich ist, liegt – entwicklungspsychologisch gesehen – die Identifikation mit den Eltern. Sie findet ihre differenzierende Verdichtung und den relativen Höhepunkt in der ödipalen Phase. Die Idealisierung der Eltern geht über in eine geschlechtlich fantasierte Verschmelzung. Als Ausdruck erster Eigenliebe kommt es parallel dazu zu heftigen Trotzanfällen, später dann zu pubertärer Zurückweisung der vorher so geliebten Eltern zugunsten der Selbstbehauptung.

Die Liebe von Mutter und Vater vernetzen für den Säugling Körper, Geist und Seele zu einer Einheit. Über die nackten körperlichen Funktionsbedürfnisse hinaus (Hunger, Schutz, Wärme) entsteht eine tiefe seelische Schwingung, die das gegenseitige Wesen ganz in sich aufnimmt. In einem dritten Akt setzt das Erkennen ein, das Bewusstwerden. Die großen Menschheitsfragen »Wer bist du? – Wer bin ich? – Wer sind wir?« führen zum ersten intellektuellen Strukturierungsprozess des Kindes. Das Bild der Welt entsteht so in uns. Urvertrauen wächst. Wir fangen an, nicht nur die Eltern zu lieben, sondern auch uns selbst. Gefühle für das eigene Selbst, Selbstbewusstsein und Selbstwert entstehen. Diese narzisstische Selbstbestätigung durch die Eltern wird zum Ausgangspunkt für eine gesunde und liebevolle Verbindung zu anderen Menschen und der Welt.

Ähnliches wiederholt sich während der Pubertät, und Ähnliches geschieht mit uns im Erwachsenenalter: Die Liebe als dichteste Form menschlicher Vernetzung gibt uns auch dort Identität, Heimat und einen Platz im Kosmos. Sie bildet das Netz, das uns vor dem Sturz ins Nichts bewahrt, das uns Halt und Sicherheit gibt.

Es kommt zur ersten Herausforderung für Liebende: Selbstfindung und Selbstverwirklichung wachsen in der Liebe nicht durch beschützende Nähe allein. In Kindheit, Pubertät und Erwachsenenalter muss diese Identifikation mit dem Gegenüber immer wieder in den Gegenpol übergehen, in die Abgrenzung. Das Netz wird gelockert, damit weitere Identifikation möglich wird. Erst in dieser Abgrenzung ist Resonanz zwischen den Partnern überhaupt möglich. Eine totale Identifikation würde jede weitere Entwicklung verhindern, da kein eigenes Lernen zustande käme. Dieses notwendige Wandern zwischen Verschmelzung und Abgrenzung, in trotzdem harmonischem Miteinander zu leben, ist eine große Herausforderung. Daran scheitern oft Erziehung, *Paardynamik* und Selbstverwirklichung.

Die weitere Herausforderung zwischen Liebenden liegt darin, dass sich Beide nahezu synchron entwickeln sollten, um das Gleichgewicht dieser Dynamik zu gewährleisten. Tut es nämlich nur der Eine, gerät das System in eine Dysfunktion. Resonanz wird dann nicht mehr möglich, die seelischen Prozesse können nicht mehr wechselseitig vonstatten gehen. Die Persönlichkeiten entwickeln sich auseinander. Die dritte Herausforderung der Liebenden auf dem Weg zur Selbstfindung liegt darin, *Triebhaftigkeit* mit *Seelentiefe* zu verbinden. Triebbedürfnisse und *Selbstbedürfnisse* (Kohut 1973) suchen das Gleichgewicht. »In der Verschmelzung mit dir finde ich meine Seele, indem ich die deine erkenne und du die meine.« (vgl. Ficino 1456) Dieses Erkennen wiederum führt zur geistigen Gewissheit meiner Existenz und Verbundenheit in und mit dem Kreislauf der Welt. Dieses Wissen schließlich gibt mir die Sicherheit, Leben weiterzugeben. Es verbindet sich auf diese Weise in der Liebe zu dir »mein körperliches, mein seelisches und mein geistiges Selbst« zu einer Einheit.

In der Psychologie des Alltags erweist sich das als größte Schwierigkeit der Paare: Zum triebhaften und impulsiven Austausch der Körper den der Seelen einzubringen, braucht viel gegenseitige Aufmerksamkeit und eigene innere Achtsamkeit.

Erstaunlich: Die meisten, die therapeutische Hilfe in Anspruch nehmen, nehmen die Existenz ihrer Seelen in der Regel als selbstverständlich an. Es wird viel davon geredet und darüber geschrieben, gerade auch in der psychologischen Literatur. Seele aber zu leben, sie zu zeigen, sie mit dem Anderen auszutauschen, das erzeugt bei vielen Kopfschütteln, Unsicherheit, Angst, Scham und infolgedessen Widerstand.

Der Austausch der Seelen wird auf diese Weise zum Prüfstein jeder dauernden Liebe.

Dann zeigt sich, dass Frauen viel mehr Wert auf seelische Befriedigung in der Intimbeziehung legen als Männer. *Seelentiefe* herbeizuführen, wird meist als Aufgabe der Frau gesehen. Seelische Bedürftigkeit wird meist nur von Frauen geäußert. Daher die stehende Redewendung: eine Seele von Frau.

Männer dagegen gehen oft so weit, dass sie die Existenz der Seele sogar leugnen. Außerdem zeigen sie in der Regel stattdessen mehr aggressives Verhalten als Frauen. Dass Männer sich in der evolutionären Geschlechterauseinandersetzung den dominanten Platz erobert haben, mag nicht zuletzt auf diese beiden Faktoren zurückzuführen sein.

Neue andere Fragen schließen sich an:
Warum ist dieser *Seelendialog* so schwierig? Sind Männer sich wegen ihrer Seelenferne selbst fremder als Frauen? Ist die Selbstliebe von Männern daher größer oder kleiner im Vergleich zu Frauen? Männer zeigen sich häufiger als Narzissten, Frauen eher als *Komplementärnarzissten*. Hängt das mit der Seelennähe oder -ferne zusammen? Fast alle Menschen betreiben Körperpflege, viele auch geistige Fortbildung, warum aber keine Seelenpflege, obwohl wir doch von der Einheit von Körper, Geist und Seele sprechen? Wie hängen Partnerdialog und *Seelendialog* wirklich zusammen?

Beziehung zwischen Ich und Du

Jemanden zu lieben, heißt, mit ihm zu wachsen. Liebe wird auf diese Weise zur menschlichen Herausforderung. Gelingt uns das, sprechen wir vom »Wunder der Liebe«, von der »Macht der Liebe«, von der »Himmelsmacht«.

In der Psychologie der Liebe wirken viele menschliche Kräfte zusammen. Liebesglück wird zum Zentrum menschlicher Dynamik für Entfaltung, Gesundheit, Wachstum, Identitätsfindung und Sinnerfüllung. Liebesleid dagegen gerät oft zum Zentrum menschlicher Zerstörung: für den Einzelnen, für das Paar, für die Familie, im Beruf und auch in der Politik. Immer wieder taucht in der Paartherapie der Gedanke an Mord oder Selbstmord auf. Defizite in der Liebe werden häufig als Defizite am eigenen Selbst erlebt. Die Grenzen zum eigenen Ich gegenüber dem Du verschwimmen oft in bedrohlicher Weise. Eigene Lebenserwartungen sind eng verknüpft und vernetzt mit dem Du, dem anderen Selbst.

Am Tempel des Apoll im Delphi der Antike war deutlich und für alle sichtbar eine kurze Sentenz zu lesen: »Gnothi Seautón« – »Erkenne dich selbst!« oder »Werde, der du bist!«. »Selbsterkenntnis als tägliche Übung sollte der Anfang sein, die Basis für jedes sinnvolle Denken über Gott und die Welt.«

Im Verständnis der *Paarsynthese* ergänzen wir: »Erkenne dich selbst – im Spiegel meiner Augen!«

Wir können nur wir selbst werden und uns selbst erkennen – durch die Beziehung zu anderen. So heißt es schon im Alten Testament als Umschreibung für die geschlechtliche Vereinigung von Frau und Mann: »Und sie erkannten sich.« Natürlich gibt es viele andere Beziehungen, die diese Selbstfindung mittragen, die Liebesbeziehung aber ist die intensivste davon. Durch die Elternliebe sind wir in unserer Identität geworden. Durch die Partnerliebe ergänzen und vollenden wir unsere Identität – und geben sie schließlich weiter an unsere Kinder.

Gerade auch heute, da menschliche Existenz besonders großen Gefahren entgegengeht, bildet die Liebe die Urkraft, die uns mit Haut und Haar als Ganzes erfasst. Als Kind weckt sie das sichere Gefühl von würdigem Menschsein in uns. In der Pubertät erproben wir, oft wie hinausgestoßen in die feindliche Welt, erstmals auf eigenen Füßen, wer wir in den selbst geschaffenen Beziehungen sind. Dieser Prozess der Ganzwerdung setzt sich in der Paarbildung fort und reproduziert sich dort beständig neu.

Liebe lebt in vielen Gesichtern, Ausprägungen und Lebensimpulsen. Liebe ist nicht ein Gefühl allein, sondern umschließt eine Fülle von Aspekten: Elternliebe, Kindesliebe, Geschwister- und Freundesliebe, Liebe zu Natur und Kreatur, Liebe zu Gott, Liebe zum Leben, Wahrheitsliebe, Liebe zur Kunst, »Liebe zum Guten, zum Wahren und zum Schönen«. (Plato)

Alle diese Erlebnisformen finden sich zusammen in der Liebe zwischen Mann und Frau. Neben der erotisch-sexuellen Natur sehnen wir uns und brauchen wir auch als Erwachsene alle diese Anteile von Liebe. Anzumerken bleibt: Diese Dynamik vollzieht sich natürlich selten gleichzeitig, sondern im zeitlichen Wechsel, ebenso im gegenseitigen Wechsel von Geben und Nehmen.

Diese *Paar-Psychodynamik* birgt daher eine Herausforderung an Menschlichkeit in sich, die nirgendwo anders eingelöst werden kann: Die Entwicklungspsychologie der Menschen ist von daher nicht aus der Sicht des Individuums, sondern aus der des Paares zu verstehen. Selbstliebe und Partnerliebe stehen in einem unauflöslichen, sich gegenseitig bedingenden Verhältnis.

Diese Betrachtungen werden keineswegs dadurch außer

Kraft gesetzt, dass die Liebe ebenso gut ins Negative umschlagen kann. Dies ist nur eine andere Form der Einheit der Gegensätze, die letzen Endes die Dynamik der Liebe überhaupt in Gang setzt und in Gang hält.

»Frau und Mann –
Sie schaffen das Paradies
– und auch die Hölle.
Sie schaffen damit Leben.«

Beziehung zwischen Ich und Welt

Dass gerade die Liebe alles zu einem einzigen Zentrum verbindet, ist eine althergebrachte Auffassung. Für die Griechen war Eros von Anfang an der Gott, der alle Teile im Kosmos zu einem Ganzen verbindet und das Universum zusammenhält. Der Gedanke der Vernetzung ist also keineswegs neu.

Menschliche, d. h. auch seelische Kompetenz entsteht im Dialog, in der Beziehung, im menschlichen Miteinander. Die dichteste Form von menschlicher Beziehung ist die Liebesbeziehung. Dort wird am meisten an Menschlichkeit gelernt. Es bleibt nur wenigen von uns erspart, daran ein Leben lang arbeiten zu müssen.

Die Liebeserfahrungen veranlassen den Menschen letztlich zu dem, was er schließlich tut. So handelt der Mensch auch in anderen Lebensbereichen wie Arbeit, Gesellschaft, Kultur und Politik entsprechend dieser Liebeserfahrungen.

Hier zeigt sich die große und nicht genug zu schätzende Wirkung dieser *Liebes-Psychodynamik*: Sie macht meist den größten Teil unserer Identität aus. Jede Verletzung dieser Liebe verletzt daher unsere Identität und unseren gesunden Narzissmus, unsere notwendige Selbstliebe. Davon abhängig wächst oder fällt unsere menschliche, soziale und professionelle Kompetenz.

Hier setzt aber auch nach Freud (1930) das »Unbehagen in der Kultur« und nach Lukas Moeller (2000) vor allem in der vorherrschenden Gesellschaft ein. Letzterer spricht von »paarblinder Politik«. Liebe hat zentrale Bedeutung nicht nur für eine gesunde Entwicklung der Individuen, sondern auch für eine gesunde Entwicklung der Gesellschaft. Aber für Familien wird wenig, für Paare nichts getan. Aber die Kritik greift noch weiter: Trotz unserer immensen Datenbanken fast hundert Jahre nach Freud wird der Zusammenhang zwischen unverantwortlicher Politik und ihren narzisstischen, beziehungsgeschädigten Verursachern nicht gesehen. Die ungehemmten Narzissten und Verantwortlichen der modernen Globalisierung inszenieren feindliche Übernahmen, exportieren monströse Kriege und weltweit steigende Armut. Sie vernichten schon heute die Umwelt ihrer Enkelkinder. Deren narzisstisch gestörte Beziehungs- und Liebeskompetenz setzt sich fort als Zerstörung von Menschlichkeit, die noch ganze Generationen nach uns leiden machen wird.

Die Kritik an der modernen (Gesellschafts-)Politik und ihrer Lieblosigkeit ist notwendig und muss noch lauter werden als bisher. Denn eine weitere und sehr wichtige Vernetzung durch die Liebesdynamik soll hier ergänzend hergeleitet werden: »Aus der Verbindung von Eros und Logos entsteht Ethos.«

Mit anderen Worten: Missachtet die Politik die Liebe, zerstört sie damit auch die Moral und die Ethik der menschlichen Gesellschaft.

Diese These gründet darauf, dass das Kleinkind aus der liebenden Einheit mit Mutter und Vater heraus eine allererste geistige Strukturierung leistet: Das allmähliche Erkennen und Begreifen des Du. Im Begreifen der lebensspendenden Quelle außerhalb des eigenen Selbst entsteht Liebe: »Ich bin – Du bist = Wir sind.« Dieses so entstehende *Wir-Gefühl* führt über das Wünschen nach Nehmen hinaus zum Wunsch nach Geben.

Dieses Begehren, so nennt es Lacan (1986), wird zu gegenseitigem Stimulans. Es entsteht ein lustvolles Suchen und Verlangen nach wechselseitigem Ausgleich. Liebende spüren Verantwortung füreinander. Sie handeln zum Wohl des Anderen. Sie fördern sich gegenseitig. Über die bloße Ko-Existenz hinaus wird das Zusammenspiel der Kräfte wach. Diese Synthese als lustvolles Zusammenwirken zwischen Kind und Eltern, zwischen Frau und Mann, aber auch zwischen Kulturen und Völkern bedeutet Sinnerfüllung menschlichen Daseins. Das triebhafte Ich begreift und versteht im sinnlich erotischen Kontakt die Logik der Gegenseitigkeit. Dieses geistige Erkennen führt über den sinnlichen Dialog zur Einfühlung in das Du. Einfühlung transportiert das Erkennen von Verantwortung. Ethos entwickelt sich also im Dialog. (Cöllen/Jung 2002)

Nur, wer gelernt hat zu lieben, kann erfolgreich sein.

Deshalb sehen wir diesen Zusammenhang zwischen Liebe auf der einen und personaler, sozialer und professioneller Kompetenz auf der anderen Seite. Mit dem *Lernmodell Liebe* der *Paarsynthese* schlagen wir sinngemäß einen neuen Weg nicht nur für Paare, sondern auch zur Gemeinschaftsbildung vor. Die Regeln der Liebesdynamik, der Umgang zwischen den Liebenden und in der Therapie der Liebenden und Streitenden hat auch Gültigkeit für andere Formen der Mitmenschlichkeit und Ko-Existenz.

Meine Arbeitsthese lautet daher:
Wer als Kind wirklich lieben gelernt hat und dementsprechend eine gute Beziehungsfähigkeit mitbringt, kann als Erwachsener überall auf der Welt erfolgreich sein. Die Liebesfähigkeit eines Menschen korreliert in hohem Maß mit seiner Kompetenz.

Deshalb haben wir in unserem Verfahren der *Paarsynthese* ein *Lernmodell Liebe* entwickelt. Die Regeln, Gesetzmäßigkeiten und Fähigkeiten, die es dort zu entwickeln und zu üben gilt, übertragen wir auf andere soziale Systeme wie Familie, Schule und auch Betriebe, Firmen und Institutionen.

Für diesen gesamten Prozess stellt daher die »Deutsche Gesellschaft für *Integrative Paartherapie* und *Paarsynthese*« (GIPP e.V.) seit 15 Jahren auf dem Hintergrund einer »Psychologie der Liebe« und einer »dyadischen Anthropologie« ein breites »Handwerkszeug« zur Verfügung aus Übungen, Ritualen, Dialog- und Spiegeltechniken, Konfliktanalyse, Therapie- und Kreativprozessen. *Paarsynthese* kommt als Einzel-, Paar- und Gruppentherapie, als Teamtraining und Erwachsenenbildung zur Anwendung.

Narzissmus
und Seelendynamik

An keinem anderen Austragungsort kommt das Phänomen Narzissmus in dieser Intensität und Dichte derart zum Blühen wie in Partnerschaft und Liebe. Liebe lebt durch die vom Narzissmus getragene Dynamik. Sie kann nur gedeihen unter diesem Vorzeichen. Narzissmus meint schlicht die Selbstliebe. Diese aber nährt sich in hohem Maß durch die Liebes-Zufuhr von außen. Das Ich kann sich nur selbst lieben, wenn ein Du gegenübersteht, das mit seiner Liebe ein *Wir-Gefühl* entstehen lässt. Das Empfinden für das Selbst steht dabei im Zentrum dieser Seelenbewegungen.

Aus tiefenpsychologischer Sicht entwickelt sich das Selbst zunächst aus dem Empfinden des Kindes, das auch die Mutter als einen Teil des eigenen Ich erlebt. Daher wird in dieser frühen Zeit des Kindes auch vom *Omnipotenzgefühl* gesprochen. Aggressiv abwehrend muss es dann voll narzisstischer Wut erfahren, dass es unabhängig von seinem Wollen ein Du gibt, das noch mächtiger ist, nämlich über die Zufuhr von Nahrung bestimmen kann. Erst in der Erfahrung des gemeinsamen Wir tritt eine neuerliche Selbstsicherheit ein, die schließlich zu einem Urvertrauen in der Beziehung führt. Der Weg vom Du zum Ich über das Wir ist voller Gefahr.

Von dem prominenten Therapeuten, Philosophen und Religionsbegründer Jesus wurde darüber allerdings schon vor 2000 Jahren ein leidenschaftlicher Diskurs entfacht. Seine imperative These dazu lautet: »Liebe deinen Nächsten wie dich selbst!«

Eine dramatische Zuspitzung der Narzissmus-Problematik. Darin liegt Weisheit und Sprengstoff zugleich für weitere 2000 Jahre menschlicher Geschichte. Der Satz kann ebenso in sich gedreht werden, auch dann zeigt er Wirkung. Alle menschliche Zwiespältigkeit, alle Tragik und aller Missbrauch, die ganze menschliche Zerrissenheit, aber auch ihre Stärke lebt in diesen sechs Worten. Daher leitet sich auch der Titel dieses Buches ab. Hier beginnt doch das unlösbare Verwirrspiel der narzisstisch Gekränkten, eng verknüpft mit der Suche nach ersehnter Selbstaufwertung oder befürchteter Selbstabwertung.

> »Liebe deinen Nächsten wie dich selbst!«

Der gehemmte Narzisst, also der *Komplementärnarzisst*, wird diese Aufforderung zum Lieben für sich unbewusst umwandeln: »Liebe du mich so stark, dass ich mich selbst lieben kann. Ich habe keine Selbstliebe, sondern nur Abwertung für mich. Also brauche ich deine Liebe, um mich überhaupt lieben zu können!«

Der ungehemmte Narzisst dagegen würde mit dieser Aufforderung ganz anders umgehen, ohne es freilich bewusst äußern zu können: »Du musst mich mindestens so stark lieben, wie ich mich selbst liebe. Dann erst kann ich dich lieben. Liebe mich, wie ich mich liebe.«

Ob Jesus wohl gewusst hat, was er da verkündete? Natürlich, denn er war zu klug, um nicht die Bedeutung seiner Worte und deren Wirkung zu kennen. Aber kannte er auch schon das Problem des Narzissmus? Hätte er dann nicht seinen Satz zumindest korrigieren müssen?

Das Phänomen des Narzissmus zeigt eine große Bandbreite. Zwei genau entgegengesetzte Pole sind sein Markenzeichen: Ob selbstlose Aufopferung oder maßloser Egoismus, es sind nur die zwei Seiten einer Münze. Der eine stellt sich ganz in den Dienst anderer, der andere manipuliert andere in seinen Dienst. Beide tun es, um ihr Selbst aufzuwerten.

Narzissmus hat hauptsächlich mit dem seelischen Empfinden des eigenen Selbst zu tun. Unsere Sprache ist daher reich an Selbstbegriffen: Selbstachtung, Selbstwertgefühl, Selbstabwertung, Selbstverwirklichung, Selbstentfaltung, Selbstüberwindung, *Selbsterfahrung, Selbstbefriedigung,* Selbstbestimmung, Selbstwertzuwachs (Willi 1975), sich selbst genießen (Lacan 1996), Selbstmord, Selbstfindung, Selbstbezogenheit, Selbstschutz, Selbsthilfe u. v. a. Narzissmus ist zunächst einmal Selbstverwirklichung.

Dass Ich und Selbst wichtige Unterscheidungen sind, ist daran abzulesen, dass es in vielen Sprachen dieser Welt genau diese sprachliche Unterscheidung gibt: moi–même, soi–même, himself, yourself, sich selbst, ich selbst.

Die psychologischen Begrifflichkeiten von Ich und Selbst sind zunächst von Freud definiert und dann von seinen Schülern ausdifferenziert worden. Kohut (1973) erweiterte diese Auffassung zur *Selbstpsychologie.* Demnach ist das Selbst mehr als nur ein fester Kern. Es bindet vielmehr die verschiedensten Aspekte der Persönlichkeit in seiner jeweils individuellen Weise zu einer in sich beweglichen, doch nach außen festen Einheit. Gestalttherapeuten heute gehen dagegen davon aus, dass es ein klares Selbst gar nicht gibt, sondern eher ein »Nichtselbst«, das sich je nach Kontakt zur jeweiligen Umwelt verschieden formt.

Eine Übung, um diesen sehr aufregenden und spannenden Zusammenhang zwischen Ich und Selbst fühlbar zu machen: Wir spüren das sofort am eigenen Leib, wenn wir mit den Fingerspitzen beider Hände eine Reise unternehmen – eine Reise über unser Gesicht, unseren Kopf, unsere Schultern, Brust und den ganzen übrigen Körper. Wir versuchen dabei, ganz langsam und vorsichtig, uns zu begreifen, zu erfassen – im wahrsten Sinn des Wortes. Wie fühlt es sich an, sich selbst zu berühren? Welche Resonanz entsteht in mir, wenn ich mich selbst tastend erfahre? Finde ich Gefallen an mir selbst? Gibt es eine erotische Spannung? Oder bin ich mir selbst langweilig?

Die dem Narzissmus zugrunde liegende Seelendynamik verstehen wir in der *Paarsynthese* als eine quasi *dialogische Be-*

ziehung: Das Ich mit seinen *Ich-Funktionen* steht im pausenlosen Dienst des Selbst, um dessen Entfaltung optimal zu gewährleisten. Es soll den Zuwachs an Selbstwertgefühl sicherstellen. Das beginnt im Kindesalter, setzt sich permanent im Jugend- und Erwachsenenalter fort und endet nicht vor dem Tod. Dieser Bedarf entscheidet in weiten Teilen über das Schicksal des Individuums und ist ebenso wirksam in den vom Individuum eingegangenen Paarbeziehungen. Wird Bedarf zur Bedürftigkeit, können daraus Paarkrisen entstehen.

In Übereinstimmung mit anderen kann das Ich quasi als Regierungssprecher oder Geschäftsführer, als Handlanger, als Generalbevollmächtigter, auf jeden Fall als ausführendes Organ des Selbst gesehen werden. Dazu ist das Ich ausgestattet mit den so genannten *Ich-Funktionen.* Das sind die fünf Sinne, das Gedächtnis, die Sprache, die Orientierung. Mithilfe dieser Instrumente sorgt das Ich ständig für die optimale Entfaltung und Weiterentwicklung, für das Wachstum des Selbst. Es erfüllt diesen Dienst am Selbst, indem es den Selbstwertzuwachs aktiv vorantreibt. Es überwacht die aus der Mit- und Umwelt eingehende Seelennahrung und sorgt für Nachschub in Form von Anerkennung, Verdienst, Lob, Zuwendung und Liebe. Es wehrt gleichzeitig die das Selbst bedrohenden Reize, Gefühle und Botschaften ab, trachtet danach, Scham, Angst und andere Missempfindungen zu verhindern. (Mentzos 1984) Darüber hinaus geht das Ich in Widerstand gegen alle negativen Einflüsse, die von anderen Individuen, insbesondere dem Partner an das eigene Selbst herangetragen werden. Mit Hilfe von Abgrenzung, Zorn, Aggression, Trotz, Rückzug, Resignation und Flucht will das Ich reale oder vermeintliche schädliche Übergriffe, Revierverletzungen, Missbrauch, Ausbeutung und Zerstörungen am eigenen Selbst verhindern.

Natürlich sind diese Vorstellungen vom Doppelgespann Ich und Selbst ein gedankliches Konstrukt, das so in der Realität nicht existiert, uns aber hilft, eine seelische Realität verständlich zu machen. Die folgende Grafik versucht, etwas von dem komplizierten Zusammenspiel zwischen Ich und Selbst zu erklären. Sie zeigt, dass im Kern das Selbst kein starres Gebilde meint, sondern die Verdichtung der zentralen Lebensdimensionen von Körper, Seele und Geist. Auf dieses Zentrum unserer Persönlichkeit wirken verschiedene Einflüsse aus der Umwelt wie Eltern, Kollegen, Freunde usw. unterschiedlich stark ein. Das Ich fungiert zwischen dem Selbst und diesen Umwelteinflüssen als entscheidendes Kontrollorgan zum realen oder vermeintlichen Wohl des Selbst. Motor für jede menschliche Entfaltung ist unser gesundes Streben, uns selbst, unser Selbst zur Geltung zu bringen.

Voraussetzungen für eine gesunde Entwicklung dieser dynamischen Seeleneinheit gibt es viele, denn das dazu benötigte Raumklima ist sehr empfindlich:

- Schon das Kleinkind braucht viele Gelegenheiten, durch eine behütete, gleichzeitig stimulierende und durchaus auch konfrontierende Zuwendung und Umgebung seine Fähigkeiten und Instrumente richtig einzuüben.
- Das Kleinkind benötigt viel *Selbsterfahrung*: Alle Impulse aus dem Selbst, die sein Ich in die Umwelt befördert, gilt es, willkommen zu heißen. Bestrafung, Vernachlässigung, Missachtung oder gar Missbrauch dieser frühen Impulse führen zur letztendlichen Ablehnung des eigenen Selbst. Aufgrund der frühkindlichen Identifikation werden elterliche Maßnahmen als *Introjekte* ungeschützt im eigenen Selbst abgelagert und wirken ein Leben lang.
- Das Ich des Kleinkindes darf nicht durch Traumatisierung, Missbrauch oder Fehlbeanspruchung daran gehindert sein, für das eigene Selbst Sorge zu tragen.

Selbst und Ich

Mitwelt — Eltern

Leistung

Ich

Ich

Kosmos

Altlast

Konstitution

Ich

Ich

Ich

Körper

Seele

Geist

Sehnsucht

Ahnen

Anlagen

Ich

Partner

Kinder

Beruf

51

Definition

Narzissmus hat wie alle menschlichen Seiten eine gesunde und eine neurotische bis kranke Erscheinungsform. Sigmund Freud nannte die gesunde Form *Primärnarzissmus*. Er definierte ihn so, dass der Säugling zunächst seine sexuelle Lust aus sich heraus gewinnt und von daher auf sich selbst fixiert ist, sich selbst als lustvoll erlebt. Der *sekundäre Narzissmus* dagegen meint bereits die gestörte sexuelle Lust: Säugling oder Kleinkind, gekränkt, verärgert und enttäuscht von einem Liebesobjekt wie der Mutter oder dem Vater, zieht seine inzwischen darauf gerichtete sexuelle Lust vom Objekt wieder ab und kehrt in die Fixierung auf sich selbst zurück. Verhärtet sich diese Regression, entwickelt sich beim Heranwachsenden und Erwachsenen eine egozentrische Weltsicht. Daher kommt die Bezeichnung von *früher Störung* bzw. von den *Frühgestörten*. Im klinischen Bereich gehören seelische Erkrankungen wie *Psychosen*, *Borderline* und *sekundärer Narzissmus* dazu. Sie gelten als besonders schwere seelische Störung.

Die Abstufung zwischen klinischer Erkrankung als Persönlichkeitsstörung und der als »normal« geltenden Partnerstörung ist ganz schwierig zu ziehen. Viele, sehr viele Beziehungs- und Liebesstörungen sind die Folge solcher narzisstischen Kränkungen, ohne dass wir sie als seelische Krankheit diagnostizieren.

Zum Erscheinungsbild einer echten Erkrankung im Sinn der Weltgesundheitsorganisation (WHO) gehören hier: Übertriebene Empfindlichkeit, Nachtragen und ständiger Groll, Misstrauen, neutrale oder freundliche Handlungen werden als feindlich erlebt, Streitsucht, Bestehen auf Rechthaben, starke Eifersucht, Sucht, überhöhtes Selbstwertgefühl oder überhöhtes Minderwertigkeitsgefühl, Selbstbezogenheit, Fanatismus, lähmende Leere, Gefühlskälte, Freudlosigkeit, sexuelle Lustlosigkeit, Einzelgängertum, exzentrisches Verhalten, soziale Verantwortungslosigkeit,

Unfähigkeit zu längeren Beziehungen, schnelle Aggression, Ablehnung von Schuld und Zuweisung an andere, hohe Reizbarkeit, Ausagieren von Impulsen ohne Rücksicht auf andere, explosives Verhalten und Bedrohung, Störung des eigenen Selbstbildes, starke emotionale Krisen bis zu Selbstschädigung und Suizid, Starrsinn, Unentschlossenheit und Angstüberflutung.

Für die Psychologie des Paares gilt ein erweitertes Verständnis: Die Grenzen zwischen seelischer Krankheit, Störung und Belastung sind sehr fließend. Viele der Störungen werden gerade erst in und durch die intime Dichte der Zweierbeziehung als Folge der frühen intimen kindlichen Abhängigkeit (re-)aktiviert. Jetzt wirken diese Störungen gravierend und zerstörerisch, voller Unheil. Die Diagnose einer narzisstischen Störung würde aber kaum einer der Betroffenen akzeptieren, wie auch viele Alkoholiker ihre Erkrankung nicht akzeptieren. In der Außenwelt werden diese Symptome nämlich häufig gar nicht sichtbar, nur im engen Binnenraum des Paares, dort aber umso heftiger.

Im paartherapeutischen Bereich ist es besonders schwierig, mit solchen Diagnosen umzugehen, weil sie als Etikettierung leicht missbraucht werden. Auch viele Kollegen fürchten deshalb, mit ihren Paaren über die Möglichkeit solcher Erkrankung oder Störung zu reden. Aber das verstellt den Blick darauf, dass unendlich viel an Psychoterror, seelischen Grausamkeiten, heillosen Zwistigkeiten, Dauerstreits, Demütigungen, Aggressionen und Depressionen bis hin zu Trennung und Scheidung die Auswirkung narzisstischer Erkrankung oder Störung bei einem oder beiden Partnern sind.

Narzisstische Partner verteilen sich als Narzissten und *Komplementärnarzissten* infolge der frühen Kränkung graduell zwischen den zwei Polen von Selbstaufwertung und Selbstabwertung. Beide zweifeln zutiefst an sich selbst, weshalb sie in sich keinen Frieden finden und Unfriedlichkeit verbreiten. Im Ergebnis verhindern sie durch zu viel oder zu wenig Selbstbehauptung ihre stimmige Selbstverwirklichung, wofür offen oder verdeckt dem Partner die Verantwortung angelastet wird. Die eigene innere Abwehr dieser Zweifel am eigenen Selbst führt in der Folge zum Widerstand gegen den Partner. Der Widerstand beider Partner trifft sich und führt zum *Substanzkonflikt* des Paares.

Gesunder Narzissmus

Der gesunde, auch *primär* genannte Narzissmus bringt uns dazu, uns erst einmal selbst lieben zu lernen, wie wir sind, mit Selbstsicherheit und Selbstvertrauen. Wir entwickeln Zuversicht und Stolz in die eigenen Fähigkeiten. Vor allem sind wir uns des eigenen Wertes und der eigenen Würde bewusst. Wir haben den Drang, uns mit unserem Können, Denken und Fühlen auszuprobieren und zu bewähren. Dazu gehört, sich von anderen geschätzt und geliebt zu fühlen, begehrt und erwünscht zu sein. Er treibt uns, kreativ zu werden, fleißig zu sein und Verantwortung zu übernehmen. Im aktiven Sinn sehnen wir uns danach, Liebe zu schenken, Gutes zu tun und unseren Leistungswillen in die Welt zu tragen.

Das Geben und Nehmen wird dadurch zu einer ausgewogenen Interaktion. Der gesunde Narzissmus macht es möglich, dass wir uns gegenseitig mit Achtung und Aufmerksamkeit, Hilfsbereitschaft und voller Zärtlichkeit begegnen. Einfühlsamkeit in den Partner, liebevolle Unterstützung und Förderung, die besten Seiten in uns werden geweckt.

In dem Streben danach, vom Partner und den Kindern, von Freunden, Kollegen und auch von Geschäftspartnern als gut und kompetent angesehen zu werden, geben wir unser Bestes. Um geliebt zu werden und weil wir geliebt werden, lieben wir wieder. Auch die selbstloseste Liebe ist nicht zweckfrei, sondern gibt uns letztendlich das gute Gefühl, nützlich, wertvoll und liebenswert zu sein. Narzissmus in gesunder Ausprägung wirkt demnach beziehungsstiftend und macht uns erst liebesfähig.

Das beginnt schon im Kleinkindalter, wenn wir Mama und Papa voller Stolz unsere ersten Kritzelgemälde zeigen, später mit guten Noten aus der Schule kommen oder heute für die Familie ein gutes Gehalt nach Hause bringen.

Privat und beruflich leistet der Betroffene durch sein Streben nach Selbstaufwertung eben auch Besonderes. Er tut sich im besten Sinne hervor. Das Geliebt-sein-wollen gibt ihm Kraft und Ausdauer, verleiht ihm Kreativität und Fantasie. Er ist es, der Visionen entwirft und neue Ideen entwickelt. Für die Liebe und im Dienst der Mitmenschen wird er erfinderisch, aufopfernd und verantwortungsbewusst. Oft genug arbeitet er ehrenamtlich. Dabei strebt er hohen Idealen nach. Sein Einsatz für den Betrieb oder die Firma kennt kaum Grenzen. Für ihn ist es der Mühe wert, gebraucht zu werden und wichtig für andere zu sein.

Aus Verantwortung für die Patienten, im Dienst des Unternehmens, im Auftrag der Wähler, aus Berufung durch Gott werden überdurchschnittliche Energien und Kräfte freigesetzt. Ob Untergebener oder Mitarbeiter, ob Freiberufler oder selbstständiger Unternehmer, Narzissten sind die Antriebsmotoren für ihre Umwelt. Sie sind voller Elan und Vitalität. Sie perfektionieren sozial erwünschtes Verhalten. Allerdings: Ohne es sich selbst einzugestehen geschweige denn anderen, rechnen sie beständig, wie viel sie davon zurückbekommen.

Der Narzisst hat meist kein Bewusstsein für seine narzisstischen Motive. Im Gegenteil, er würde sie sogar leugnen, hielte sie ihm jemand vor. Einem Narzissten zu sagen, dass er Narzisst ist, bedeutet die größte Kränkung für ihn. Er fühlt sich als Idealist. Er selbst ist am meisten davon überzeugt, aus Uneigennutz und Menschenfreundlichkeit zu handeln. Aus Bescheidenheit wird er es so nicht nennen. Er meint, aus Nächstenliebe hilfreich zu sein. Er fühlt sich gerne edel. Gibt er sich dabei bescheiden, wird er umso mehr dafür gelobt und bewundert. Vorgegebene Selbstlosigkeit ist ein Markenzeichen der uneingestandenen Selbstaufwertung.

Gestörter Narzissmus

Der *sekundäre Narzissmus* gilt als die gestörte Variante. Diese teilt sich in zwei völlig entgegengesetzte Erscheinungsformen auf, in gehemmte und ungehemmte Narzissten. In der *Paardynamik* wird vereinfachend von Narzissten und *Komplementärnarzissten* gesprochen. Geschlechtstypisch dabei ist auch heute noch, dass Männer häufiger die Narzissten, Frauen mehr die *Komplementärnarzissten* stellen. Vereinfacht heißen die typischen Lebensäußerungen dieser beiden Grundformen von Narzissmus: »Ich bekomme nicht genügend.« einerseits und »Ich bin nicht genügend.« andererseits. Alle Abstufungen und Ausschattierungen sind möglich. Jeder von uns hat etwas von jedem.

Der ungehemmte Narzisst

Der ungehemmte Narzisst in seiner häufigen, doch noch erträglichen Art lässt keine Zweifel an sich zu, schon gar nicht von anderen, behauptet aber, selbstkritisch zu sein. Er ist ein Meister der Verdrängung. Er sieht sehr kritisch jeden noch so kleinen Fehler beim Gegenüber, erträgt es aber nicht, für eigene Fehler angemahnt zu werden. Er muss wie ein rohes Ei behandelt werden. Geringste Kritik veranlasst ihn sofort zu großer Rechtfertigung. Kritik beantwortet er mit Gegenkritik. Er kann nichts auf sich sitzen lassen, fordert immer Gerechtigkeit, aber vor allem für sich selbst. Häufig besteht er darauf, Recht zu haben oder etwas besser zu wissen.

Er fällt unangenehm auf, weil er sich häufig in den Mittelpunkt stellt. Dabei geht er von seinen eigenen Vorstellungen aus und glaubt, dass die auch für andere richtig sein müssen. Die Welt dreht sich um ihn. Er ist egozentrisch. Er geht von seinen Maßstäben aus, fordert Einfühlung in sein Verhalten und ist gekränkt, wenn ihn jemand nicht versteht. Er braucht viel Anerkennung, Bewunderung und Zuspruch. Lob ist sein Lebenselixier. Bleibt es aus, wird er düster, fühlt sich schlecht und nicht geliebt. Dann geht sein Selbstwertgefühl sofort in Selbstzweifel über. Einen Puffer dazwischen gibt es nicht.

Infolge seines Hungers nach Anerkennung ist er rastlos und selten zufrieden. Er kann nicht wirklich genießen, sondern muss bald nach neuer Befriedigung Ausschau halten. Mag die eigene Frau noch so attraktiv und liebenswert sein, er wird schon bald nach der Nächsten schauen. Ins Gespräch vertieft, sucht er trotzdem mit den Augen die Umgebung nach anderen Attraktivitäten ab. Er hat viele Freunde, aber keinen richtigen. Er brennt nach immer neuen Unternehmungen und kann den häuslichen Frieden, das gemütliche Zuhause wenig schätzen.

Freunde sucht er sich möglichst nach deren Bedeutung aus. Er hat gern bekannte und wichtige Leute um sich. Dahinter steht immer seine Überlegung, was ihm diese Menschen nützen könnten. Er funktionalisiert sein Gegenüber und macht andere zum Objekt der eigenen Selbstaufwertung.

Beruflich gesehen ist er ehrgeizig und strebsam. Er steht unter großem Druck, Besonderes zu leisten und neigt zum »workaholic«. Er glänzt durch seine Leistungen. Er träumt von der Karriere, vom Erfolg, vom Weiterkommen. Geld ist ihm sehr wichtig. Dazu gehören auch Statussymbole und Luxus. Besonders soziale Berufe sind geeignet, den Hunger nach Anerkennung immer neu zu stillen.

Hier beginnt dann auch die Schwelle, an der Narzissmus zur Gefahr wird: Der große Glaube an sich selbst führt bei den offensiven Narzissten leicht zur Selbstübersteigerung. Eigene Grenzen, Schwächen oder gar Fehler werden nicht mehr erkannt oder geleugnet. Ein Schuldeingeständnis selbst bei offensichtlichem Fehlverhalten kommt niemals freiwillig. Die Verantwortung dafür wird anderen angelastet. Die eigene Kompetenz wird unrealistisch hoch eingeschätzt und für alle Bereiche geltend gemacht.

Oft spielt ein von sich selbst überzeugtes Sendungsbewusstsein mit. Das trifft bei Menschen aus dem öffentlichen wie dem privaten Leben zu. Bei Kritik reagieren sie mit Aggression und Abstrafung.

Gefährlich wird also Narzissmus deshalb, weil er blind macht für die eigenen Fehler. Andere müssen darunter leiden.

Zur Korrektur seines Verhaltens lässt er sich nicht zwingen. Er wird dann stur. Wichtig ist es zu wissen, dass er wegen seiner Egozentrik niemals mit Strenge angeklagt werden darf. Er wird mit heftiger Gegenwehr reagieren. Für den Narzissten gibt es nichts Schlimmeres als der Schuldige zu sein.

In der Regel versucht der gekränkte Narzisst, durch Imponiergehabe, übergroßen Ehrgeiz und einen unersättlichen Leistungsdrang seine *Urtraumata* vom verletzten Selbstgefühl auszugleichen. Gelingt dieses nicht mehr, weil die Kritik seiner Mitmenschen zu groß wird, kommt es zu Panik, Zusammenbrüchen, Tobsucht, Sucht und maßlosem Fremdgehen. Besonders die Partnerin, die natürlich die größte Möglichkeit zur intimen Bloßstellung hat, weil sie alle seine Fehler hinter der Maske kennt, löst eine solche Eskalation häufig unbewusst aus.

In der zugespitzten Krisendynamik des Paares wird der Narzisst jede Schuld von sich weisen. Er wird immer auf den Partner projizieren und diesen für den eigentlichen Täter halten, für den Verursacher aller Probleme. Dies gilt selbst dann, wenn die Andere, eben die *Komplementärnarzisstin*, die wesentlich Schwächere in der Beziehung zu sein scheint.

Die gehemmte Komplementärnarzisstin

Komplementärnarzissten gibt es in vielfacher Variation. Es sind die Gehemmten. Aber warum sind sie häufiger unter Frauen zu finden?

Häufig wählen sie als Partner einen ungehemmten Narzissten. Dass zwei Ungehemmte sich wählen, ist selten. Eher noch zwei Gehemmte, die sich ängstlich-bescheiden wie Hänsel und Gretel zusammenfinden. Die Begriffsdynamik von Narzisst und *Komplementärnarzisst* ist natürlich in der aufgezeigten Polarität sehr schwarz-weiß gezeichnet. Dennoch kommt sie als Grundmuster in vielen Stufen zur Anwendung.

Häufig werden defensive Narzissten als solche nicht erkannt, denn ihr Verhalten ist in hohem Maß sozial erwünscht. Sie sind gut angepasst, fallen kaum auf, sind hilfsbereit und gutmütig. Manche leben kaum noch sich selbst, sondern überwiegend die von der Umwelt gut geheißene, gelobte und geachtete Selbstbescheidenheit.

Die Seelendynamik der defensiven und gehemmten *Komplementärnarzissten* ist daher weit schwieriger zu diagnostizieren. In der Regel wirken sie eher ängstlich und unsicher. Sie klagen oft über Minderwertigkeitsgefühle, trauen sich wenig zu oder fühlen eine lähmende Leere in sich. Sie wirken angepasst, freundlich bemüht, aber auch gelangweilt und langweilig. Mitunter haben sie etwas von »grauer Maus« oder »Aschenputtel« an sich. Sie fallen im Extrem dadurch auf, dass sie sich entwürdigen, schlagen, demütigen und beleidigen lassen.

Häufiger sind jedoch die weniger krassen Fälle, die allerdings auch schwerer zu erkennen sind. In der Regel weist die *Paardynamik* den Anderen als Täter, die *Komplementärnarzisstin* selbst als Opfer aus. Einfach gesagt ist die *Komplementärnarzisstin* diejenige, die den Narzissten auf den Thron hebt, ihn idealisiert und froh ist, in dessen Schatten stehen zu dürfen. Sie wird alles tun, um den Erfolg des Partners zu unterstützen.

Dadurch wird ihre eigene Substanz immer weniger. Die weitere Paarentwicklung verstärkt das Problem: Es ist die Tragik vieler Frauen, bis zum Zeitpunkt von Ehe und Mutterschaft eigenständig und emanzipiert gewesen zu sein, dann aber sich zusehends in unheilvoller Abhängigkeit wiederzufinden. In großer Anfangsliebe verzichten sie zugunsten

> Der Narzisst wird zu schnell als »Sündenbock« identifiziert.

des Mannes auf ihre Selbstverwirklichung. Was in einer seelisch stabilen Beziehung ohne weiteres als Gewinn und Lebensglück gesehen werden kann, gerät in der narzisstischen Dynamik oft zur Krise, manchmal zur Katastrophe.

Das weibliche Selbstwertgefühl geht immer mehr verloren, und die Abhängigkeit vom Narzissten wird immer größer. Je größer diese aber wird, desto ausfallender, desto quälender und grausamer wird der Andere. Je kleiner sich die *Komplementärnarzisstin* deshalb macht, umso mächtiger wird der Narzisst. Wieder ein Teufelskreis. Der kann natürlich nur begrenzt fortgesetzt werden, dann kommt es zum Zusammenbruch des Systems: Die herabgewürdigte *Komplementärnarzisstin* wird lustlos, krank, depressiv oder nimmt sich gar das Leben.

Und dennoch: Es gibt auch die entgegengesetzte und unterschwellige, die unbewusste Macht der *Komplementär-*

narzisstin: So sehr sie auch den Anderen auf den Thron heben mag, so sorgt sie doch insgeheim und sehr versteckt dafür, dass der andere regelmäßig auch vom Thron herunterfällt. Durch ihre Hingabe und Aufopferung versteht sie es, dem Narzissten ein schlechtes Gewissen zu bereiten, sodass dieser seine Triumphe gar nicht auskosten kann. Dabei fühlt sie sich insgeheim natürlich als die Bessere und in Wirklichkeit Überlegene, was den Narzissten zur Weißglut bringen muss. Da dies aber so subtil geschieht, ist auch nur schwer argumentativ gegen die Wirkweise der *Komplementärnarzisstin* anzugehen. Es geschieht verdeckt und damit manipulativ. Sie wird moralische Siegerin, weil sie als die Bescheidenere, die Demütigere, die Nachgebende und Gütige, die Hilfsbereite und Verzeihende, die in Wirklichkeit Gerechtere gilt. Sie wirkt als Opfer, nach außen für alle sichtbar, obwohl sie auf diese Weise zur Täterin wird.

Denn tatsächlich agiert der Narzisst allzu offensichtlich als Egozentriker. Er wird schnell als »Sündenbock« identifiziert.

Ihre Täterschaft aber geschieht auf eine für Beide unbegreifliche Weise: Der Narzisst kann die manipulative Strategie seiner Partnerin kaum durchschauen und dingfest machen. Sie selbst aber ist sich ihres Tuns so gut wie nie bewusst. Sie würde jedes Ansinnen, das sie manipulierend handle, erschrocken bis entrüstet zurückweisen. Sie kann selbst nicht fühlen, nicht glauben, wie mächtig sie den Anderen durch ihre Manipulation im Griff hat. Dass ihre Partner häufig Angst vor ihnen haben, lässt diese betroffenen Frauen nur ungläubig mit dem Kopf schütteln. Und doch ist es so.

Entstehung der
narzisstischen Kränkung

Das innere Kind – das verletzte Kind

Verletzte Liebe wandelt sich in seelische Defizite, Kränkungen und Verwundungen um. Diese gravieren sich in den menschlichen Organismus ein. Ihre Tragweite ist oft folgenschwer, denn neben der Seele werden Körper und Geist, auch bei fehlenden Symptomen, ebenso in Mitleidenschaft gezogen. Diese Negativbotschaften speichern sich für das eigene Selbst als Information in jeder Pore ab. Besonders im Kindesalter, aber auch während des ganzen Lebens, können solch massive Störungen einwirken. Sie bestimmen unsere Lebensgestaltung immer mit.

Am Anfang mag es die gestörte oder blockierte Liebesbeziehung zwischen Eltern und Kind sein. Später werden es Ängste und Katastrophen in der Schule, mit Lehrern, Mitschülern und in gescheiterten ersten Liebesbeziehungen. Im Erwachsenenalter sind es dann Einwirkungen wie Scheidung, Krankheit, Krieg, Arbeitslosigkeit, berufliches Versagen. Es sind nicht nur die traumatischen, sondern auch die weniger heftigen Einflüsse, die spätere Lebenskrisen und hier besonders Partnerprobleme als Langzeitwirkung produzieren.

Je früher im Leben diese Wunden geschlagen werden, umso gravierender die Folgewirkungen. Säuglinge, Kleinkinder und Kinder haben noch zu wenig Abwehr- und Widerstandskräfte entwickeln können, um sich erfolgreich gegen Lieblosigkeit, Entwürdigung, Missbrauch und Seelenterror schützen zu können. In der Psychotherapie wird deshalb zwischen diesen so genannten *frühen Störungen* im Kleinkindalter und den später bedingten *neurotischen Störungen* im Kindesalter deutlich unterschieden. Zu den Ersteren gehören psychotische, *narzisstische* und *Borderline-Störungen*. Die schädlichen Einflüsse können schon vorgeburtlich, bei der Geburt und unmittelbar danach einsetzen. Je früher sie auftreten, umso unbewusster bleiben sie. Sie sind dann auch schwerer zu ertragen und zu behandeln. Bewusst oder unbewusst, die Szenen kindlicher Verformung und Überforderung, von Verlassenheit und Nichtverstandensein, vom Sich-ungeliebt-fühlen bleiben haften. Natürlich gilt dies ebenso für liebevolle und die Seele nährende Zuwendungen. Alle Spuren sind wie auf einer Landkarte im eigenen Gedächtnis des Körpers ebenso wie im Seelengedächtnis eingetragen. Während der verschiedenen Entwicklungsstadien kommen dann neue Spuren dazu. Die kindlichen Liebeserlebnisse, gute und schlechte, bedingen unser Sein im Erwachsenenalter bis zum Tod. Wir sprechen dann je nachdem vom »inneren« oder vom »verletzen« Kind. Diese Kinder nachzunähren, ist die halbe Paartherapie.

So beginnt **Gustav**, auf mein Nachfragen hin, stockend von seiner Angst als der allmächtigen Triebfeder zu berichten, für die er aber letzten Endes kein Empfinden habe. Er erzählt, dass er als Kind immer und überall Angst hatte. Ganz allmählich fängt sein Gesicht an, sich aufzulösen, wirklich wie bei einem Kind, das weint. Er sei in der Schule sehr häufig blamiert und als Klassenschlechtester vorgeführt und ausgelacht worden. Weiter nachgefragt, waren es vor allem die Angst vor den unberechenbaren Launen seines Vaters und die schrecklichen Enttäuschungen der Mutter über den Vater, aber auch ihre schnelle Verärgerung über ihn.

Im weiteren Erzählen bricht die Not des kleinen Jungen sich Bahn, er wird immer weicher und schluchzt regelrecht. Ich schaue seine Frau **Ursula** an und bemerke, dass auch sie Tränen in den Augen hat und langsam weich wird, und spreche sie darauf an. Sie sagt, dass ihre große Wut dabei völlig verschwinde, so habe sie ihn noch nie sprechen hören. Er habe ihr noch nie von diesem kleinen Jungen erzählt, was er bestätigt. In mir taucht die Frage auf, wie das möglich ist. Wie hat ein Paar, das bereits 17 Jahre zusammen ist, noch nie den Weg finden können, sich gegenseitig Kindheitsgeschichten zu erzählen?

Um gerade für diese beiden so Geschädigten das Gefühl gerechter Behandlung zu verdeutlichen, frage ich jetzt auch bei **Ursula** tiefer nach dem verletzten Kind in ihr.

Ihre Geschichte ist anders und doch ähnlich traurig: Sie hatte als Kind in der großen Familie keine Chance, musste sich immer schützen und hat nicht nur von ihren Eltern – und besonders ihrer Mutter –, sondern auch von ihren Geschwistern sehr viel Abwertung erhalten. Die Mutter hatte sie als Nachkömmling abgelehnt. **Ursula** hatte ihre Chance als Kind nur in einer Vermittlerrolle dem sonst in der Familie ungeliebten Vater gegenüber gesehen. Diesen hat sie dafür heiß geliebt, er aber kümmerte sich nicht um sie. Als Kind völlig einsam, unerwünscht und noch die Jüngste dazu, wollte sie immer nur menschliche Nähe herstellen, scheiterte aber ständig.

Bei **Ursula** als verletztem Kind bildete sich eine narzisstische Wut über diese ihre maßlose kindliche Kränkung heran. In der Folge fühlt sie sich bei jedem Streit überschwemmt von Wut und greift rücksichtslos an.

Von ihrem Mann muss allerdings Gleiches gesagt werden. Hier stehen sich zwei zerstörende Kinder gegenüber, die, selbst maßlos enttäuscht, sich nun für diese frühe Kränkung am Partner rächen.

Gleichzeitig ist es erstaunlich, wenn es wie hier gelingt, zu diesen inneren Kindern vorzudringen, wie weich Beide werden, wie einsichtig, wie nachgiebig, wie fügsam. Der so übermächtige, auch körperlich mächtige Mann lässt sich wie ein kleines Kind in den Arm nehmen. Beide halten sich schluchzend im Arm, – ich weine mit. Es wird deutlich, dass dieses »Bergen des inneren Kindes« zwar immer von Ängsten, von Scham, Aggression und infolgedessen auch von Widerstand erschwert wird, aber ein unglaublich lohnender Weg ist. Ich selbst bin zutiefst berührt und erlebe Beide in ihrer kindlichen Sehnsucht ohnegleichen.

Damit nun die therapeutischen Bemühungen nicht wieder entgleiten, muss das Erleben verankert werden, das die Verbindung zwischen kleinem Kind und Partner herstellt. Dazu ist es wichtig, im Du des Anderen den Anker für das eigene Selbst zu finden.

Ursula sagt dazu voller Erstaunen: »Dann muss ich mich ja auf dich verlassen, verlassen auf das, was du sagst und dass das stimmt. Ich muss spüren, was du sagst.«

*An dieser Stelle muss **Gustav** zugreifen und seine Frau halten, damit diese spüren kann, dass sie wie ein Kind in den Armen der Eltern gehalten wird. Diese körperliche Rekonstruktion des ursprünglich fehlenden Kindseins ist wichtig.*

Jeder Erwachsene hat, ob bewusst oder unbewusst, ein solches »Kindgedächtnis« in sich. Je nach damals empfangener Botschaft ist dieses Kind in uns fröhlich, optimistisch und heiter oder eben traurig, hilflos oder aggressiv. Unsere Lebensgrundstimmung ist dadurch geprägt. Dieser psychologische Bildgebrauch vom »verletzten« oder »inneren« Kind in uns mag manchem zu psychologisch sein. Das Bild des inneren Kindes steht allerdings lediglich für bestimmte Gesetzmäßigkeiten im seelischen Verhalten, die uns alle betreffen.

Das innere Kind steht auch für die archetypischen Bedürfnisse in uns nach Hingabe, Geborgenheit, Nestwärme, Klein- und Nackt-sein-dürfen im Schutz des Anderen. Das darin enttäuschte, verletzte Kind reagiert immer mit seelischer Verkümmerung, mit körperlicher Krankheit, mit heftigen, zunächst aggressiven und dann depressiven Zusammenbrüchen. Untersuchungen der Schulmedizin bestätigen durchaus, dass massive Zusammenhänge zwischen frühkindlicher Störung und späteren psychosomatischen Störungen bestehen. (Ornish 1999)

Frühkindliche Störungen finden also häufig in einer narzisstischen Persönlichkeitsstörung ihren Niederschlag. Gründe für eine solche frühkindliche Störung können vielfältig sein: Krankheit oder seelische Störungen eines Elternteils oder eines Geschwisterkindes, Trennungskrisen, Sucht, harte Bestrafungen, Lieblosigkeit, emotionale Vernachlässigung, mangelnder Haut- und Körperkontakt, seelische Unterversorgung, traumatische Erlebnisse wie Missbrauch, (Natur-)Katastrophen, Gewalt, Krieg und Flucht usw.

In diesen Fällen wird die ganze Kraft des kindlichen Ichs, das sonst für das Selbst zuständig ist, darauf gerichtet, für Mutter oder Vater zu sorgen oder drohende Gefahren abzuwenden. Unbewusst nimmt das kleine Wesen es auf sich, die heile Welt zu erhalten, statt kindgemäß egoistisch zu sein. Dazu bedarf es keiner Strafen, drohender Worte oder auffälliger Krisen. Vielmehr genügt schon die über Gebühr andauernde belastete Atmosphäre, die angstvolle Ausstrahlung, das kalte Klima im elterlichen Heim. Es spürt die Gefahr, übernimmt Verantwortung und opfert sich, um es für die anderen recht zu machen. Das Kind entwickelt extreme Feinfühligkeit für die Bedürfnisse anderer. Es lernt schnell, sich mit der Empfindlichkeit eines Seismographen in das Gegenüber hineinzuversetzen. So wird es hochintuitiv, aber nur für andere, nicht für das eigene Selbst. Im Gegenteil, für sich selbst zu sorgen, wäre die größte Gefahr und würde die Ängste ins Unermessliche steigen lassen.

Das Kind verhält sich nur noch vorbildlich, wird zum »Sonnenschein«, zum Familienclown oder direkter zum Sündenbock der Familie, später dann zum identifizierten Patienten. Vor allem muss es sich für beide, oft zerstrittenen, Elternteile adäquat verhalten, was die Identität des Kindes zerreißt.

Auch gegenüber allzu strengen Eltern ist es natürlich gefährlich, nicht angepasst zu sein, weil sonst sofort Strafe folgt. Dies gilt auch dann, wenn die Geschwister geschlagen, brutal behandelt oder missbraucht werden.

Die *identifikatorische Konfliktübernahme* ist die Folge. Dieser seelische Mechanismus stellt das Gegenstück zum *Problemtransfer* dar. Dabei übernimmt das Kind aus lauter Liebe und der Idealisierung der Eltern deren Konflikt unbewusst als den eigenen. Die Identifikation mit ihnen wird der eifrigen Kinderseele zum Verhängnis. Dadurch entstehen im eigenen Selbst unlösbare Schuldgefühle. Das Ich beginnt in nie endender

Sisyphusarbeit, fremde Schuld auf sich zu nehmen und abzuarbeiten. Die Sorge für das eigene Selbst geht unter, und das Kind wird zu früh erwachsen. Zukünftig erfüllt es Aufgaben und Funktionen, die die eigenen Kräfte übersteigen. Das nötige Fundament dafür konnte nicht ausreichend aufgebaut werden. Ein starkes, funktionstüchtiges Ich wurde auf einem schwachen Selbst errichtet. (Ferenczi 1927, Petzold 1985) Es kommt daher später zu unerwarteten Abstürzen in »schwarze Löcher«, zu Nervenzusammenbrüchen, zu extremen Gefühlsschwankungen. Die solchermaßen Geschädigten sind von großer Verunsicherung erfüllt, weil für sie selbst unvorhersehbar die sonst gewohnten Kräfte wegbrechen. Sonst übliche Funktionstüchtigkeit schlägt um in gefürchtete Hilflosigkeit. Daraus erklärt sich auch der krasse Wechsel zwischen Aggression und Idealisierung, zwischen Hinwendung und Abwendung, zwischen »Ich hasse dich!« und »Verlass mich nicht!«.

Diesen Mechanismus wird das Kind als spätere Partnerin in jede Intimbeziehung hineintragen.

Eine Patientin beschreibt diesen dramatischen Vorgang so:

»… ich durfte nicht mehr attraktiv sein, durfte keine tolle Frau sein – sonst wäre es ja nicht zu verstehen gewesen, warum man sich von so einer abwendet. Er musste mich schlecht reden – zu dick, zu schlampig, schlecht riechend, ungepflegt, psychisch krank, unakzeptabel, peinlich – außer auf intellektuellem Gebiet, das man nun wirklich, beim besten Willen, nicht wegreden konnte. Die intellektuellen Fähigkeiten brauchte er ja auch so nötig … Dass er mich im Gefolge seines Rückzugs schlecht machen musste, ist gar nicht so schwer zu verstehen (im Nachhinein). Das eigentlich Ungeheuerliche, das Erschreckende, Unbegreifliche ist, dass ich dieses von ihm gezeichnete Bild kritiklos als Selbstbild übernommen habe! Dass ich einverstanden war, mich zu diesem Monster machen zu lassen. Dass ich geglaubt habe, es stimme, und ich hätte mich selbst dazu gemacht. Dass ich ohne zu zögern mich in dieses Monster verwandelt habe!

Was ist es, das diese ungeheure Überzeugungskraft meines Mannes ausmacht? Dass ich schließlich geglaubt habe, er habe Recht in seiner Sicht von mir? Es ist ein Wahnsinn.

Jetzt, wo die Situation offen gelegt ist, kann ich das fast nicht mehr begreifen. Ich fühle mich in einer Weise entlastet, die ich kaum fassen kann. Ich habe mich selbst wiedergefunden. Ich schaue in den Spiegel und mag mich! Ich spüre mich! Ich fühle mich normal!!! Ich habe kein Essproblem, aber auch nicht im Geringsten! Ich werde bei jeder Mahlzeit satt und zufrieden!! Das kann ich nicht fassen!!! (Nur, wer jemals eine Essstörung hatte, kann begreifen, wie ungeheuerlich es ist, satt werden zu können – es gibt nichts, was dem vergleichbar ist!) Ich fühle mich als Frau. Ich fühle mich attraktiv. Ich fühle mich so stimmig mit mir selbst …«

Diese Frau hat etwas geschafft, was vielen eben nicht mehr gelingt.

Das Ich ist nur darauf geeicht, für andere zu wirken. Es darf auch als Erwachsener niemals in Schuld geraten, da sonst die Katastrophenpanik der Kindertage wieder wach wird. Es muss alles gut, richtig und optimal bewerkstelligen, um den Frieden in der Familie zu retten und sich dadurch einigermaßen sicher zu fühlen und Ruhe zu finden. Fortan wird es als Erwachsener entweder übermäßig für das Wohl der anderen oder in der Gegenreaktion nur noch für sich selbst sorgen.

Das Selbst des Kindes und somit die eigene werdende Identität wurden schon früh unterdrückt zugunsten einer maximalen Anpassung. Daraus geht allmählich eine angelernte Persönlichkeitshaltung hervor, die mit der wirklichen Identität und dem »wahren Selbst« (Kohut 1973) kaum noch übereinstimmt. Ein gespaltenes Individuum voll Selbstentfremdung bleibt, das Asper (2003) als *Persona* bezeichnet. Diese Person kann sich nicht selbst identifizieren. Einfühlung in das eigene Selbst ist kaum mehr möglich. Selbstgefühl, Empfinden und Sprache dafür sind verloren gegangen.

Stattdessen reaktivieren wir als Erwachsene bei Krisen in der Liebesbeziehung dem Partner gegenüber die Seelenmuster der *identifikatorischen Konfliktübernahme* und des *Problemtransfers*. Misshandlung durch die Eltern wird auf diese Weise zur Misshandlung am Partner. Jede Wiederholung von Misshandlung führt damit aber auch zu weiteren Eigenschädigungen. Ich selbst behandle jetzt mein inneres Kind, wie die Eltern mich behandelt haben – ich übertrage deren Konfliktmuster auf mich selbst. In der Folge kann ich nicht anders, als sie auch auf dich zu übertragen. Ich behandle also auch dich, wie meine Eltern mich behandelt haben. In der Wirkung führt das dazu, dass ich dich wie meine Eltern erlebe und bekämpfe. Dann schleudern sich Paare solche Beschuldigungen entgegen wie: »Du bist wie meine Mutter! So wie du war mein Vater auch immer!« oder einfach umgekehrt: »Du benimmst dich so ekelhaft wie dein Vater – mit deiner Mutter will ich nichts zu tun haben.«

Ein psychologisches Fiasko tritt ein: Partnerschaft gerät zur Wiederholung der narzisstischen Kindheitsszene. Als Säugling erlebte der Betroffene in seinem Bedarf nach schützender Liebe seine hilflose Ohnmacht gegenüber der elterlichen Fehlhaltung. Er fühlt sich aus der Geborgenheit herausgerissen und verstoßen. Diese Erlebnisse wiederholen sich im Erleben bei Drei- und Fünfjährigen ebenso wie beim Pubertierenden und schließlich beim erwachsenen Menschen. Auch als Erwachsene erleiden wir in der Liebesbeziehung immer wieder die Erfahrung, ganz aufgehoben und dann doch wieder ganz allein zu sein oder gar verlassen, verstoßen zu werden. Wir fanden tiefste Befriedigung in der Begegnung mit dem Anderen, und plötzlich findet dort größte Verletzung statt. In den Zellen unseres Leibes, in den Poren unserer Haut wird die Erinnerung an frühere Verletzungen reaktiviert und mit den Verletzungen aus der momentanen intimen Beziehung potenziert. Jetzt fühlen sich beide wieder um die Liebe betrogen. Als Kind und jetzt wieder, vielleicht auch schon in vorausgegangenen Beziehungen – und möglicherweise in weiteren auch noch.

Was in der theoretischen Darstellung sachlich klingt, schreibt Axel, ein 50-Jähriger, in ergreifender Weise in einem Brief an sein verletztes, inneres Kind. Mit einem Schlag wird seine bodenlose Verzweiflung, aber auch das tragische Elend in seiner Beziehung deutlich. Er liest diesen Brief, den er als Hausaufgabe geschrieben hatte, in der therapeutischen Sitzung vor. Claudia hört zu, voller Erstaunen und Anteilnahme, denn der Brief hätte auch von ihr stammen können, mit ihren eigenen Vorwürfen und Anfragen und kritischen Einwänden Axel gegenüber.

Brief an das innere Kind:

Warum machst du uns das Leben so schwer? Was willst du von mir? Was soll ich tun, damit du endlich zufrieden und glücklich wirst? Was brauchst du, damit du endlich deine Angst, deine Bockigkeit, deine Trauer und deine Wut ablegen kannst? Ich frage mich, wann dein innerer Rückzug angefangen hat? Du fühlst dich seit ewigen Zeiten nicht wohl in deiner Haut. Du meinst, du seiest dumm und man könne dich nicht lieben. Wenn dich jemand liebt, dann bist du nicht fähig, dich hinzugeben und fallen zu lassen. Du willst dich einfach nicht bekennen. Wovor hast du Angst? Was könnte passieren, wenn du dich hingibst? Du hast so eine Angst davor, dass du alles tust, dass man dich am Ende nicht mehr lieben kann. Du sperrst dich, verkrampfst, ziehst dich zurück, flüchtest in oberflächliche Ablenkung und wirst dann aggressiv, weil du nun überhaupt nicht mehr das bekommst, was du brauchst.

Mich macht diese Art krank. Ich will das nicht mehr! Sag mir doch nur, wie ich dir helfen kann, diesen Mechanismus zu durchbrechen und ein für alle Mal damit aufzuhören. Eigentlich hast du alles, was wir brauchen. Ich sorge materiell für uns. Wir sind körperlich gesund, haben eine tolle

Familie, die alles bietet, was wir brauchen. Wir können alles haben. Es liegt vor uns ausgebreitet und doch ist es nicht genug. Nie ist es genug. Du bist maßlos und undankbar.

Wovor hast du Angst? Vor zu viel Zärtlichkeit, zu viel Nähe, zu viel Verantwortung? Wer hat dich so verletzt, dass du immer meinst, benachteiligt zu sein und vom Leben betrogen zu werden? Du betrügst dich selbst, wenn du nicht bereit bist, mich und andere an dich heranzulassen.

Warum fühlst du dich immer so klein und unfähig und traust dir gar nichts mehr zu? Alle anderen sind immer schlauer, erfolgreicher und besser in deinen Augen. Das ist totaler Blödsinn und führt nur dazu, dich mit den anderen Menschen nicht wirklich auseinander zu setzen. Dein Vater hat dir diesen Schwachsinn beigebracht. Ich werde mich bemühen, diese Denkweise abzulegen und erwarte dann von dir, dass du deinen Trotz und deine Aggression ablegst.

Unser Körper braucht die Zärtlichkeit und Berührungen von Claudia. Oft, wenn sie nicht da ist, habe ich unendliche Sehnsucht nach ihr. Wenn sie dann vor mir steht, verhinderst du den Kontakt, sowohl gefühlsmäßig als auch verbal. Warum tust du das? Was hat unsere Mutter dir angetan? Anfangs hat sie dich doch geliebt, oder? Wann hat sie dir das genommen, was du als Baby brauchtest? Als sie dich in die kalte Waschküche schob, damit dein Vater ruhig schlafen konnte? Oder fing es schon früher an, als sie dich operierten und der Wärme und Geborgenheit der Mutter entrissen?

Du kannst die Geborgenheit und Wärme jederzeit bekommen, wenn du bereit bist, die verdammten Mauern einfach einzureißen. Nur, du kannst nicht immer nehmen, sondern musst auch geben können.

Wir haben schon zu viel Zeit vertan. Ich gerate immer mehr in Panik, dass wir dieses Unglücklichfühlen und diese mangelnde Bodenhaftung, dieses Misstrauen und diese Unfähigkeit zu leben, mit ins Alter und vielleicht sogar mit ins Grab nehmen. Das ist nicht der Sinn des Lebens, das darf er einfach nicht sein. Sag mir, was ich tun soll!

Axel

Die verletzten Anteile, die Axel seinem inneren Kind vorhält, sind es, die auch Claudia an der Liebe zu ihm verzweifeln lassen. Die Parallele ist unglaublich. Und wenn es dafür auch keine Wunderheilung gibt, wird doch der erste Zugang zum eigenen Selbst spürbar. Ein berührender Dialog kommt in Gang – zwischen dem Erwachsenen und dem Kind in Axel und vor allem zwischen Axel und Claudia. Beide weinen und halten sich gegenseitig. Sie stellt jetzt dieselben Fragen aus dem Brief noch mal an ihn.

Zum Narzissmus der Männer

Aus der Annahme heraus, dass der meist offensive Narzissmus der Männer eine größere Gefahr für den Fortbestand unserer Erde darstellt als der defensive der Frauen, sei hier dieser Exkurs unternommen. Mein Anliegen dabei: Ursachen für die vermehrte Entstehung und Verbreitung von Narzissmus zu finden, um in Zukunft therapeutisch besser damit arbeiten zu können. Denn allein die tiefenpsychologische Sicht auf die Entstehung narzisstischer Störungen reicht nicht aus. Die Massenwirkung dieses Phänomens lässt sich damit nicht erklären. Außerdem liegen mehr Veröffentlichungen zum weiblichen als zum männlichen Narzissmus vor.

Der Australier Gottmann veröffentlichte 1994 eine Untersuchung, nach der wir Menschen fünf Mal soviel Lob wie Kritik brauchen, um zu einem ausgeglichenen seelischen Haushalt zu finden. Dies gilt ganz besonders für enge und intime Beziehungen. (vgl. Hamburger Abendblatt, Andrea Mohr, Uni Trier 2004) Gibt es gar mehr Kritik oder nur ebensoviel Lob wie Kritik, tritt bei dem Kritisierten automatisch Abwehr und Widerstand ein. Der Partner übernimmt eine *Über-Ich-Funktion*, die dem Betreffenden ein schlechtes Gewissen verursacht. Das kritisierte Verhalten wird in der Folge kurzfristig unterdrückt, um dann erneut mit noch stärkerer Vehemenz aufzutreten. Zu viel Kritik entfacht Widerstand, der in Depression oder Aggression umschlägt. So ist es einleuchtend, dass wir einander loben müssen.

Aber diese Untersuchungsergebnisse scheinen zu pauschal zu sein, da sie nicht zwischen den Geschlechtern differenzieren. Hier liefern eigene Analysen im Rahmen der *Paarsynthese* in über 30-jähriger Arbeit genauere Ergebnisse, nämlich: Männer brauchen in etwa das Dreifache an Lob, was Frauen brauchen.

Brauchen Frauen also etwa fünf Mal soviel Lob wie Kritik, um eine positive Beziehung aufrecht erhalten zu können und den Dialog konstruktiv fortzusetzen, so brauchen Männer noch sehr viel mehr davon.

Was hier vielleicht ironisch klingen mag, stellt sich doch als bitterer Ernst heraus, falls diese Analysen zutreffen. Eine bedenkliche Arbeitsthese lässt sich daraus ableiten: Männer leiden letztendlich an einer stärkeren Ausprägung von Narzissmus als Frauen.

Es geht in der folgenden Studie weder um Verurteilung noch um Mitleid für Männer. Vielmehr sollen die Ursachen und Folgen dieser *Psychodynamik* des männlichen Narzissmus für Liebesfähigkeit und menschliche Kompetenz herausgestellt werden. Davon hängt es dann ab, wieweit sie als gute Liebhaber und Väter, Politiker und Unternehmer – als gute Menschen in dieser Welt wirksam werden.

Sind Männer tatsächlich häufiger und stärker als Frauen von narzisstischer Kränkung betroffen, wird verständlich, warum manche Männer so unersättlich und unstillbar nach Macht und Ämtern, nach Geld und Frauen, nach Sieg und Gewinn streben. Viel mehr als Frauen riskieren sie dabei ihr Leben durch Herzinfarkt, Hirnschlag und hohen Blutdruck. Gewalt bis zum Mord, Kriegstreiberei, alle Mittel scheinen ihnen recht. Erklärbar wird dann aber auch, warum in Wirtschaft und Politik der Faktor Menschlichkeit, Beziehung und Liebe eine untergeordnete oder meist nur funktionale Rolle spielt. Von den Diktatoren dieser Welt weiß man inzwischen, dass sie seelisch gestört sind. Sie litten oder leiden an krankhaftem Narzissmus. Adolf Hitler, Saddam Hussein und Bin Laden ebenso wie Swoboda Milosowicz. Deutlich wird das aber auch an Managern und Politikern unserer westlichen Kultur: Sie fühlen sich beispielsweise von Gott berufen, einen Krieg gegen das Böse zu führen. Viele andere machen dabei mit: in den USA, in Europa, in Australien. Die Kriege dieser Männer sind Ausgeburt ihrer ungestillten und unbearbeiteten narzisstischen Kränkung.

Nicht so schrecklich im Ausmaß und dennoch bedenklich sind andere: die Verantwortlichen dafür, dass unsere Kinder eine zerstörte und überhitzte Umwelt erleiden, dass unsere Nahrungsmittel vergiftet werden, dass viele Tierarten aussterben, dass wir Menschenhandel und eine neue Armut in der Welt erleben, wie sie es bisher nicht gab. Gegen Vorwürfe jeder Art wehren sich diese Politiker und Manager, indem sie verächtlich von Sozialneid sprechen. Sie wollen die erschreckende Erkenntnis unterdrücken, dass kranke Männer dank moderner Überwachung in der Lage sind, die Völker stellvertretend für ihre eigenen Störungen mehr zu missbrauchen und auszubeuten als je zuvor.

Der *Problemtransfer* funktioniert hier auf makabere Weise. Wie früher das Kind, nimmt jetzt das Volk deren Schuld auf sich, schuftet und zahlt, führt Kriege und stirbt für diese – und kann nicht mehr für sich sorgen. Das war in der Geschichte schon immer so, heute aber perfider: Die Demokratie muss dafür herhalten, im Namen des Volkes.

Für uns als Arbeitende an der Liebe sind diese großen Aspekte natürlich nicht im Vordergrund. Aber wie im Großen funktioniert dieser übersteigerte Narzissmus natürlich auch im Kleinen, d. h. in der Liebes- und Partnerbeziehung.

Wie aber ist die gegenüber Frauen vermehrte Entstehung

des *sekundären Narzissmus* bei Männern zu erklären? Wie hängen Persönlichkeit, Führungsanspruch und Liebe bei diesen Menschen zusammen?

Für dieses Phänomen gibt es keine monokausale Erklärung. Am Ende dieses Kapitels sehen wir, dass Narzissmus nicht allein als individuelles seelisches Problem verstanden werden darf, sondern inzwischen ein breites gesellschaftsbezogenes Phänomen darstellt.

Ursachen für männlichen Narzissmus

SOLDATENMÄNNER

Das Drama der männlichen Liebesfähigkeit beginnt nicht erst mit der Geburt. Es reicht weit zurück über *Altlasten* und *Ahnenbotschaft*, verankert im Mythos der Generationen. Zumindest in der europäischen Kultur, die hier aber Folgewirkungen in der nordamerikanischen und selbst in den Gebieten der ehemaligen Kolonien hat, hat eine Geschichte fast ununterbrochener Kriege die männliche Seele deformiert. Von Odysseus, dem strahlenden Helden des Trojanischen Krieges, berichtet Homer, dass er zum Dankfest an die Götter 300 Gefangene eigenhändig mit dem Schwert erschlagen hat, darunter wunderschöne junge Frauen und unschuldige Kinder. Wohlgemerkt, Bestandteil eines Festes, an dem wiederum Frauen und Kinder mitmachten und ihm zujubelten. Rituale, die sich bis heute wiederholen, z. B. in Massenhinrichtungen durch Genickschüsse und Gefangenenfolter.

Radebold (Deutsches Ärzteblatt, Heft 27, Juli 2004) hebt dies ganz besonders für die vier Generationen ab dem Ersten Weltkrieg hervor. In dem damaligen Gemetzel und den oft täglichen Sturmangriffen, bei denen das Töten noch Auge in Auge vollzogen wurde, fand eine harte Erziehung statt, nämlich nichts mehr zu fühlen und nichts mehr zu empfinden −

und schon gar nicht Mitgefühl und Mitleid. Erbarmungslos musste man sein. Menschliche Regungen wie Trauer, Schmerz, Verzeihen und Versöhnen waren absurd, einzig und allein Wut und Hass zählten.

Nur so ist zu erklären, so Radebold, dass diese zur Empfindungslosigkeit geschweißten Männer die nächste Generation von Söhnen heranzog, die noch grausamer handelte: Völkermord an völlig Wehrlosen.

Aus dem Zweiten Weltkrieg kehrten die deutschen Männer und Väter heim: voller Grauen und Hass, mit verlorenem Stolz, nur noch Demütigung und Schmach, denn sie hatten einen unheiligen Krieg geführt, voller Abscheulichkeiten und sinnlosem Größenwahn. Die Werte, für die sie angeblich gekämpft hatten, wurden, kaum zu Hause angekommen, juristisch verfolgt. Die als stolze Krieger und Eroberer ausgezogen waren, kehrten als Verbrecher heim.

Ein typischer Fall: Der nach Hause kommende Vater musste in der eigenen Familie, gerade auch vor den Kindern, als Onkel weiterleben, damit er nicht seiner SS-Zugehörigkeit wegen bestraft oder gar hingerichtet wurde.

Das Drama der nächsten Generation beginnt hier: Die Jungen konnten sich nicht mehr mit ihren Vätern identifizieren. Diese schwiegen die mörderische Vergangenheit tot, die eigene Geschichte wurde zum Tabu. Für die Kinder begann eine belastende Ungewissheit in einer zwielichtigen Atmosphäre. Erfuhren sie dann aber doch von dem unmenschlichen Handeln ihres Vaters, kam die Schande dazu. Die Feigheit vieler Väter, für diese ihre Taten einzustehen und sich lieber als anständiger Wohlstandsbürger zu geben, führte zur Doppelmoral, die jede Liebesregung unglaubwürdig machte. Wie konnte einer zärtlich mit seinem Hund sein und die eigenen Kinder lieben, wenn er die Kinder anderer Väter erschossen und vergiftet hatte?

Die Kindergeneration, hier besonders die Jungen, wollte aber ihre Väter lieben, und fand doch keinen Halt in ihnen. Verstört bis in die tiefste Seele und verwundet in dem eigenen narzisstischen Begehren, einen liebenswerten Vater zu haben und selbst liebenswert zu sein, begann die Suche nach Anerkennung durch Erfolg.

Deshalb akzeptieren wir heute die grausamsten Kriege auf der Welt, nur weil wir nicht wagen, unsere Vorteile in Frage zu stellen durch unsere Abhängigkeit von den ebenfalls gekränkten und schnell kränkbaren Machthabern.

So führte Bush und mit ihm Amerika einen blutigen Krieg mit immer neuen Opfern an Menschenleben gegen einen einzigen ebenso geschädigten narzisstischen Machthaber und seine Clique. Durch die uranverseuchten Waffen werden die Kinder des Landes noch in 50 Jahren sterben. Unversöhnlich bleibt deren Hass.

Eine andere Variante davon ist, dass wir so sehr nach der Anerkennung unserer Kinder lechzen, dass wir ihnen nichts mehr abschlagen können, ihnen zu wenig Grenzen setzen, zu nachgiebig sind, sie überhäufen mit Geschenken und rundum Versicherungen abschließen für sie. Wir wollen so sehr von ihnen geliebt werden, dass wir, Väter oft mehr als Mütter, ihnen kaum etwas abschlagen. Sie stoßen auf keinen nennenswerten Widerstand bei uns: Wir fühlen so sehr mit ihnen, dass sie selbst schon gegen jegliche Gefühle Widerstand leisten und um jeden Preis »cool« bleiben wollen.

STRAFENDE VÄTER

In der alten, voremanzipierten Tradition war der Vater in den Familien häufig zuständig für das Strafen. Viele Mütter bedrohten ihre Kinder damit, dass sie mit dem Vater drohten: »Warte nur, bis Vater heimkommt«, hieß dann die Formel. Und tatsächlich: Er übernahm am Abend oft das Schlagen oder Bestrafen der Kinder, hatten sie tagsüber etwas angestellt. Und wieder war es für Mädchen leichter: Sie behielten ihre liebe Mutter und konnten sich leicht mit ihr identifizieren, denn sie war meist weniger hart. Jungen aber wollten und sollten ihren Vater lieben und bekamen doch oft drastische Strafen von ihm. Er wurde zur Angst erzeugenden Autorität, zur machtvollen Härte, »der schwarze Mann«. Wie konnte man sich als Junge nur damit identifizieren, ohne genauso hart zu werden?

EMANZIPIERTE MÄNNER

Es sei noch einmal klargestellt: Hier ist nicht der Ort, das Los der Männer zu beklagen oder wehleidiges Mitleid zu entfalten. Die Emanzipation war vielmehr überfällig. Sie war aber eine Art unblutiger Revolution, die viele Bastionen geschleift hat. Die sexuelle Revolution wurde von den Frauen mitgetragen und hat die bisher männlich diktierte Moral aufgelöst. Männerberufe, Autofahren, Politik, selbst den Weltraum haben die Frauen plötzlich miterobert. Wir suchen ja danach, warum Männer gerade in der Liebesbeziehung, aber auch im Allgemeinen häufig so kränkbar und beleidigt reagieren, selbst aber mit Macht versuchen, Recht zu behalten, oft wenig Rücksicht auf andere nehmen. Hierbei sind zwei Aspekte zu betrachten:

Zum einen mussten die Männer die Emanzipation passiv über sich ergehen lassen. Diese Zeitenwende ging nicht von ihnen aus, sie wurden eher überrollt und konnten im besten Fall gute Miene zum bösen Spiel machen. Heute noch ist in manchen Männerkreisen und neuerdings auch wieder bei manchen Frauen Emanzipation deshalb ein sehr umstrittener Begriff.

Die andere Seite ist die, dass viele Männer die Zeichen der Zeit sehr wohl richtig verstanden hatten und sich auch emanzipieren wollten. Aber dieser Prozess war gegenüber dem der Frauen ein umgekehrter: Diese eroberten sich neue Freiheiten, Lebensbereiche und -ziele dazu. Die Männer mussten Macht und Einfluss abgeben und teilen. Und was können dann die Söhne von emanzipierten Männern und Vätern noch lernen, was sie nicht schon längst bei ihren Müttern gesehen und von ihnen übernommen haben?

Die Männer, noch nicht genesen von der Kriegstraumatisierung und den Identitäts- und Glaubwürdigkeitsverlusten mussten nun auch noch die mühsam aufgebaute fälschliche Autorität abgeben. Ihre typischen Domänen waren nichts mehr wert oder wurden von den Frauen ebenfalls übernommen. Selbst das Frauen-erobern – was wir Männer so mühsam und oft angstvoll gelernt hatten – drehten die Frauen um und beherrschten dieses Spiel bald besser.

Die Oberfläche sieht so aus: Emanzipation ist hier zu verstehen als *Individuation*, die bei Frauen mit einem Zugewinn, bei Männern dagegen mit einem Abgeben zu Buche schlägt. Bei tieferer Betrachtung ist der seelische Zugewinn besonders für uns Männer durch das Zulassen größerer Gefühlstiefen allerdings unermesslich.

Aber wird sich das eines Tages wirklich auszahlen? Wird es je eine Zeit geben, in der zumindest die zivilisierten Gesellschaften dadurch liebevoller und friedlicher werden?

Oder wird es nicht vielmehr so kommen, dass wir Männer immer gespaltener werden? Im Liebes- und Familienleben sollen und wollen wir gefühlvoll, empfindungsfähig, zart, einfühlsam und hingebungsvoll sein, – aber draußen im Berufsleben?

MÄNNER IM SPAGAT

Da ist zunächst die durch viele soziologische Studien belegte Tatsache, dass die Väter generell zumindest in der westlichen Kultur durch viele Generationen hindurch mit Abwesenheit glänzen. Durch Kriege, mehr aber noch durch Arbeit und Geschäfte, verbringen Männer und Väter heute wie früher zu viel Zeit außerhalb der Familie. Kinder, hier nun besonders die Jungen, wollen aber den Vater lieben, suchen ihn und seine Nähe. Sie brauchen zu ihrer eigenen männlichen Identifikation seinen Kontakt, seine Berührung, seine Zärtlichkeit, selbst seine Strenge.

Der Moloch Arbeit verschlingt die Männer im 12-Stunden-Tag, am Fließband ebenso wie im leitenden Management. Jetzt entsteht für die Söhne aber ein seelisches Vakuum. Ein Defizit aus Verlustangst, Orientierungslosigkeit, Enttäuschung und Geschlechterneid baut sich auf. Denn das Mädchen hat seine Mutter viel eher zur Verfügung, kann sich identifizieren, sie berühren, sich abgrenzen und reiben, von ihr lernen und sie bekämpfen – lieben, streiten und versöhnen.

In der paartherapeutischen Betrachtung dieser zwei Lebenssäulen von Arbeit und Liebe überkommt mich oft mit den Klientenpaaren zusammen eine große Ratlosigkeit und Verzweiflung. Da kann Therapie den aus Zeitmangel zerstrittenen Paaren auch nicht mehr helfen, oder doch? Und wie?

Die Männer bleiben nicht aus purer Lust so lange bei der Arbeit. Sie werden erpresst. Oft verstehen diese klagenden Frauen nicht die Not ihrer Männer.

Die Arbeitsbedingungen haben sich global derart verändert, dass nichts mehr bleibt vom einstigen Stolz des Mannes auf seinen Beruf. Computerüberwacht, wird jeder Arbeitsplatz von ganz unten bis weit oben auf seine Effizienz hin solange optimiert, bis der Faktor Mensch überflüssig wird. Die Männer, die dann noch Arbeit haben werden, sollen möglichst zwölf Stunden arbeiten, ohne individuelle Nische, an mobilen Arbeitsplätzen, hochfunktional, mal mit vielen unbezahlten Überstunden, mal kurzfristig kündbar.

Wirtschaft, Unternehmen und Beruf sind fest in den Händen von vielfach narzisstisch gestörten Persönlichkeiten. Ohne Gefühl für seelische Notwendigkeit und das eigene Selbst entwickeln sie auch keine Gefühle für die ihnen Anvertrauten, nicht einmal für ihre Frauen und die Not ihrer Söhne. Sie haben sich nach oben geboxt, lassen jetzt keine Kritik mehr zu und erpressen für sich Millionengehälter auf Kosten einer immer ärmeren Belegschaft. Die mittlere Führung muss sich diesem Stil absolut unterwerfen, soll die eigene Position überhaupt gehalten oder gar verbessert werden. Eine absolut narzisstische Traumatisierung. Ich habe Männer voller Verzweiflung erlebt, zerrieben und zerrissen, ohne Chance zwischen dem erforderlichen Arbeitsmaximum und dem erforderlichen, durchaus herbeigewünschten Zeitbudget für die Familie. Und Angestellte und Arbeiter werden nur noch unter dem Aspekt eingestellt, wie man möglichst viel von ihnen wieder einsparen oder zumindest zu Dumpingpreisen arbeiten lassen kann. Eine narzisstische Entwürdigung ohnegleichen. Die neu aufkommende Kapitalismuskritik müsste von einer ebenso kritischen Narzissmusdebatte begleitet werden.

Wenn solche Männer nach Hause kommen, sind sie müde, wollen keine Gespräche mehr, vielleicht einmal die Kinder streicheln und dann Fernsehen. Manche setzen sich noch an den heimischen PC und arbeiten nach oder vor oder suchen leichten und beziehungsfreien Sex.

Das Schlimmste aber ist: Das Geld, das sie nach Hause bringen, ist bald nichts mehr wert, weil die Liebe an dieser Arbeitswelt zerbricht. Zu viel an Zeit und Kraft geht in den Beruf, viel zu wenig bleibt für den intensiven und intimen Austausch von Körper, Geist und Seele zwischen Frau und Mann, zwischen Vater und Kindern.

ALLEINERZIEHENDE MÜTTER

Auch wenn viele Männer und Väter es selbst verschuldet haben, es wird zum *Psychodrama*: Etwa 40 % der westlichen Kinder wachsen mit nur einem Elternteil auf, zu 95 % mit der

Mutter. Vielfach ein Sachverhalt schon in der zweiten, sogar der dritten Generation.

Für die Väter und Männer, ob schuld daran oder nicht, eine seelische Katastrophe. In doppelter Weise: Einmal erleben und erleiden sie, dass sie für die eigenen Kinder nur wenig existent sind, also letztlich ohne große Bedeutung. Zum anderen erfahren sie nicht mehr die beglückenden Gefühle der Liebe und Wärme, die von Kinderhand ausgehen. Diese Väter ziehen sich in ihre Männerwelt zurück und werden immer skurriler. Die narzisstische Wunde, für die eigene Nachkommenschaft bedeutungslos zu sein, brennt.

Mag es auch häufig so sein, dass viele dieser Männer sich ganz bewusst der Verantwortung gegenüber den Kindern entziehen, um z. B. keinen Unterhalt zahlen zu müssen, es führt zum seelischen Bankrott. Das, was Männer als Väter so liebenswert und anziehend macht, nämlich die starke, schützende und doch zärtliche Hand, das väterlich Gütige und Geduldige, das ritterlich Helfende, großer Junge und Abenteurer, all diese Qualitäten gehen ihnen verloren.

Und noch schlimmer auf der anderen Seite, bei den Söhnen dieser Männer: Wieder fühlen sie sich alleingelassen, haben kein männliches Vorbild, müssen sich stattdessen wieder für den Vater schämen, sind enttäuscht von dessen Lieblosigkeit. Wie bei den Kriegsvätern, wie bei den ewig arbeitenden Vätern.

Getäuschte Krieger, enttäuschte Helden, enttäuschte Männer und Väter und enttäuschte Jungen – die Kette reißt nicht ab. Zumal zur Enttäuschung der Söhne noch die Enttäuschung der alleinerziehenden Mütter und getrennt lebenden Frauen über eben diese warum immer abwesenden Männer und Väter dazu kommt. Selbst noch so gute Mütter werden die unterschwellige Trauer und Enttäuschung über den abwesenden Kindesvater atmosphärisch nicht von ihren Söhnen fernhalten können. Und was geben dann die verbitterten Mütter weiter?

In der Therapie von Paaren wird immer wieder deutlich, dass die oft so hilflos liebenden Männer häufig als Kind zu hören bekamen: »Werd nicht wie dein Vater!« oder noch direkter in der destruktivsten Abwertung und haltlosen Beschimpfung: »Du bist wie dein Vater!«

Was bleibt einem solchen Jungen? An was soll er glauben? Die Verinnerlichung des Männlichen wird unmöglich. In Anlehnung an Kathrin Asper (2003) kann angenommen werden, dass der Junge stattdessen ein Fantasiebild vom Mannsein aufbaut. Ein Bild nämlich, das sich unbewusst nach den Wünschen der Mutter richtet, wie ein Mann und Vater denn zu sein habe. Es geht dann nicht mehr um reale Männer, sondern um sozial erwünschte Bilder davon. Ein *Persona-Bild* vom Männlichen entsteht so in der Seele des Jungen, nämlich ein Idealbild vom Mannsein, das er tragischerweise selbst nie erfüllen können wird.

Paradoxerweise kann dieses Idealbild positiv oder negativ ausfallen. Ideal wird es auch im Negativfall bleiben, weil es so nur in Ansätzen lebbar ist. Denn dem Jungen bleiben, schwarzweiß gezeichnet, zwei Wege der Kompensation. Der eine: Er wird in Abhängigkeit von der Mutter und um diese nicht auch noch zu verlieren, sein Männerbild ganz nach ihren Wünschen richten und weich, nachgiebig werden.

Der andere: In trotziger Gegenwehr wird er sich mit den eben von der Mutter kritisierten Negativseiten des Vaters identifizieren, was er für besonders männlich hält. Das sind dann die »Macho-Seiten«.

Und selbst, wenn der Vater im positiven Fall trotz Scheidung da ist, sich kümmert und das Sorgerecht teilt, wenn er die Kinderwochenenden anfüllt mit Fürsorge und Liebesbeweisen – es ist zu wenig im Alltag. Tausend kleine Gesten, Gedanken, Witzigkeiten, Kleiderfragen und Gesundheitsprobleme, Aufräumen und Kochen, Tränen und Hoffen werden nicht geteilt, nur in kleinen Raten miterlebt.

Es ist zu vermuten, dass diese Defizitstruktur durch das Fehlen der Männer als Lehrer in der Grundschule oder Erzieher im Kindergarten nur noch verstärkt wird.

Was bedeutet es für die *Psychodynamik* eines Jungen, weder in der Kleinkindzeit noch in den folgenden wichtigen Entwicklungsphasen den Vater greifbar zu haben? Greifbar im wahrsten Sinn?

Da kein reales Gegenüber vorhanden ist, werden Entwicklungsprozesse verzögert, denn der Junge wartet und hofft, der Vater möge doch noch kommen. Schließlich zweifelt er, und irgendwann verzweifelt er. Er sucht nach Ersatz. Er schafft sich ein Bild vom Vater, meist an der wenig erfahrenen Wirklichkeit vorbei.

Er schafft sich unbewusst ein gefälschtes Bild und wird fortan bemüht sein, dieses Bild gegen jegliche Zweifel zu verteidigen. Das eben macht ihn zukünftig so anfällig gegen Kritik, so empfindlich, ins Unrecht zu geraten. Er muss dieses — und später sein eigenes — Bild aufrechterhalten, koste es, was es wolle. Je mehr er angegriffen wird, umso mehr wird er das Bild verteidigen.

Denn: Sollte aufgedeckt werden, dass dieses Bild ein gefälschtes ist, würde er nicht nur selbst ins Unrecht geraten. Er müsste vielmehr auch noch für die Fehler des Vaters einstehen. Und er müsste einsehen, dass er sich und die Welt getäuscht hat.

Unbewusst hält er so ein Idealbild vom Vater und sich selbst aufrecht. Natürlich könnte es auch das Gegenteil sein, das Bild eines schlechten Vaters nämlich, dem er sein eigenes besseres entgegensetzt. Dafür leistet er fortan ständige Schwerstarbeit. Denn die Angst, ein zweites Mal verlassen dazustehen, ist übermächtig und beherrscht jeden Wesenszug.

Diese Angst möglichst klein zu halten, darin besteht die

Schwerstarbeit. Zu demonstrieren, dass das Vom-Vater-verlassen-Sein nicht schmerzt. Und dass das Leben ohne den Vater genauso gut ist wie das der Schwestern mit der Mutter. Tag und Nacht muss deshalb Besonderes geleistet werden. Das Loch des fehlenden Urvertrauens muss gestopft werden mit ständig neuer Anerkennung, mit viel Lob, mit Zuwendung von allen Seiten, Bewunderung, Ehre, Ruhm, Macht, Geld und Frauen.

Natürlich erreichen nicht alle diese Sonderstellung, aber schon die geringeren Ausprägungen reichen aus, die Liebesfähigkeit dieser Männer äußerst zu beeinträchtigen. Sie sind einfach Gefangene ihres eigenen unersättlichen Hungers nach Bestätigung. Darin sind sie fast Mitleid erregend.

Das Schwierigste: Das Leiden daran ist kaum zu stillen und auch nicht therapeutisch zu heilen, solange diese Männer sich und der Partnerin nicht eingestehen, dass sie in tiefster Seele gekränkt, verletzt und verwundet worden sind. Sie haben diese Gefühle so radikal verdrängt, dass die Vergangenheit und etwaige Enttäuschungen aus der Kinderzeit sogar umgedeutet werden. Der Vater war dann eben doch ein Guter, die Mutter tat, was sie konnte, und als Junge war es eine schöne Zeit.

Noch schwieriger als beim Alkoholiker ist es hier für die Betroffenen, ihre Sucht nach Bestätigung, Überlegenheit und Dominanz einzugestehen. Tatsächlich gewinnt die narzisstische Störung die psychologische Bedeutung von Sucht. Um sich trotz der inneren Wunden sicher zu fühlen, müssen die Betroffenen eine gewaltige Übermacht und Überlegenheit gegenüber der Partnerin aufbauen. Deren Ohnmacht erst beruhigt sie und ermöglicht Zärtlichkeit.

Narzisstische Paare –
Zwischen Krieg und Frieden

Abwehr und Widerstand – Streit mit dir statt Kampf mit mir.
Vernetzung wird zum Verhängnis

Die Probleme der zwischen Liebesleid und Liebesglück tau-
melnden Paare sind viel leichter zu verstehen, wenn wir sie unter dem Einfluss des immer wirksamen Narzissmus und der
widersprüchlichen Seelendynamik dahinter begreifen. Die in
der Liebe herrschenden Gesetze sind zwar andere als die der
Mathematik, trotzdem aber von einer großen Logik. Das Auf
und Ab der intimen Regungen und Empfindungen fügt sich zu
einem erstaunlich klaren Wechselspiel von Selbstbefriedigung
und Selbstlosigkeit, zwischen Selbstliebe und Partnerliebe. *Problemtransfer* und *Konfliktübernahme* bilden im günstigen Fall
ein sinnreiches und effektives Zusammenwirken der beiden
Partner als Entwicklungshelfer füreinander. Im Fall von Streit
und Krise aber geraten sie zu einer gefährlichen Mixtur gemeinsam bewerkstelligter Destruktion.

Narzisstische Partner zeigen gleiche Impulse: Sie lieben, und
sie streiten sich; sie trennen sich und finden wieder zusammen; sie suchen nach Hingabe, fürchten aber die Abhängigkeit.

Die hingebungsvolle Seite narzisstischer Liebe –
Ich baue dir ein Schloss

Bitte die Augen schließen und träumen:
Es gibt nichts Herrlicheres und Aufregenderes auf dieser Welt, als sich in
einen Narzissten zu verlieben, mehr noch – von diesem erobert zu wer-
den. Sie schenken all das, wovon die Romane, die Opern und Filme die-
ser Welt poetisch berichten: Einer von ihnen schickt zum ersten gemein-

samen Geburtstagsfest der Angebeteten einen Lastwagen voller Rosen. Die ganze Nachbarschaft kommt herbeigelaufen. Ein anderer macht immer noch stürmisch auch den dritten Heiratsantrag, nachdem er zweimal schon schmählich abgewiesen war. Wieder ein anderer bittet die ganze Klasse, nach der 6. Stunde noch da zu bleiben. Er singt den staunenden Mitschülern ein eigenes Liebeslied für die umschwärmte Mitschülerin vor. Ein Großer schmückt für ihre Rückkehr das ganze Haus, lässt am Himmel ein Flugzeug ihren Namen schreiben, schickt jeden Tag ein Gedicht, kocht und bereitet ein fantastisches Souper mit purem Kerzenschein und edlen Tropfen, entführt sie von der Arbeit in ein romantisches Zimmer vom Schlosshotel, schenkt ihr ein Wochenende in einer einsam gelegenen Hütte, zu zweit ganz allein; dort ist alles ausgelegt mit Pelzen, der Kamin brennt schon beim Eintritt; später streichelt er sie so zart, dass sie nur noch schmelzen kann – kaum spürt sie, wie ihr die Kleider vom Leib gleiten, ihr glühendes Verlangen wird durch sein Eintauchen in ihren Schoß nur noch gesteigert, bis sie beide zu den Sternen fliegen.

Sie ihrerseits schwebt tatsächlich nur noch – bei der Arbeit, in der Kirche, während des Einkaufens –, lobt ihn ihren Freundinnen vor, bewundert ihn unendlich, liebt seine dunkle Stimme, schwärmt von seinen schönen Händen, mag seinen Geruch, schenkt ihm tausend kleine Dinge, weiß alle seine Daten auswendig, hört aufmerksam seiner Lebensgeschichte zu und seinen sonstigen Heldentaten, denkt mit ihm teilnahmsvoll über seine verflossenen Frauen nach, hütet seine Kinder, beschäftigt sich plötzlich mit technischen Daten, die ihr zwar fremd sind, ihn aber bewegen. Sie ist gerührt über seine Hilflosigkeit und Ängste, wenn er mal ausnahmsweise nicht weiter weiß – z. B. mit seiner Mutter, mit seiner Sekretärin –, oder einfach nicht weiß, was er seinen Kindern oder seinem Vater zu Weihnachten schenken kann. Sie übernimmt das für ihn, schreibt seine Karten und Einladungen, gestaltet das Fest und die Küche, während er die Gäste begrüßt, hat vorher sein Hemd gebügelt und ihn erinnert, dass er nicht vergisst zu gratulieren. Sie ist besorgt über seine Gesundheit, da er sich ständig überarbeitet und organisiert für ihn Abhilfe. Sie führt seine Praxis, macht die Buchhaltung, plant und führt die Büroverwaltung.

Vor allem zu Beginn der Beziehung ist er der zärtlichste aller Männer. Sie schmilzt dahin und sehnt sich stündlich nach seiner Nähe, nach seinen Berührungen und danach, schließlich genommen zu werden, so heftig, wie es noch keiner zuvor gewagt hat bei ihr. Errötend gewährt sie ihm erotische Kostbarkeiten, duftende Geheimnisse und sinnliche Genüsse ihres Körpers, die sie zuvor weder gekannt und geahnt noch für möglich gehalten hätte.

Nach diesem kleinen Ausflug wird deutlich, wie viel Kreativität und schöpferische Energie dieses Streben in uns auslöst, für die Geliebte der Größte, der Beste, der Schönste zu sein. Narzissten tun alles, um zu gefallen und geliebt zu werden.

Dies gilt für beide Ausprägungen, egal, ob sie schenken oder sich beschenken lassen. Die ganze unermessliche Kraft der Libido wird dem Anderen zur Verfügung gestellt, damit, ja damit dieser mich doch auch lieben möge. Seine Glut der Liebe, sein Begehren, sein Dürsten nach mir verleiht mir Kostbarkeit, Selbstwert, Würde und Sicherheit. Ich erfahre mich in meinem Selbstwert als unendlich aufgewertet. Und das ist gut so, gibt mir das doch die Kraft, selbst stark, erfindungsreich, vielfältig bunt und vital zu sein. Diese Zufuhr an Lebenselexier befähigt mein Ich, all die Potenziale, die in mir schlummern, in die Welt zu tragen, sie jedermann sichtbar zu machen und mich selbst zu produzieren.

Lust an dir wird zur Lust an mir und zur Lust an der Welt. Gegenseitige Idealisierung und Identifikation gehen hier Hand in Hand. Die Überhöhung des Anderen führt direkt zur Identifikation mit ihm. Dessen so gesteigerte Werthaftigkeit gibt im Reflex den Wert zurück und verleiht mir dadurch Identität.

Die streitvolle Seite des Narzissmus – Fallstricke der Liebe

Die gesamte Krisendynamik der narzisstischen Paare tobt zwischen der Abwehr eigener Selbstzweifel und dem Widerstand gegen den Partner als deren scheinbaren Verursacher hin und her.

Wenn diese Paare ihre Verstrickungen verstehen und das Labyrinth gekränkter Liebe wieder verlassen wollen, sollten sie Kraft schöpfen, sich mit diesen Mechanismen der widerstrebenden Seelenlogik, den zentralen »Fallstricken der Liebe« auseinander setzen.

Unter *Abwehr* wird in der Psychotherapie allgemein der Versuch des Einzelnen verstanden, bedrohliche Vorgänge im eigenen Seeleninneren abzuwehren. Dazu gehören Ängste, Triebkonflikte, Minderwertigkeitsgefühle, Scham, Schmerzen und vieles andere. Freud hat unter *Abwehr* die Kraft definiert, die der Einzelne aufwendet, um verschiedene Triebwünsche, die von Eltern und Gesellschaft verboten sind, im Inneren zu verdrängen. Das Ich schützt dadurch das Selbst vor Konflikten mit seiner Umwelt. Später ersetzt das so genannte *Über-Ich* diese elterlichen Instanzen und wirkt eigenständig fort. Infolge von Überidentifikation mit den übermächtigen Eltern oder aus Angst vor ähnlichen Autoritäten arbeitet künftig diese verinnerlichte Abwehr auch dann weiter, wenn sie gar nicht mehr gebraucht würde, weil keine äußeren Instanzen mehr drohen. Moralisches und eigenständig verantwortliches Handeln entstehen so. Wird das *Über-Ich* zu mächtig, führt das zu einer vorzeitigen Selbstaufgabe.

Diese *Abwehr* äußert sich speziell in der *Paardynamik*, nun aber oft in doppelter Weise und komplexer als in der klassischen Theorie gedacht. Damit wird ihr Mechanismus auch noch etwas komplizierter. Dort wird sie als problematischer Umgang des eigenen Ich mit den unerwünschten Triebkräften verstanden. In der Paarbeziehung dagegen verwandelt sich diese Abwehr im eigenen Inneren oft in Widerstand nach außen gegen den Partner.

Komplex wird diese Dynamik nun dadurch, dass diese Abwehr auf zweifache Weise arbeitet: Einmal wird sie wie bisher zur Abwehr gegen eigene Seelennot, Zerrissenheit und Ängste, die jetzt aber auf den Partner abgewälzt und ihm angelastet werden. Er wird als Verursacher identifiziert. Seelenimpulse, die das eigene Ich bei sich selbst nicht haben will, werden beim Partner umso greller beleuchtet. Widerstand gegen ihn in Form von Streit ist die Folge. Auch nur ein bisschen Rechthabenwollen, nur geringste Unzufriedenheit oder kleinste Vergesslichkeit von seiner Seite wird ihm dann unverhältnismäßig hart, häufig und unverzeihlich vorgeworfen.

Oder umgekehrt: Was am Partner in besonderer Weise stört, aufregt und unzufrieden macht, ist zu 75% das Ergebnis eigener innerer Unzufriedenheit.

Darüber hinaus wird der Partner zu einer Art zweitem *Über-Ich*. Wieder werden eigene Bedürfnisse, Sehnsüchte und Triebenergien, die jetzt aber dem Partner (und nicht mehr den Eltern) missfallen könnten, vorher unterdrückt, um nicht sein Missfallen zu erregen. Freiwillig wird bewusst oder vielfach unbewusst auf etwas verzichtet, was im schlimmsten Fall zum Verlust des Partners führen könnte. Die Abwehr der eigenen, diesmal vom Partner missbilligten *Trieb- und Selbstbedürfnisse* ist die Folge. Wieder arbeitet das eigene Ich trotz des Erwachsenenstatus für andere statt für das eigene Selbst. Wieder verkümmert das Selbst, während das Ich alle Kräfte für den Partner und dessen Wohlergehen verbraucht. Depression oder Aggression entstehen daraus. Widerstand in Form von passivem oder aktivem Streit gegen den Partner ist die Folge – als grollender Rückzug oder aggressive Kritik.

Diese beiden Verhaltensmechanismen von Abwehr und Widerstand verknüpfen sich in der Krisendynamik des Paares in besonderer Weise. Sie gewinnen für das Verstehen und Lösen von Paarkonflikten zentrale Bedeutung. In der Paartherapie und in der Eigenarbeit des Paares liegt deshalb ein entscheidender Focus auf dem Erkennen und Bearbeiten dieser Doppeldynamik. Wenn es gelingt, sie zu entschärfen, gelingt auch die Neugestaltung der Beziehung durch die Krise hindurch.

Abwehr- und Widerstands-Dynamik

Wir unterscheiden fünf Formen. Hier müssen wir suchen, wenn wir den Streit um Sex und Kommunikation, um Kinder und Haushalt, um Zärtlichkeit und Verständnis und tausend andere Themen verstehen und lösen wollen. Diese »Fallstricke der Liebe« wurden durch Beobachtungen und Analysen der therapeutischen Tätigkeit im Rahmen der *Paarsynthese* gewonnen. Dazu wurden die häufigst genannten Begriffe zur Konfliktbeschreibung in eine Rangreihe gebracht. Im Anschluss wurden die Begrifflichkeiten in ihrem Bedeutungszusammenhang miteinander verglichen und in Beziehung zueinander gesetzt.

Es kam zu einem überraschenden Ergebnis:

Anders als die in der klassischen Psychotherapie herausanalysierten Einzelbegriffe für die Abwehr- und Widerstandsmechanismen fanden sich hier schnell eindeutige Begriffspaare mit einander entgegengesetzten Polen und gegensätzlicher Wirkung auf die *Paardynamik*. Sie geben damit die wichtigsten Themen für die Streitdynamik der Paare wieder. Gleichzeitig zeigen sie die Richtung an, in die die Konflikte aufgearbeitet werden können. Anders als diese Mechanismen beim Individuum zeigen sich beim Paar naturgemäß Verhaltensweisen, die auf der Logik der Gegenseitigkeit beruhen. Aus dem Miteinander ist ein Gegeneinander geworden nach der Formel: »Wie du mir, so ich dir!« Fünf partnerzentrierte Abwehr- und Widerstandsmechanismen produzieren die Krisendynamik des Paares. Sie lauten:

1. Ich oder Du (Thema: Beziehung)
2. Opfer oder Täter (Thema: Existenz)
3. Selbstbestimmung oder Fremdbestimmung
   (Thema: Freiheit)
4. Aufwertung oder Abwertung (Thema: Würde)
5. Veränderung oder Konstanz (Thema: Entfaltung)

Gemeinsame Kennzeichen dieser Mechanismen sind:

Entweder-Oder-Haltung

Sie lässt kaum Recht für Beide zu. Gestritten wird, als ob es keine Kompromisse gäbe. Während die gütige Weisheit der Liebe auf dem grundsätzlichen »Sowohl-als-auch« aufbaut, geht es den narzisstisch Streitenden häufig um das »Alles-oder-Nichts«. Nachgeben, Zugeständnisse – all das fällt schwer.

Bedrohungsangst

Die Streitenden empfinden beide starke Bedrohungen, die im Partner auf besondere Resonanz stoßen. Eigene Bedrohungsängste und die des Partners doppeln sich. Das erklärt die Heftigkeit vieler Streitigkeiten um nichtige Anlässe.

Ersatzstreit

Diese tief sitzenden Bedrohungsängste sind den Betroffenen kaum bewusst oder so schambesetzt, dass sie nicht eingestanden und abgewehrt werden. Stattdessen streiten sie an der Oberfläche um Ersatzprobleme und führen einen zunehmenden Stellvertreterkrieg gegen den Partner.

UNKENNTNIS

Die Unkenntnis über die wahren Streitursachen verstellt den Streitenden die Sicht auf die Not des Anderen. Sie haben daher kein Gefühl für die schädliche Wirkung ihrer Lieblosigkeit und ihres Streitens.

SCHUTZBEDÜRFNIS

Die Streitenden führen diesen Krieg nicht bewusst und absichtlich, um den Anderen zu schädigen, sondern um sich selbst zu schützen. Auch wenn der offensive Narzisst selbst bedrohlich wirkt, verbirgt sich dahinter seine Angst.

VERWIRRUNG

Infolge von Ersatzstreit und Unkenntnis steigt die Verwirrung über Ursache, Wirkung und Verantwortung dafür ins Unermessliche. Eskalierende Krisenanfälligkeit bis zu Gewalt, Krankheit und seelischem Zusammenbruch sind die Folge. (Ruppert 2002)

Paartherapeuten sollten von Anfang an ihr Vorgehen mit den jeweiligen Paaren auf diesem Hintergrundwissen aufbauen. Freunde zerstrittener Paare können davon ein Lied singen. Beim genauen Zuhören wird immer unklarer, wer von den beiden Streitenden wirklich Recht hat.

So behauptete eine Frau in der Sitzung, dass sie etwa alle zwei Wochen mit ihrem Mann schlafen würde. Der Mann dagegen konterte laut und ironisch lachend, dass das eine glatte Lüge sei, sondern Sexualität höchstens einmal im Jahr stattfinde. Es dauerte sehr viele Sitzungen, bis hier eine Übereinstimmung gefunden wurde. Ein altes ägyptisches

93

Sprichwort sagt dazu: »*Mische dich nicht in den Streit eines Paares. Es ist, wie die Hände zwischen zwei Mühlsteine zu bekommen.*« *George Bach (1972) definiert das als* »*crazymaking*«.

Beim verständnisvollen Zuhören wird deutlich, dass oft Beide Recht haben. Was aber ist damit anzufangen und wie damit umzugehen, wenn das Recht des Einen zur unerbittlichen Waffe gegen den Anderen wird?

Diese Mechanismen sind für die Streitenden nur schwer zu erkennen und für die Therapeuten genauso schwer zu diagnostizieren. Die gegenseitige zerstörerische Wirkung wird zumeist umdefiniert in Beweise für die Lieblosigkeit des Partners. Zahllose Anklagen werden dafür jeweils ins Feld geführt. Ebenso viele Rechtfertigungen folgen. Die wirklich zentralen Beweggründe für die meist entwürdigenden Streitereien liegen verborgen unter einer Anhäufung von kindischen Beispielen, Streitanlässen und -motiven, Unterstellungen und Zurückweisungen.

Diese Abwehr- und Widerstandsmechanismen, die in einer Einzeltherapie nur sehr schwer und langwierig herauszuanalysieren sind, werden hier von Beginn an virulent. Sie rücken automatisch in das Zentrum therapeutischer Bemühung. Später werden sie zum Hauptarbeitsfeld der Partner in ihrer gemeinsamen und gegenseitigen Weiterentwicklung.

Daran gemessen liefern eine Untersuchung an der Göttinger Universität (Theratalk 2000) und viele andere nur die Oberfläche der notwendigen Information zur möglichen Konfliktlösung. Ihre Ergebnisse, dass die Befragten sexuelle Probleme und Kommunikationsdifferenzen als wichtigste Konfliktanlässe nennen, führen nicht weit. Hier sind vielmehr die menschlichen Grundmotive von Freiheit, Würde, Selbstverwirklichung, Beziehung und existenzieller Sicherung im Partnerstreit verletzt worden. Sie wieder neu in der Paarbeziehung zu etablieren, führt automatisch zur Verbesserung von Sexualität und Kommunikation. In diesem Zusammenhang scheint es überhaupt fragwürdig, wenn die Vertreter *Kognitiver Psychologie*, der *Verhaltenstherapie* oder der *Systemischen Therapie* nur mit der funktionalen Dimension des Paares arbeiten. (vgl. Clement 2004) Das reine Training von Kommunikation und Sexualität führt nicht zur Tiefe der für die Heilung doch notwendigen Seelenbegegnung der zerstrittenen Partner.

Ich oder Du (Beziehung)

Abwehr eigener Bedrohungsgefühle und Widerstand gegen den bedrohlichen Partner sind kaum auseinander zu halten. Angst entsteht, weil die Liebenden im Ineinanderfließen ihr Selbst verschmelzen. Abgewehrt wird diese Angst vor Hingabe, weil das Ich dabei seine Selbstbestimmung und seine Funktion aufgibt. Es kann dann nicht mehr für das Selbst sorgen. Es droht *Selbstauflösung*. Der Verlust von Autonomie durch das Du, in der Beziehung mit dir, führt zur Bedrohung der eigenen Existenz.

Hier treibt das Verwirrspiel zwischen den Partnern seine schönsten, aber oft gefährlichen Blüten. Aus dem verliebten »Du weißt, was für mich gut ist!« wird schließlich: »Du willst immer besser wissen als ich selbst, was für mich gut sein soll!« Aus dem »Du verstehst mich!« wird ein anklagendes »Dauernd interpretierst du in mich hinein und willst mir sagen, was für Gefühle ich habe!« Aus dem »Ruh dich bei mir aus!« wird ein zurückweisendes »Immer lädst du deinen Stress bei mir ab!« Aus dem einst seligen Miteinander wird ein feindliches Gegeneinander: »Wer hat Recht – Ich oder du?, Wer macht hier eigentlich die ganze Arbeit – Ich oder du?, Wer verdient hier das Geld – Ich oder du?«

Ich *und* Du – das ist die dichteste Form der Zuwendung. Ich *oder* Du – das ist die einfachste Form, sich dem Partner zu entziehen. Im Extremfall gerät die einst liebevolle Symbiose zur hassvollen Isolation. Die Einheit von Ich und Du wird zum Gefängnis, zur Zerstörung. Tatsächlich verkehrt sich der anfängliche Sinn der narzisstischen Beziehung von der liebenden Einheit in die feindliche Zweiheit.

Natürlich: Eigenliebe und die Liebe zum Partner gehören zusammen: »Je mehr ich diesen liebe, umso mehr liebt er mich. Meine Liebe tut ihm gut, seine daraus resultierende Liebe tut mir gut.« Den Anderen aus tiefster Seele lieben zu können, ist ein narzisstisches Grundbedürfnis, weil das eigene Selbst erfüllt und bereichert wird durch die Antwort des Anderen. Der Andere wird jetzt zum Teil des eigenen Selbst, er wird Teil der eigenen Identität und in den eigenen *Individuationsprozess* integriert. Eine mögliche Trennung oder Scheidung führt deshalb häufig zu einer personalen Katastrophe und Traumatisierung, da große Teile des eigenen Selbst verloren gehen.

Sexualität ist deshalb gerade für Narzissten ein Hauptkampffeld zwischen Eroberung und Unterwerfung. Für den Defensiven wird der eigene Körper zum leicht verletzlichen Revier, in das der Offensive einzudringen sucht. Eigenes Lustempfinden würde nur Zugeständnis an diesen sein. Deshalb darf eigene Lust gar nicht aufkommen, wird schon weit vorher unterdrückt. Lust als eigenes Glück, als Energiequelle und Selbstverwirklichung ist weit, weit weg vom eigenen Vorstellungsvermögen. *Selbstauflösung* im Partner wurde anfangs herbeigesehnt, heute aber befürchtet.

Ramona erzählte, dass ihr Mann sie in der Nacht vorher einfach genommen habe, fast vergewaltigt. Sie hätte die Zähne zusammengebissen und durchgehalten. Der Mann war ganz bestürzt, er habe das so gar nicht gemerkt. Sie habe überhaupt kein Zeichen von Widerstand gezeigt, im Gegenteil, sie habe Arme und Beine um ihn gelegt. Sie stimmte dem tatsächlich zu, weil sie sich nicht getraut habe, nein zu sagen, da er sonst eine Woche lang grantig sei.

Hier wird es auf extreme Weise deutlich: Der Körper wird zum Revier des Anderen. Das eigene Ich kann den Eindringling nicht abwehren, dem Selbst wird Gewalt angetan.

Macht und Ohnmacht liegen hier dicht bei einander. Und der Kampf wird immer subtiler, aber existenzieller. Indem sie sich nun verweigert, sich sexuell zurückzieht, nimmt sie ihm seine Macht, beraubt ihn seiner Potenz. Will er nicht bloße Gewalt anwenden, womit er ins offensichtliche Unrecht käme, muss er klein beigeben. Und damit landet er wieder in der frühen Ohnmacht des verletzten Kindes, fühlt sich bis ins Mark (= Selbst) getroffen. Deshalb beginnt er einen Kampf auf allen anderen Gebieten. Er fühlt sich sogar angegriffen, wird schließlich selbst aggressiv. Er begreift nicht, dass sie sich aus purer Not verweigert und dass diese Verweigerung ihr einziges Mittel ist, sich vor der Fremdbestimmung durch ihn zu retten und Selbstbestimmung zu üben. Die Falle dabei: Ihre Selbstbestimmung wird für ihn zur leidvollen Fremdbestimmung. So wird sie in seinen Augen zur Täterin, zur Töterin seiner Lust. Er selbst fühlt sich dabei als Opfer.

Die Frau wehrte dabei ihre eigene Angst vor sexueller Leidenschaft und *Selbstauflösung* ab. Sein nächtlicher Übergriff lieferte ihr die willkommene Rechtfertigung. Er dagegen ging in Widerstand gegen ihre scheinbare sexuelle Bevormundung. Im Dunkeln und im Halbschlaf kann er sie leichter »übermannen«. Er selbst wehrte bei sich die Angst vor seinem Versagen ab, sowohl in der Sexualität als auch im Beruf. Er litt unter vorzeitigem Samenerguss und war in seiner freiberuflichen Tätigkeit gescheitert.

Opfer oder Täter (Existenz)

Abwehr und Widerstand dienen dem Ziel, die Bedrohung der eigenen körperlichen, seelischen und geistigen Existenz infolge des fehlenden Urvertrauens ständig wachsam unter Kontrolle zu halten. Selbst dabei schuldlos zu sein, ist Vorraussetzung für die eigene Existenz. Moral und Gesetz müssen auf der eigenen Seite stehen. Der Eine kontrolliert dabei den Anderen – und umgekehrt. Wer schuldig wird, fühlt sich deshalb bedroht. Zur Abwehr wird die Schuld beim Anderen gesucht. Dessen Täterschaft beweist die eigene Unschuld. Zwischen Opfer und Täter die Schuld hin- und herzuschieben, ist beinahe die Hauptbeschäftigung der verzweifelnden Streiter. Vom Partner wird alle Befriedigung erwartet. Weniger zählt nicht. Sonst wird er als Täter, das eigene Selbst als Opfer erlebt. Die narzisstische Kränkung sorgt dafür, vom Partner mehr Liebe zu erwarten, als man selbst lieben kann. Umgekehrt fordert der Andere oft dasselbe. Zwei Opfer stoßen aufeinander.

Das gilt für Narzissten in besonderem Maß: als »Gehemmte« oder »Ungehemmte«, mit Minderwertigkeitskomplexen oder mit starkem Selbstwertgefühl: »Ich will gebraucht, begehrt, geliebt werden!« ist das Lebensgefühl. Und das muss immer wieder neu bestätigt werden. In ihrem Hunger nach Liebe sind sie maßlos, fordernd, suchend, wünschend, hoffend. Sie brauchen das zur Selbstgewissheit, sonst fühlen sie sich sofort schlecht. Sie kennen nur das Alles-oder-Nichts-Prinzip. Die »Ungehemmten« obendrein können sich mit einem Mittelmaß kaum zufrieden geben. Das gilt vor allem für die Positionierung der eigenen Persönlichkeit. Sie müssen etwas Besonderes sein.

Beispiel aus der Praxis: Ein Anlageberater, der von sich selbst annahm, ganz anders als seine Kollegen zu sein, nämlich human, philosophisch, in besonderer Weise Gutes bringend. So aber sollte ihn seine Frau auch sehen – und deshalb lieben. Dass sie ihm bisweilen aber seine Erfolglosigkeit vorwarf und dass er ihr gegenüber nichts von seinem besonderen Menschsein zeige, strafte er mit Fremdgehen und unerbittlicher Wut. So auch seine Sexualität: Nur der vollzogene Geschlechtsverkehr zählte – und der erreichte Orgasmus. Alle Zwischenstufen zählten für ihn nicht wirklich. Er wollte ohne Einschränkung, ohne Kritik und Makel geliebt werden. Sonst empfand er sich als Opfer der Lieblosigkeit seiner Frau.

Im umgekehrten Sinn galt das ebenso für seine gehemmte Frau: Sie zeigte allerdings dieses Alles-oder-Nichts nicht so offen, gestand es sich oft selbst nicht ein. Sie träumte nur leise davon, Prinzessin zu sein – und ein Prinz musste sie natürlich erlösen. Obwohl sie real wusste, dass sie eher Aschenputtel war als Prinzessin, hoffte sie genauso, der Prinz möge sich trotzdem einfinden. In ihrer Realität aber schämte sie sich so sehr, Aschenputtel zu sein, dass sie all die Liebesbeteuerungen ihres Mannes weder glauben noch für sich verwerten konnte.

Im Gegenteil: All seine liebevollen Annäherungen und Beteuerungen führten nur zur Verstärkung oder zum Erhalt der sowieso schon vorhandenen Bulimie. Die Wertschätzung ihres Mannes konnte und durfte einfach nicht in das eigene Selbst aufgenommen werden, musste vielmehr wieder »ausgespuckt« werden.

Auch hier gilt das Alles-oder-Nichts-Prinzip. Nur der gewaltigste Aufwand kann sie wirklich überzeugen. Sonst zählt nichts. Kleinste Fehler an ihrem Körper zerstören jegliche Freude daran, jedes Lustvermögen, jede Befriedigung allein und mit ihrem Mann. Dringend notwendige Aufbauenergien für ihre weitere Entfaltung gingen so verloren.

Sie, mehrfach sexuell missbraucht, verachtete ihn gerade dafür, dass er sie schön und begehrenswert fand. Ihr eigenes Körper- und Seelenbild war so schlecht, dass sie verlangte, er müsse es genauso sehen. Gleichzeitig aber wollte sie von ihm begehrt werden, entzog sich aber jeder seiner zärtlichen Gesten durch Streit und ständige Kritik an ihm. Sie fühlte sich selbst seiner Liebe und Zuwendung nicht würdig in ihrer grenzenlosen Selbstverachtung. Sein Streicheln stieß sie zurück aus Wut über sich selbst und wenige hundert Gramm zu viel.

Je öfter sie dies wiederholte, umso mehr stieg seine Wut, die sich regelmäßig in verächtlichen und entwürdigenden Ergüssen selbst vor dem vierjährigen Sohn über sie entlud. Seine aus der Kindheit herrührende, schon vom Vater übernommene Frauenverachtung fand in ihr den idealen Nährboden.

Meine Versuche als Therapeut, ihr zu einer Wahrnehmung ihrer realen Schönheit und Liebenswürdigkeit durch positiv verstärkende Rückmeldung zu verhelfen, erwiesen sich als Fehler und Kontraindikation: Jede dieser Bestätigungen endete mit vehementen Bulimie-Attacken und zunehmender Verachtung für meine therapeutische Kompetenz. Dabei war sie tatsächlich eine intelligente, wache und wunderschöne Frau.

Er aber konnte die Not seiner Frau nicht erkennen und attackierte sie immer demütigender. Sie dachte schließlich, nichts anderes verdient zu haben, da sie so minderwertig sei.

Beide sind wirklich Opfer miteinander geworden. Aber jeder hielt den anderen für schuldig an diesem Elend. Sie trennten sich. Er hatte eine viel Jüngere gefunden.

An diesem Fall wird deutlich: Es gibt kein Schwarz-weiß. Ist er der Täter und sie das Opfer – oder umgekehrt? Gehemmte und Ungehemmte: Beide wollen sie viel, am besten alles. Gelingt das nicht, wird Zerstörung in Kauf genommen. Viele Männer führen einen Vernichtungskrieg, wenn die Frau sich trennen will. Frauen dagegen können die Wertschätzung ihres Partners, wenn sie nicht über alle Maßen geht, oft kaum glauben und ertragen.

Die Kehrseite dieser verdeckten Größenansprüche bei Beiden sind massive, meist vehement abgewehrte Schuldgefühle, weil eben die eigene Persönlichkeit gar nicht den maximalen Ansprüchen an das Selbst genügen kann. Kleinste Fehler führen dann zu starken Selbstzweifeln. Im Partner aber wird der Verursacher dafür gesehen: »Wenn du mir Schuld gibst, wehre ich mich gegen dich und wehre damit gleichzeitig meine Urangst ab, Schuld zu sein.«

Beide leiden daran, in ihrem Selbstwert ungenügend – oder übertrieben – verstärkt worden zu sein. Sie wurden mit zu viel oder zu wenig seelischer Einstimmung konfrontiert. Immer war das verbunden mit dem Gefühl, nicht »richtig« zu sein, die Schuld für den Streit der Eltern zu haben, für das Unglück der Mutter, den geschlagenen Bruder oder die früh gestorbene Schwester. Selbst für den sexuellen Missbrauch durch den Vater oder sein Trinken, für die Depression der Mutter, ihren Selbstmord oder die Trennung der Eltern oder auch deren Überfrachtung, ohne Gegenwehr oder Chancen zur eigenen Abgrenzung.

Deshalb ertragen die davon Betroffenen später keine noch so leise Infrage-Stellung durch den Partner. Dann wären sie ja erneut in der Rolle des Verantwortlichen für das Glück oder Unglück anderer. Sie haben viele Jahre damit verloren, auf die eigenen Bedürfnisse zu verzichten, nicht das eigene Selbst zu entwickeln, sondern das von der Umwelt erwünschte.

Kaum auf der Welt, vielleicht sogar schon vor der Geburt, fühlten sich diese Wesen bedroht und damit konfrontiert, gut sein zu müssen. Auf keinen Fall durften sie etwas falsch machen, sonst würde Liebesentzug, ein Unglück oder schwerste Strafe passieren. Nur bei völliger Anpassung und Unterwerfung unter den Willen von Vater oder Mutter war die Chance, keine Schuld auf sich zu laden, kein Täter zu sein. Der ganze Instinkt des Kindes richtete sich unbewusst darauf, nicht die eigenen Bedürfnisse, sondern die der so wichtigen Bezugspersonen zu erfüllen.

In der Folge führt das unweigerlich zu einer weiteren Steigerung von Abwehr und Widerstand, dahin nämlich, auch im Recht sein zu müssen. Im Unrecht zu sein, würde schon wieder Schuld bedeuten. Recht zu behalten, Recht zu haben, im

Recht zu sein, es besser zu wissen, Fehler nicht einzugestehen, das alles macht die *Paardynamik* bei einem solch betroffenen Paar äußerst angespannt. Um Verzeihung zu bitten, würde einem Schuldeingeständnis gleichkommen. Deshalb liegt das außerhalb der Möglichkeiten des eigenen Ichs.

Die Frage dieses Streitens um das Rechthaben ist die, herauszufinden, wer von Beiden das Opfer und wer der Täter ist. Und wir Therapeuten stellen sie uns natürlich auch, verdeckt oder offen. Und in der Regel trifft es auch zu, dass einer von Beiden nicht in Frieden leben kann. Eine 50 : 50 Schuldverteilung anzunehmen ist irreal. Einer der Partner wird dann tatsächlich zum Opfer, hält aber an dieser Rolle erstaunlich fest, statt sich durch Trennung selbst zu retten. Das ist dann seine Störung.

Wenn aber Beide nicht Schuld haben, wenn vielmehr Beide Recht haben, dann kann auch keiner Täter sein, sondern jeder fühlt sich als Opfer des Anderen. Und hier beginnt eine makabere Konkurrenz, wer nämlich das eigentliche oder das größere Opfer ist. In diesem »Bermuda-Dreieck« von Narzissmus, Schuld und Recht geht jede Liebe verschollen. Und ist sie auch längst schon untergegangen, die skurrile Konkurrenz geht weiter: Der Andere darf nicht besser sein, ihm kann es nicht besser gehen. Selbst Konkurrenzdenken um die Kinder wird nicht ausgespart.

Eifersucht, Neid, Nörgelei, Besserwisserei und Rechthaberei heißen die »Kinder« des Narzissmus.

Es taucht das »Phänomen des rohen Eis« auf: Schon die leiseste Missbilligung, liege sie auch nur im Ton der Stimme, in einem Augenverdrehen, einem Hüsteln oder Grinsen, kann den nächsten Streit bzw. einen Gegenangriff auslösen. Und je vorsichtiger deshalb der Partner wird mit seinen Äußerungen, umso empfindlicher hört der Andere auf solche Kleinigkeiten. Die Eskalation ist vorprogrammiert. Beide gewöhnen sich an diese extreme Vorsicht und werden immer empfindlicher.

Fremdbestimmung – Selbstbestimmung (Freiheit)

Selbstbestimmung ist das Recht des freien Menschen. Viele Menschen sterben für dieses Recht. Freiheit wird so heftig ersehnt, weil sie Selbstbestimmung, Autonomie und Würde einschließt. Wer diese Eigenschaften besitzt, kann sich frei entfalten und damit seine Existenz absichern. Abwehr und Widerstand dienen hier dem Ziel, die Angst vor dieser gewaltigen Aufgabe der Selbstbestimmung nicht selbst verantworten zu müssen. Dafür mit seinem Selbst verantwortlich zu sein, erzeugt Angst. Deshalb wird die Verantwortung an den Partner delegiert, was aber Verlust der Freiheit bedeutet. Das wird dem Partner jedoch als Fremdbestimmung vorgeworfen. Ein Teufelskreis. Beziehung, im Narzissmus gefangen, bedeutet immer Unfreiheit. Deshalb spricht Röhr (2004) vom Narzissmus auch als »Gefängnis«.

»In meiner Selbstbezogenheit bin ich auf dich angewiesen. Eben das aber macht mich abhängig und bringt mich deshalb in Widerstand zu dir. Ich verliere dir gegenüber meine Selbstbestimmung. Ich fühle mich dann fremdbestimmt.

Daraus wird ein Perpetuum mobile. Mit dir will ich eins werden, möglichst mit Haut und Haar, um mich selbst zu spüren und zu lieben. Aber sobald ich eins werde mit dir, dich mir einverleibt habe, brauche ich dich nicht mehr, weil du nur noch ich bist und nicht mehr der Ort der Wahrheit«, um mit Lacan (1986) zu sprechen. Wirst du aber zu fremd, bist du auch kein Gegenüber mehr für mich, da ich ohne Resonanz bleibe. Und umgekehrt in der Wirkung mit der gleichen Dynamik: Wenn ich aber eins werde mit dir, gehe ich verloren, löse ich mich auf, existiere ich nicht mehr.

Der große Widerspruch der Liebe liegt in dieser zutiefst narzisstischen *Psychodynamik*: Wir Menschen brauchen zu unserer Vervollständigung das Du. Das bringt uns automatisch in große

Abhängigkeit vom Gegenüber. Wir können nicht mehr allein über uns verfügen, sondern der Partner bestimmt mit. Dafür bekämpfen wir ihn irgendwann, so wie Jugendliche sich in der Pubertät aus der Abhängigkeit von den Eltern freikämpfen.

Je mehr wir den Anderen zu unserer eigenen Ich-Findung brauchen, umso mehr müssen wir ihn bekämpfen. Je weniger wir ihn brauchen, umso verletzender ist es für den Partner, denn sein Wert sinkt dadurch.

> Dir zu gehören heißt, mich zu finden.

Diese Abhängigkeit der eigenen Identität vom Du bleibt ein das Ich kränkender Aspekt. Diese auf Dauer fühlbare Abhängigkeit sagt mir immer wieder neu, dass ich ohne dich nicht wirklich wert bin, meinen Wert nicht finde. Diese Symbiose macht unfrei. Also muss ich mich gegen dich wehren und Widerstand leisten, obwohl ich dich gleichzeitig suche und nur mit dir ganz werden kann. Diese Widersprüchlichkeit trägt letzten Endes bei zur stetigen Destabilisierung der *Paardynamik*.

Das berühmte »Werde, der du bist!« wird nur möglich eben in der Beziehung mit dir. Das heißt, auch als Erwachsene sind wir keineswegs so autonom und selbstbestimmt, wie wir es uns wünschen, sondern immer angewiesen auf Rückmeldung. Damit hängt meine Existenz von der Qualität deiner Rückmeldung und deiner Mitbestimmung ab.

Um sich von dieser kränkenden Abhängigkeit zu befreien, versuchen viele, so mächtig zu werden, dass sie sich Rückmeldung kaufen, erzwingen oder erpressen können. Natürlich können aber nicht alle narzisstisch Gekränkten solche Machtpositionen erreichen. Wir »Normale« manipulieren deshalb oft die von uns erhoffte Rückmeldung herbei. »Akzeptiere mich, wie ich bin!« ist dabei die verkehrte Hauptformel.

Diese Formel – ein Therapeut muss sie erfunden haben – ist der pure Missbrauch. Gerade für Narzissten kommt sie wie ge-

rufen. Sie nimmt dem Anderen jede Chance auf kritische Ein-
wendung und seine Selbstbestimmung. Nur dann hat sie Gültigkeit, wenn der so Einfordernde gleichzeitig auch die Umkehrung
des Satzes erbringt: »Ich akzeptiere dich, wie du bist!«

Abhängigkeit erzeugt in uns das Gefühl von Fremdbestimmung. Das Gefühl herrscht vor, der Andere dominiere, be-
stimme, beherrsche das eigene Erleben. Der verständliche
Wunsch nach Selbstbestimmung könne nicht in die Tat umgesetzt werden, weil der Andere angeblich zu mächtig, zu aggressiv, zu beherrschend sei.

In Wirklichkeit verhindern oft eigene Selbstzweifel und die
innere Unsicherheit die wirkungsvolle Selbstbestimmung und
Selbstentfaltung. Der Andere wird als Verursacher dafür empfunden.

Defensive und offensive Narzissten liefern sich dabei in der
Krise einen unerbittlichen Kampf – in Form von Rückwärts-
und Vorwärtsverteidigung. Der Eine gebärdet sich als Durch-
setzer, pocht auf sein Recht und klagt an: Er fühle sich in seiner
Freiheit eingeschränkt, könne sich nicht selbst verwirklichen,
müsse immer zurückstecken. Er übt deshalb Kritik, ist mit nichts
zufrieden, beschuldigt den Anderen, zu wenig für die Beziehung zu tun, Sex zu verweigern, sich nicht einzubringen, keine
Zeit zu haben, zu wenig für die Kinder da zu sein, nicht genügend für ihn zu sorgen, sich nicht liebevoll zu zeigen usw. usw.
Alles wird zum möglichen Streitanlass. »Und immer gibst du
mir die Schuld!« ist schließlich der Gipfel der paradoxen Krieg-
führung. »Dauernd sitze ich auf der Anklagebank, bin ich der
Sündenbock!« wird dann noch nachgelegt.

Und obwohl er durch sein Toben Angst verbreitet, seine
Frau vielleicht schon weint, fühlt er sich durch sie fremdbestimmt.

Sie duckt sich, zieht sich zurück, schweigt bedrückt, unter

Umständen für Wochen. Als Anpasserin versucht sie auf jeden Fall, es ihm Recht zu machen; sie versucht mit hoher Intuition, schon zu erahnen, was er braucht, gibt nach und bittet manchmal um Verzeihung, wo es wirklich nicht ihr Fehler war. Irgendwann erlahmen ihre Kräfte – und ihre Liebe. Sie verweigert dann jede Zuwendung, jede Zärtlichkeit und vor allem ihre Sexualität. Hingabe wird für sie jetzt zur gefürchteten Abhängigkeit und Fremdbestimmung, schlimmer noch – zur Auslieferung, zur Kapitulation.

Abgewehrt wird von Beiden die Angst, tatsächlich wirklich für sich selbst verantwortlich zu sein. Dann gälte es ja, sich für oder gegen die Beziehung zu entscheiden. Aber noch mehr: Statt dem Anderen die Schuld zu geben, müsste jeder für seine Selbstverwirklichung die Verantwortung übernehmen und Prioritäten setzen. Dahinter steht aber immer die am Selbst zweifelnde Angst, ob die eigenen Kapazitäten dafür ausreichen, unabhängig und selbstständig zu leben.

Aufwertung – Abwertung (Würde)

Abwehr und Widerstand gehen jetzt in direkte und indirekte, gegenseitige und gemeinsame Abwertung über. Die Abwertung des bedrohlichen Partners, der als Täter erlebt wird, hat vordergründig das Ziel, ihm seine Gefährlichkeit zu nehmen. Je weniger Wert er darstellt, umso weniger ist er zu fürchten.

Aber dahinter steht: Die Defensive fürchtet infolge ihrer Minderwertigkeitsgefühle paradoxerweise ihre eigene Aufwertung, obwohl sie diese herbeisehnt, und wertet sich selbst ab. Um diesen Schmerz nicht spüren zu müssen, wertet sie nun stellvertretend den Partner ab, der in seiner Liebe durchaus bemüht ist, sie aufzuwerten. Mit diesem minder bewerteten Partner wertet sie gleichzeitig wieder sich selbst ab – und sieht sich so bestätigt in ihrer Minderwertigkeit.

Der Offensive fürchtet seine Abwertung, weshalb er selbst alle anderen abwertet. Deren Abwertung erhöht anscheinend seinen eigenen Wert, was aber von den anderen kritisiert wird. Der Offensive spürt das und verdoppelt seine Abwehrstrategie in Form von Widerstand gegen jedermann. Die Entwürdigung greift immer mehr um sich.

Natürlich wirkt für den offensiven Narzissten die sexuelle Verweigerung bereits als schlimmste Abwertung. Er fühlt sich seines Selbstbildes als guter Liebhaber, guter Partner, guter Vater beraubt und insgesamt in seiner seelischen Existenz bedroht.

Aber auch für die defensive *Komplementärnarzisstin* ist ihr sexueller Rückzug beileibe kein Triumph, keineswegs selbstbestimmte und freie Entscheidung. Es ist ein Rückzug in Not, um die eigene Würde zu retten. Auch für sie bedeutet die sexuelle Eiszeit Nichterfüllung ihrer Weiblichkeit, mangelnde Selbstwertzufuhr und eigene Abwertung, insgesamt eine Bedrohung ihres Selbstbildes.

War zu Beginn der Beziehung Erotik, Sinnlichkeit und Leidenschaft die strahlendste Aufwertung, die Beide einander bereiten konnten, wird die Lustblockierung jetzt zur traumatischen, kontinuierlichen Herabminderung des Selbstwertgefühls. Eigene Kräfte können deshalb nur noch geschützt, nicht mehr entfaltet werden. Die Seele wird eingegraben, in Angst vor dem feindlichen Partner.

Beide Partner beruhigen bei Streitigkeiten durch die Abwertung des Anderen die immer bohrenden Selbstzweifel. Im Binnenraum der *Paardynamik* findet diese Abwertung immer gegenseitig statt.

Nach außen wirkt es auf den Betrachter oft ganz anders: Der Offensive scheint der Übeltäter, wertet ab und entwürdigt durch seine aggressive Kritik. Die Defensive wertet lange Zeit im Gegenzug den Partner auf – allzu sehr; dem wird das allmählich zu langweilig, ja lästig. Er wird ihrer zu sicher, sein Selbst gewinnt dadurch keine Wertzufuhr mehr. Deshalb beginnt er mit seiner Abwertung. Er wird unzufrieden, schwärmt von anderen Frauen, nörgelt herum und vernachlässigt die eigene Frau. Je mehr sie ihn nun aufwertet, umso mehr demütigt, entwertet und misshandelt er sie. Statt sich zu wehren, wird sie hörig und gibt ihr Selbst auf. Ihre Angst vor Partnerverlust ist größer als ihre Angst vor Selbstverlust. Wieder wird das alte Thema des Liebesverlustes aus der Kindheit reaktualisiert.

Tragisch in dieser Dynamik ist, dass die Entfaltung der eigenen Kräfte dadurch zum Erliegen kommt, obwohl genau das die Beziehung retten könnte. Die Energie wird für den Streit statt für den Aufbau und die Entfaltung verbraucht.

Es sieht jetzt so aus, dass jeweils der Andere die eigene Selbstverwirklichung behindert, was eine Bedrohung darstellt und weshalb er als Täter gesehen wird. Und wieder das »Phänomen vom rohen Ei«: Beide reagieren immer empfindlicher aufeinander.

Die eigene Abwehr dient hier nämlich dazu, die Bedrohung durch die eigenen Minderwertigkeits- und Unwertgefühle abzuwehren, die Angst vor eigenem Versagen nicht erleben zu müssen. Das eigene Selbst zu aktivieren und Verantwortung für die Entfaltung der eigenen Potenziale zu übernehmen, wird erst gar nicht in Gang gesetzt. Abwehr und Widerstand rühren in erster Linie aus der Blockierung der eigenen Persönlichkeit. Stattdessen liefert der Widerstand gegen den Partner, in der Therapie oft auch gegen den Therapeuten als potenziellen Partner, den banalen Vorwand, durch ihn gehemmt, blockiert und gestört zu sein in der ansonsten doch sicherlich stattfindenden Selbstverwirklichung.

Die Sehnsucht nach Selbstverwirklichung aber erzeugt in uns Druck zur Potenzentfaltung. Wir wollen wie jeder Baum unsere Knospen auch zum Blühen bringen. Dies gilt besonders innerhalb der partnerschaftlichen und intimen Beziehung. Sexuelle, seelische und geistige Entfaltung gewinnt auf Dauer ihren wahren Wert erst durch die eigenverantwortliche Handlung. Sie erst liefert die reale Aufwertung der eigenen Persönlichkeit.

So können wir Partnerkrisen in der Regel immer auch verstehen als ein Problem der Nichtentfaltung eigener Potenziale. Ängstlichkeit und Versagensgefühle hindern häufig, diese voll zu entfalten. Dies ist die alte traumatische Situation des Säuglings an der Mutterbrust: Ich wachse nur durch deine Nahrung. Dafür liebe ich dich, und dafür hasse ich dich.

Das Muster der gegenseitigen Abwertung trifft auf Beide zu, obwohl sie aus verschiedenen Motiven und mit verschiedenen Mitteln vorgehen: Die Offensiven werten den Partner ab, um selbst Aufwertung zu gewinnen. Das übliche Vorgehen in der Politik. Der tragische Trugschluss: Je weniger Wert du bist, desto wertvoller bin ich. Die Gehemmten gehen scheinbar klüger vor: Sie werten äußerlich den Partner auf statt sich selbst. In der eigenen Entwertung liegt aber die Falle für den Partner. Die Dynamik ähnelt dabei dem Wettlauf von Igel und Hase: Die darin verborgene Aufforderung, der Partner möge durch seine Aufwertung die eigene Abwertung wett machen, lässt diesen schließlich mit »hängender Zunge« resignieren. Er gibt schließlich auf, weil er das *Selbstdefizit* des Gehemmten nie ausgleichen kann.

Veränderung – Konstanz (Selbstentfaltung)

Abwehr und Widerstand dienen hier der eigenen Angst vor Veränderung. Veränderung stellt eine Bedrohung dar. Sie wird stattdessen an den Partner delegiert, oft aber gleichzeitig bekämpft an ihm.

Gerade in Sinnlichkeit, Erotik und Sexualität wird das besonders auffällig: Abwechslung wird auf Dauer gewünscht. Leidenschaft und Gefühle sollen aber die gleichen bleiben. Immer gleiche Zärtlichkeiten führen zur Abnutzung.

Das Hin und Her der Liebenden erhöht sich noch durch ihr dauerndes Sich-selbst-verändern. Oder exakter ausgedrückt: Die Zwiespältigkeit der Liebe wird verstärkt durch ihren ständigen Gestaltungswandel. Wünsche, Gefühle, Werteinstellungen, Sexualität und Ausdrucksformen verändern sich in den verschiedenen Paarzyklen von Hingabe, Aufbau, Höhepunkt und Altern ständig.

Demgegenüber steht das *Gesetz der Veränderungskonstanz*: Einerseits wünschen wir diese Veränderung, dass nicht alles ewig gleich ablaufen möge, andererseits bringt diese stetige Veränderung viel Umwälzungen mit sich und führt häufig in die Krise. Oft will sich auch nur Einer verändern, und der Andere leistet Widerstand.

Ergänzend kommen hier die Überlegungen der Gestalttherapie zum eigenen Selbst hinzu. Demnach ist das Selbst kein fester Kern der menschlichen Persönlichkeit, sondern ein fluktuierendes Erleben mit mehr oder weniger zentraler Gewichtung. Die Spiegelung im Du und hier besonders im intimen Du erst ergibt die Konstanz von der eigenen Wahrnehmung. Das

> Zusammen zu wachsen heißt, sich gemeinsam zu änden.

führt, denken wir weiter, bis hin zum Widerstand gegen die Veränderung des Partners. Dieser soll so bleiben, damit ich ich selbst bleiben kann. Verändert sich dieser und damit seine Sichtweise von mir, gerät auch mein Ich in die Notwendigkeit der Veränderung.

Angelehnt an das *Gesetz von der Konstanz der Wahrnehmung* ergänzen wir hier in der *Paarsynthese* das Gesetz von der *Veränderungskonstanz*. Das Ich wünscht sich den Partner unverändert weiter, damit das Selbst in der eigenen Wahrnehmung konstant bleiben kann. Gleichzeitig ist die Sehnsucht nach eigener Vollendung, die *Entelechie* jedem Wesen zu Eigen. Das Selbst drängt zur ständigen eigenen Vervollkommnung, zur Entfaltung der eigenen Potenziale, damit aber auch zur stetigen Veränderung. Dann erwarten wir, dass auch der Partner sich ändert.

Dessen Veränderungsdrang wird aber trotzdem auch bekämpft, weil seine Veränderung zur eigenen Veränderung zwingt, die dann aber nicht die eigene ist. Ob der Partner nun den ruhenden oder sich verändernden Pol einnimmt, immer muss es dem eigenen Rhythmus, der eigenen Poldynamik gerecht werden. Diese Gleichzeitigkeit zu gewährleisten, ist ein schwieriger Drahtseilakt zwischen den Partnern. Am deutlichsten wird dieses Problem in der erotischen Resonanz der beiden: Die sexuellen Wünsche von gestern sind andere als die von heute und die von morgen.

Mit diesen »Fallstricken der Liebe« beginnt für die streitenden Paare jetzt die rettende Arbeit. Sie haben plötzlich die Chance in ihren Händen, die Hintergründe gegenseitiger Bedrohung, von Abwertung, mangelnder Hingabe, Entwürdigung und Verhinderung gemeinsam herauszufinden. Diese Hintergründe aufzudecken, macht so viele Streitereien um alles und jedes bald überflüssig. Dann steht dem Ziel, dem Partner *Selbstbefriedigung* zu schenken, nichts mehr im Wege. Sein Selbst zu befriedigen, heißt, ihn zu befrieden. Dann kann er ebenfalls in Frieden für das Selbst des Partners aktiv werden. Würdigung, Aufwertung, Entfaltung, Hingabe in Freiheit sind dann wertvolle Geschenke füreinander, die nicht mehr blockiert sind durch eigenen Mangel und Verletzung.

Für das Aufdecken dieser Hintergründe allerdings ist anfangs auf jeden Fall therapeutische Begleitung notwendig, um den Umgang mit den »Fallstricken« nicht in schnellen Rückfällen zu ersticken. Die Gefahr alter Streitmuster ist zu groß.

An dieser Schwelle tun sich die im übertriebenen Maß von sich selbst überzeugten Narzissten besonders schwer: Sie weigern sich jahrelang, Hilfe und insbesondere therapeutische Hilfe in Anspruch zu nehmen. Und doch liegt darin die unendliche Chance zur Selbstüberwindung und damit zum Partnerglück.

Kombination von Paararbeit und Paartherapie

Eine erstaunliche Erkenntnis aus über 35 Jahren paartherapeutischer Praxis mit der *Paarsynthese* kommt jetzt hilfreich zum Tragen: Liebe und Therapie, *Paardynamik* und *Therapiedynamik* stimmen in wichtigen und heilsamen Sequenzen miteinander überein. Vieles lässt sich voneinander herleiten und übernehmen. Diese Prozesse miteinander zu kombinieren, erhöht die Effektivität und Anwendungsmöglichkeit für die streitenden Paare auf hilfreiche Weise.

Wie die Erfahrung mit solch einem kombinierten Vorgehen zeigt, eröffnen sich bisher völlig ungenützte Perspektiven für die psychologische Eigenarbeit der Paare. Das Ziel: Die Paare sollen in Zukunft parallel zur Paartherapie zu Hause ergänzende Eigentherapie betreiben. Sie könnten dadurch nicht nur viel Geld sparen, sondern wahrscheinlich viel früher mit der notwendigen Dialogarbeit beginnen. Der ungeheuere Vorteil ist: Viele Paare geraten nicht erst in äußerste Krisen, bevor sie sich endlich gemeinsam zu einer Therapie entschließen können. Bis sie dann den richtigen Therapeuten und auch noch einen freien Therapieplatz und den Babysitter gefunden haben, ist es oft zu spät. Von der Warteliste der Eheberatungsstelle, die ich 15 Jahre geleitet habe, sind viele zurückgetreten, weil sie inzwischen doch schon getrennt lebten oder gar geschieden waren. Einige sind sogar durch Selbstmord von der Liste verschwunden.

Eine Absicht dieses Buches ist es deshalb, Paaren zu helfen und ihnen die wichtigsten psychologischen und therapeutischen Erkenntnisse über Paartherapie als eine Art »Do-it-your-self-Handbuch« mit nach Hause zu geben. Tatsächlich haben die Paare selbst, bevor sie Fachleute in Anspruch nehmen, viele Chancen im Vorfeld der Paartherapie.

Die Chancen der Liebenden sind auch ihre Risiken. Keine andere menschliche Einrichtung fördert so sehr die Entfaltung menschlichen Potenzials wie die Liebe, keine andere kann diese so massiv verhindern. Entscheidend dabei ist, wie die Liebenden mit ihren Stärken, vor allem aber auch mit ihren Schwächen, Fehlern und Ängsten umgehen. Sich dazu zu be-kennen, sie abzumildern, ist das Ziel, nicht sie auszurotten. Wir haben alle solche »Schatten-Anteile«. Fehler gehören zu uns Menschen. Aber richtig mit ihnen umzugehen ist entschei-dend. So lautet eine alte Weisheit des Shaolin: »Einen Fehler nicht zu korrigieren, macht ihn erst zum Fehler!«

Die Idee, therapeutische Arbeit mit persönlicher Eigenarbeit zu kombinieren, hat seit den 70er Jahren Vorbilder in den Selbsthilfegruppen, die besonders von Richter (2002) initiiert wurden. Sie fanden schnell große Verbreitung. Lucas Moeller als sein Schüler hat dies in großem Stil für Paare fortgesetzt mit seinem Projekt der zunächst bundesweiten, dann internatio-nalen *Zwiegespräche*. In der *Paarsynthese* haben wir diesen Gedanken seit Beginn von 1975 an umgesetzt. Ergänzend zu den Paarseminaren, Basis- und Aufbaukursen und zu laufen-den Therapien ermuntern wir die Teilnehmer, in *peergroups* die Therapiearbeit zu vertiefen, zu wiederholen und eigen-ständig auszuprobieren. Etwa fünf Paare schließen sich zu ei-ner solchen Privatinitiative zusammen. Jeweils ein Paar über-nimmt im Wechsel den Vorsitz und leitet die Arbeitsrunde. Manche dieser Gruppen existieren schon seit fast 20 Jahren. Lebensgemeinschaften sind daraus entstanden, die ihre liebe-volle Gestaltungskraft bereits an ihre Kinder und Enkelkinder weitergeben. Die Paare erhalten dadurch breite Stabilisierung in Krisen und Streitigkeiten über den immer zu schmalen Therapierahmen hinaus. Es kommt der inneren Logik der *Paardynamik* insofern entgegen, als das Paar ein halb offenes System bildet, das nicht aus eigener Kraft allein leben kann, sondern immer Zufuhr und Anstoß von außen braucht. Darin lag der Fehler unserer Vorgenerationen, dass sie Liebe und Intimität in die eigenen vier Wände verbannt haben. Notwendige Hilfe von außen war dadurch nicht möglich.

Das Dazulernen in der Liebe blieb dadurch genau in dem stecken, was der Hauptinhalt dieses Buches geworden ist: die Abwehr und Widerstandsdynamik im ehelichen Krisenzirkel. Das System der blinden Flecken wurde fortbetrieben, notwendige Korrektur unmöglich.

Der Kampf mit dir tobte weiter, statt im Kampf mit mir das eigene Selbst zu überwinden und so die *Paardynamik* zu verbessern.

Der Einstieg in die eigene Paararbeit

Dieser Einstieg orientiert sich am therapeutischen Vorgehen der *Paarsynthese.* Das bedarf zweier vorhergehender Überlegungen, damit diese Selbsthilfe für Paare funktionieren kann:

- Welches sind die Parallelen zwischen *Paardynamik* und Therapiedynamik?
- Was ist bei dem Ineinandergreifen der narzisstischen Dynamik beider Partner in Form von Abwehr- und Widerstandsmechanismen zu berücksichtigen, insbesondere durch die oben beschriebene *identifikatorische Konfliktübernahme* und den *Problemtransfer.*

Die erstaunlichen Parallelen zwischen *Paardynamik* und Therapiedynamik wurden meines Wissens nach bisher nicht gesehen. Dabei vermitteln sie einen ganz neuen Verständnishorizont, rückkoppelnd auch für die Psychotherapie des Paares selbst. Und natürlich auch für die Eigenarbeit des Paares, die hier im Vordergrund steht.

Vereinfacht ausgedrückt lautet die Arbeitsthese dazu: Innerhalb einer intimen Liebes- und Lebensbeziehung vollziehen sich dynamische Prozesse, die auch in der Psychotherapie heilsam wirken – und umgekehrt.

Diese Annahme begründet sich aus den jahrelangen Analysen innerhalb der Arbeit mit der *Paarsynthese* als einem spezifisch paarbezogenen therapeutischen Verfahren. (Cöllen 1984, 1997) Die Annahme gründet dabei auf folgende Erkenntnisse:

In beiden Prozessen
- finden sich fließende Übergänge von völlig gesunden bis zu pathologischen Faktoren;
- kommt es zu intensiven Formen von *Übertragung* und *Gegenübertragung* durch Identifikation und Imitation;
- kommt es zu intensiven Formen von Abwehr und Widerstand;
- wirkt Liebe als Heilmittel. Liebe, menschliche und intime, ist zentraler Faktor im Heilungsprozess;
- vollzieht sich intensive *Selbsterfahrung*. Es steht die von Blockierungen befreite menschliche Entfaltung im Vordergrund;
- gilt, dass die Eigenschaften eines guten Partners auch die eines guten Therapeuten sind – und umgekehrt. Was einen guten Therapeuten auszeichnet, zeichnet auch einen guten Partner aus.

Besonders zum letzten Punkt haben wir immer wieder Gruppenuntersuchungen angestellt. Die Teilnehmer wurden nach ihrer Einschätzung befragt, was einen guten Partner einerseits und einen guten Therapeuten andererseits auszeichne. Sie sollten auf diese Weise in getrennten Untergruppen jeweils die Kompetenzen entweder von Partner oder Therapeut zusammentragen. Dabei kam es zu folgenden Übereinstimmungen wichtiger positiver Faktoren: Achtsamkeit, Bewusstsein, Einfühlung, Kreativität, Gefühlsreichtum, Dialogfähigkeit, Kritikfähigkeit, *Seelentiefe*, Würde, Verzeihen-können.

Nutzen wir also diese verblüffende Übereinstimmung als wichtigen Faktor für das Ineinandergreifen von Paararbeit und Paartherapie. Beide im Doppelpack erhöhen die Effizienz aller Bemühungen um Liebe vielfach. Es zeigte sich aber, dass erst die Kombination beider Prozesse zumindest am Anfang entscheidend war. Von Anfang an allein gelassene *peergroups* verirrten sich häufig ebenso schnell im Labyrinth ehelicher Verstrickung wie die einzelnen Paare für sich allein. Dies deshalb, weil speziell die eben meist unbewusste Dynamik zwischen Abwehr und Widerstand auch die ganze *peergroup* ergriff. Diese systematisch und hilfreich aufzudecken, dazu bedarf es des Modelllernens seitens der Therapeuten.

Dieses Hindernis für unser Projekt Liebe sowohl in der Partnerschaft als auch in der Paartherapie gilt es, im Folgenden deshalb besonders zu prüfen. Gemeint sind hier die aktiven und meist heftigen Widerstände einerseits und die oft kaum merklichen Abwehrformen der Partner andererseits. Die Analyse und Bearbeitung dieser Dynamik spielt in Partnerschaft und Paartherapie daher eine entscheidende Rolle. Der Offensive ist obendrein sowieso gegen jede Therapie und behält diesen Widerstand auch in der Therapie. Das ist leicht zu erkennen – allerdings keineswegs leicht zu beheben. Die Defensive kennt und weiß von keinem Widerstand, da sie meint, ihr Bestes zu geben. Das ist noch komplizierter. Ergänzend zur Dynamik von Abwehr und Widerstand der Partner untereinander kommt später dieselbe gegenüber den Therapeuten zusätzlich zum Tragen.

Beginnt die Therapie tatsächlich, kommt für Beide irgendwann der kritische Zeitpunkt, zu klären, wer eigentlich an der Krise schuld ist und wer wie viel Anteil daran hat. Sobald der Ungehemmte sich aber zu seiner Schuld bekennen soll, beginnt die große Abwehr- und Widerstandschlacht. In die werden die Therapeuten in konsequenter Weise immer verwickelt. Es bedarf dazu wirklicher Kompetenz, nicht in falscher Neutralität auf Distanz zu gehen, sondern in gefühlvoller Teilnahme jedem der beiden intensiv beizustehen, sie aber auch zu konfrontieren. Dazu gehört, ihn sein Recht finden zu lassen, aber auch sein Unrecht einzugestehen.

Ein Mann fragte mich deshalb, wie ich es eigentlich als Therapeut anstellen wolle, es Beiden Recht zu machen. Beim nächsten Mal kam er wieder und wunderte sich, denn ich hätte ja – da seien sie sich zu Hause einig geworden – Beiden Recht gegeben. Aber wie könne das möglich sein?

Doch hierher gehört mein Bekenntnis meines bitteren Lehrgeldes, das ich an gescheiterten Paartherapien zu zahlen hatte: Ich als Mann habe oft nicht die Widerstände der gehemmten Frauen erkannt, die mir die reinen Opfer erschienen. Waren sie doch so sehr bemüht, alles richtig zu machen …

Vorbereitend für dieses kombinierte Programm hilft es in den folgenden Kapiteln, das Schwierigste daran, Abwehr und Widerstand, noch einmal aus der Praxis zu betrachten.

Widerstand des Narzissten – in Aggression

Der ungehemmte Narzisst ist von seiner eigenen *Psychodynamik* her ein Hilfe- und Therapieverweigerer. Er müsste eingestehen, dass mit ihm etwas nicht stimmt und er fremde Hilfe braucht. Das käme einem Gesichtsverlust gleich, den er mehr fürchtet, als alles andere zusammen. Mitunter braucht es Jahre und einige gescheiterte Therapieanfänge, bis er sich dazu wirklich bereit erklärt.

Aus dem Zitatenschatz der grandiosen Abwehrschlacht des ungehemmten Narzissten:

– *bevor ich auch nur daran denke, meine Fehler hier auszupacken, soll erst mal meine Frau die ihren aufdecken. Jahrelang hat sie mich doch zum Buhmann gemacht. Jetzt hier nicht auch noch.*

– *Sie wollen doch nur mit meiner Frau Kaffee trinken gehen oder sonst was machen, sich mit ihr verabreden und suchen dafür nach Gründen bei mir.*

– *Ich habe Ihre Aufgabe sehr ernst genommen und eine Woche lang darüber nachgedacht, welche Anteile ich habe an dem ganzen Krieg. Nach gründlichem Suchen, Gesprächen mit Freunden und mit meiner Sekretärin bin ich zu dem Schluss gekommen, dass meine Frau ganz allein die Verantwortung dafür zu tragen hat.*

– *Wissen Sie, meine Frau braucht einen kleinen Beamten oder Angestellten als Mann. Ich bringe sie nur hierher, damit wir das in Frieden lösen können.*

– *Ich habe Ihnen hier einen ganzen Aktenordner zusammengestellt über meine Frau. Sie werden sehen, schon in ihrer Kindheit wurde sie traumatisiert. Sie kann ja nichts dafür, dass sie sexuell missbraucht wurde, aber deshalb ist sie einfach beziehungsunfähig. Das geht auch aus allen ihren Briefen hervor, die sie mir geschrieben hat. Sie sind alle in dem Ordner. Sie ist einfach gestört.*

– *Wissen Sie, mit ihrem Weinen kriegt meine Frau jeden Therapeuten dazu, mir die Schuld zu geben*

– *Aha, jetzt wollen Sie mir plötzlich die Schuld in die Schuhe schieben. Dann habe ich hier nichts mehr verloren, dann kann ich ja gehen.*

– *Ich leite eine Firma und habe dort etwa 300 weibliche Mitarbeiterinnen. Dort habe ich überhaupt keine Probleme und alle haben mich richtig lieb.*

Diese Zitate könnten beliebig fortgesetzt werden. In leichter Abwandlung kommen sie auch im Alltag vieler zerstrittener Paare zu Hause zum Vorschein.

Es fällt auf, dass diese Zitate durchweg von sehr erfolgreichen und intelligenten Männern kommen: Politiker, Unternehmer, Chefärzte, Topmanager. Es fällt weiter auf, dass die hohe Intelligenz, die diese Menschen oft auszeichnet, in krassem Widerspruch steht zu der unverhohlenen, aber naiven Schuldzuschreibung gegenüber der Partnerin. Trotz ihrer hohen Bildung schlagen manche von ihnen brutal zu, demütigen maßlos, zertrümmern die Einrichtung, alles vor den Augen der Kinder. Oft leugnen sie einfach alles. Oder sie verwenden den *Problemtransfer*, indem sie die eigene Angst vor Versagen, vor Bloßstellung, vor Gestörtsein, vor Unrecht bei der Frau in Form von Projektion, Verleugnung, Anklage, Verschweigen abladen. Intelligenz und soziale Einsichtsfähigkeit bzw. Liebesfähigkeit haben hier rein gar nichts miteinander zu tun. Es wirkt für den Außenstehenden wie eine klare Spaltung: Obwohl in der Stunde gerade eben theoretisch noch davon gesprochen wurde, dass bei Paarkonflikten immer Beide beteiligt sind, Beide Verantwortung haben, wird trotzdem zwei Minuten später mit großer Festigkeit und Überzeugungskraft die Klage vertreten, dass die Frau eben die Schuldige sei. Zugrunde liegt das seltsame Phänomen, dass die eine Erkenntnis mit der anderen gar nicht in Beziehung gesetzt wird, dass völlig widersprüchliche Wahrnehmungen unbezogen nebeneinander stehen bleiben. Sie ändern nichts am Gesamtverhalten.

*So auch **Heiner** der Chef eines großen Konzerns: Er bekennt sich durchaus zu seinem kritischen Verhaltenspotential, zu seinen negativen Liebesmustern, die er schon von den Eltern übernommen hat. Er ist einsichtig in seine Fehler. Das hindert ihn aber nicht daran, Sekunden später voller Wut seiner Frau **Nina** ihre Sturheit und sonstige Fehler vorzuwer-*

fen. Er demütigt sie dabei und entwertet alle ihre Versuche, ihm nahe zu kommen.

*Er zeigt verschiedene Persönlichkeiten: Die eine ist die weiche, gütige und liebevolle, die zu Tränen rührt, wenn sie klein, hilflos und am Boden zerstört liegt, um Nähe bettelt und jede Selbstbestimmung aufgibt. Seine andere Seite ist, dass er **Nina** für bösartig hält, für sadistisch, ihm Lust zu verweigern. In einer unglaublich zerstörerischen Weise missdeutet er ihre Gefühle und Sätze, die sie verzweifelt benutzt, um ihre innere Trostlosigkeit zum Ausdruck zu bringen.*

*Nur langsam kommt bei **Heiner** an, dass er seine seelische Last auf sie abwälzt und sie zerstört. Er verkehrt ihre heilende Liebe ins Gegenteil: Die Nähe, die er selbst herbeisehnt und die seine Frau so stark herbeiwünscht, stellt für ihn eine große Bedrohung dar. Das würde bedeuten, seine Übermacht aufzugeben und sich stattdessen hinzugeben. Für ihn gibt es aber nur Gewinner oder Verlierer. Sich in seinen Gefühlen preiszugeben, bedeutet für ihn privat und beruflich die sichere Niederlage. So kommt es, dass er Geschlechtsverkehr einfordert, aber kein Gefühl zeigen darf: Beziehungslose Sexualität statt erotischer Dialog ist die Folge.*

Natürlich kommt es unter dem Druck der Beweislast, die die leidenden Frauen schließlich oft mitbringen, manchmal zu einem nicht mehr zu umgehenden Schuldeingeständnis. Das können vorgewiesene Verletzungen von seinen Schlägen sein, leere Schnapsflaschen, entdeckte Briefe an die heimliche Geliebte oder die Aussagen der Kinder. Das führt aber nur dazu, dass spätestens in der nächsten Sitzung, oft aber schon vor der Haustür des Therapeuten die höchst aggressive Rückwälzung der Schuldenlast vorangetrieben wird. Schuld ist immer gleichbedeutend mit Abwertung. Der Narzisst gibt sie immer weiter, denn sie stellt seine Existenz des künstlich überhöhten Ichs infrage und führt damit zu einer für ihn oft realen Lebensgefahr. In explodierender Wut wehrt er sich, beschuldigt, greift an, in heißem Jähzorn bedroht er die Partnerin.

Verlieren diese Menschen scheinbar den Kampf, bringen manche sich selbst um.

Abwehr der Komplimentärnarzisstin – in Depression

Trotz aller Emanzipation finden wir *Komplementärnarzissmus* meist aufseiten der Frau. Seit den 68ern hat zwar eine enorme Rollenannäherung der Geschlechter stattgefunden, nicht nur im Sexualleben, sondern auch im Umgang mit den Kindern, in der allgemeinen Lebensplanung und im Findungsprozess von Entscheidungen innerhalb des Paares und der Familie. Auch im öffentlichen Auftreten der Partner herrscht weitgehend Gleichberechtigung.

Die Rollenverteilung in der Narzissmus-Dynamik dagegen ist erstaunlich konservativ geblieben. Praktisch gelten immer noch die Männer als die dominanten, aktiven und sich produzierenden Narzissten, wohingegen die Frauen viel häufiger in der passiven, sich anpassenden und erduldenden Rolle der *Komplementärnarzisstin* bleiben.

Deshalb nimmt sie in der Therapie auch überwiegend die Rolle des leidenden Opfers ein. Sie ist allzu oft die gedemütigte, die herzensgute, ja willige und fast bescheidene Partnerin, die sich enorm viel an Kränkung und Beleidigung und emotionaler Ausbeutung bieten lässt. Die seelischen Konflikte, die sie von ihm übernimmt, führen sie oft bis in die Depression. Sie scheint nur Opfer zu sein.

Sie hofft immer weiter, dass ihr Mann sich wenigstens jetzt mit der endlich durchgesetzten Paartherapie bessern wird. Sie erduldet sein Fremdgehen, sie erleidet seinen achtlosen Umgang mit den Kindern und erschrickt immer wieder über seine oft heftigen Aggressionen. Um unnötigen Streit zu vermeiden, schweigt sie lieber als sich zu wehren. Schwerste Vorwürfe werden heruntergeschluckt. Stattdessen führt sie psychologisch kluge Argumente ins Feld, um mit ihm doch noch auf einen Nenner zu kommen.

Voller Einfühlungsvermögen und mit gutem psychologischen Instinkt müht sie sich mit ihm: um mehr Zeit für die Familie und die Liebe, um gemeinsame Ferien, um schöneres Wohnen oder ein friedliches Weihnachten. Er möge doch die Zärtlichkeit der Kinder auch genießen, sich mal einfach nur dem Nichtstun überlassen, sich mehr auf tiefe Gespräche einlassen, seine ehrgeizigen Ziele etwas zurückstecken.

Aber wo ist hier der Schuldanteil der Frau? Es muss ihn ja geben, denn wir gehen bei jeder *Paardynamik* und Partnerkrise von ungefähr gleichen Anteilen aus. In jeder Paartherapie-Supervision ist dies eines der Hauptthemen: Welcher ist sein und welcher ist ihr Anteil? Mit welchen Strategien arbeitet sie, mit welchen er? Was und wie steuert sie zum Problem bei?

In der Theorie klingt das einsichtig und überzeugend. In der Praxis entdecke ich oft trotz Supervision keine wirklichen Fehlhaltungen der Frauen. Ihre einzigen Fehler bleiben, dass sie diesen Mann nicht verlassen, stattdessen Demütigung und eigene Zerstörung dulden.

Wo ist da die Grenze zum Fehlverhalten?

Viele behaupten, dass Frauen in Wirklichkeit beziehungsfähiger als Männer seien: Soziologen, Psychologen, Kolleginnen tun das, befreundete Frauen – alle lebenserfahren.

Mir selbst erscheint es auch so: In meiner über 30-jährigen Tätigkeit als Paartherapeut habe ich Frauen wirklich als beziehungsfähiger kennen gelernt. Die *Komplementärnarzisstin* spricht psychologisch so vernünftig und gefühlvoll zugleich, so einfühlend und verstehend, dass die Frage nach ihrer »Schuld« immer unlösbarer wird.

In Wirklichkeit aber besteht ihr Problem darin, ein »weißes Schaf« zu sein.

Ihre *Psychodynamik* ist dadurch gekennzeichnet, dass sie nur Abwehr gegen sich selbst einsetzt, aber keinen Widerstand gegen den Partner aufbauen kann. Ihre Selbstabwertung ist so ausgeprägt, dass sie meint, ihr Heil einzig und allein in der Anpassung zu finden.

Sie hat schon als kleines Mädchen gelernt, so feinfühlig auf die Gefahren im Umkreis der Eltern zu achten, dass sie die erfolgreichste Strategie darin sah, sich ganz in den Anderen hineinzufühlen, förmlich in ihn hineinzukriechen. Sie war und ist heute noch damit beschäftigt, wie mit einem Radargerät weit ins feindliche Land hineinzuspähen, um möglichst jeder Gefahr so frühzeitig wie möglich begegnen zu können. Sie ist damit so sehr beschäftigt, dass sie keine Kräfte mehr frei hat, die eigenen Bedürfnisse zu erspähen. Willi (1975) spricht deshalb von der »Bemächtigung der Komplementärnarzisstin über den Narzissten«. Der wird irgendwann zum Satan, um sich dieser Bemächtigung zu entledigen. Er muss die Partnerin aus seinem Selbst herausbringen, um sich wieder als eigener Herr zu fühlen.

> Frauen scheinen beziehungsfähiger zu sein.

Die Partnerin wertet sich insgeheim und von ihr selbst unbewusst zur besseren Partnerin auf. Sie trägt den moralischen Glanz. Sie ist irgendwie unschuldig in diesem Krieg, denn sie will und tut doch nur, was eine wirklich liebende und treu sorgende Gefährtin täte.

So stößt sie ihn vom Thron, ohne dass ein Wort darüber gesprochen wird. Er fühlt und spürt das. Aber was immer er dagegen unternimmt, er verstrickt sich nur tiefer in sein Unrecht. Je mehr er versucht, auch in der Therapie, doch noch ihre Schuld zu beweisen, desto mehr verfängt er sich in der Unhaltbarkeit seiner Argumente. Er muss fürchten, auf diese Weise auch beim Therapeuten in Misskredit zu kommen. Er muss zusehen, wie sie ihm möglicherweise den Rang abläuft in der

Gunst des Therapeuten. Er fürchtet, der Therapeut verbündet sich mit ihr. Er wird daher in seiner Art aggressiv, droht mit Abbruch, greift an, wälzt wiederum die ganze Schuld auf sie, droht mir als Therapeuten. Dadurch treffen die Tränen seiner Frau bei mir auf immer mehr Verständnis, führen aber bei ihm zu immer größerer Wut.

Aber wie einer Frau »Schuld« nachweisen, da sie in kluger emotionaler Orientierung gar keine Fehler macht? Verglichen mit ihrem Mann, der sich ständig aggressiv durchzusetzen versucht, der nur sich und seine Interessen im Vordergrund sieht, wirkt sie doch liebevoll, hingabebereit und eher zart.

Die »Abwehrschlacht« der *Komplementärnarzisstin* liegt in ihrem Wohlverhalten. Tadellosigkeit zeichnet sie aus. Und sollte es jemals doch der Fall sein, dass sie einen Fehler macht, ist sie sofort in der Lage, das einzusehen und um Verzeihung zu bitten. Sie wird den ersten Schritt zur Versöhnung sogar noch tun, wenn der Andere zweifelsohne im Unrecht ist. In der von ihr meist unbewussten und doch selbst initiierten *Konfliktübernahme* liegt das Problem begraben. Sie übernimmt auch noch seine geheimen Ängste und zutiefst verborgenen Zweifel, Depressionen oder sonstigen Störungen. Sie streitet sozusagen passiv und damit völlig unauffällig, aber sehr manipulativ. Die Dynamik bekommt etwas von der gefürchteten elterlichen Doppelmoral: »Kind, wir wollen doch nur dein Bestes!« oder »Ich tue doch das alles nur für dich!« oder »Ich will dir doch nur helfen, ich will dich doch nur verstehen!«.

Solche Sätze und Haltungen treiben den Partner schließlich in die Rolle des »schwarzen Schafes«. Da es gegen diese guten Sätze kein Ankommen gibt, übernimmt er die Rolle des Bösen immer mehr. Die Eskalation ist vorprogrammiert.

In der übersichtlichen Kurzfassung lautet die Formel für die labyrinthartige Verstrickung der Streitpaare infolge der Narzissmusdynamik deshalb häufig:

Streit als generelle Form von Abwehr und Widerstand dient Narzissten und Komplementärnarzissten zur Vermeidung von Intimität. Der Narzisst streitet aktiv, indem er durch Problemtransfer Schuld auf den Anderen projiziert, laut anklagt, Kritik am Anderen statt Selbstkritik betreibt, sich den Raum nimmt, egozentrisch wirkt, in der Rolle des »schwarzen Schafes«.

Die Komplementärnarzisstin streitet passiv, indem sie durch Konfliktübernahme als Opfer wirkt, leise klagt, sich unterordnet, zurückweicht, Versöhnung anbietet, ohne friedlich zu sein, in der Rolle des »weißen Schafes«.

Selbstverteidigung oder Selbstverhinderung – Umgang mit Abwehr und Widerstand

Für alle Paare und Paartherapeuten hängt der Erfolg der Liebesarbeit ganz entscheidend vom richtigen Verstehen und Umgehen mit Abwehr- und Widerstandsmechanismen ab. Im Spannungsfeld von Selbstliebe und Partnerliebe bedeuten sie soviel wie das Mobilisieren eigener Kräfte zur seelischen Selbstverteidigung, aber auch fehlgeleitet zur *Selbstverhinderung*.

Zur *Selbstverhinderung* kommt es durch Selbstzweifel. Dann stehen die Partner sich selbst im Weg, statt sich adäquat weiterzuentwickeln. Das eigene Ich verhindert und deformiert damit das Selbst. Es findet keinen Zugang zu den eigenen Ressourcen wie Sehnsucht, Sexualität, Leidenschaft, Neugier, Aggression, Schöpfungswille, Kreativität. Häufig wird der Partner dafür als verantwortlich erlebt; er wirkt dadurch bedrohlich.

Besonders Narzissten galten lange Zeit als nicht therapierbar und nicht heilungsfähig. Dies deshalb, weil diese jederzeit wirksamen Abwehr- und Widerstandsmechanismen solcher Patienten, von ihnen selbst unbemerkt, den Therapieerfolg verhinderten, da sie in oft ausgeklügelter Weise die Therapeuten – und natürlich vor allem sich selbst – auf ganz andere, letztlich irreführende Problembereiche lenkten. Sie dabei nicht gewähren zu lassen, sondern sie aktiv und direktiv dort wegzuholen, verbot die therapeutische Technik. Ein zu massives Eingreifen der Therapeuten würde die Persönlichkeit der Patienten überformen und neuen Widerstand auslösen.

Kohut (1973) und Kernberg (1983), vor allem aber Symington (1985) überwinden schließlich diese Hindernisse durch ein doch gezielteres Vorgehen und Konfrontieren mit den schädlichen Verhaltensmustern.

Die Gestalttherapie versucht, einen ganz anderen Weg einzuschlagen. Sie definiert Abwehr und Widerstand als kreative Lösungen (Polster und Polster 1975), die dem Einzelnen in früherer Zeit auf jeden Fall wichtige Selbsterhaltungsdienste geleistet haben. Sie dürfen daher nicht weggenommen werden. Vielmehr wird mit ihnen im spielerischen Umgang experimentiert. Dabei können sie als noch brauchbar oder inzwischen unbrauchbar erkannt werden. Hier sei noch einmal an das relativ häufige Trotzverhalten zwischen Partnern erinnert. Für die jetzt erwachsenen Partner völlig unbrauchbar, war es damals für sie als Kinder häufig die letzte Rettung vor der Übermacht der Eltern.

Die Partner halten sich jeweils in ihren Fehlern fest.

Das Verstehen und Vorgehen der *Paarsynthese* soll hier am Beispiel Angst verständlich gemacht werden:

Alles, was Angst macht, wird vom offensiven Narzissten für sich selbst abgewehrt. Er tut so, als ob er kaum oder gar keine Angst kennt. Stattdessen wird die Partnerin als Revier benutzt, um die eigene Problemlast wie Schutt und Abfall unbemerkt zu entsorgen. Sie hat jetzt die Sorgen, die eigentlich seine sind. Die aus seinem eigenen Selbst verdrängte Angst wandert durch *Problemtransfer* zur sowieso schon ängstlichen Partnerin als Symptomträgerin. Sie wird auf diese Weise zur doppelt beladenen, überängstlichen und schwachen, oft hilflos wirkenden Frau.

Durch ihre ebenso unbewusste, doch willfährige *Konfliktübernahme* wird also die Angst des Partners zusätzlich zur eigenen, zunächst solidarisch aufgenommen. Zusätzlich wird ihre eigene für alle sichtbare Angst zur offenen Aufforderung an den Partner, der scheinbar Starke möge sie beschützen.

Aber schon in dieser Solidarisierung liegt die künftige *Selbstverhinderung* von Beiden, nämlich selbstbestimmt und eigenverantwortlich mit den Ängsten umzugehen. Denn durch *Problemtransfer* und *Konfliktübernahme* wird in der mit dem Partner gewählten Schicksalsgemeinschaft ein blindes Ausharren gerade erst möglich. Eine Weiterentwicklung im Sinn einer konstruktiven Angstbewältigung wird aber verhindert. Obendrein wird später dann die eigene Angst, Unentschlossenheit oder Trägheit durch die Angstbekämpfung beim Partner vertuscht und verdrängt. Nach dem Motto: Dir geht es viel schlechter als mir, also kümmere ich mich um dich oder streite mit dir darum.

Infolge dieser Dynamik halten sich die Partner jeweils in ihren gegenseitigen Fehlern fest. Zwar werden diese lauthals beklagt, aber insgeheim und sehr manipulativ einbetoniert. So läuft eine stark übergewichtige Frau nicht so schnell weg, und ein Mann mit Erektionsstörungen und vorzeitigem Samenerguss wird dies auch nicht tun. Je mehr die Partner nun auf diesen Symptomen beharren, umso schlimmer werden diese – das stabilisiert paradoxerweise die sowieso schon kaputte Beziehung. Die intime Selbstpreisgabe wird auf diese Weise verhindert. Dafür bringen die Partner sich selbst und den Anderen in Erstarrung und Zerstörung.

Wir betrachten diese Art der seelischen Selbstverteidigung infolgedessen nicht als kreative Notlösung, sondern als krisenreiche Überlebensform der Paarbeziehung. In der Kindheit dienten sie als Selbstschutz, zur Selbstbehauptung und Selbstverteidigung. Aktuell hindern sie die Partner am kreativen und lustvollen Austausch. Hieran muss unbedingt gearbeitet werden, sonst kann keine Paararbeit und Paartherapie auf Dauer erfolgreich sein.

Wie aber kann nun diese schädliche Selbstverteidigung behandelt und aufgelöst werden?

Vom zarten Wegschmelzen dieser Selbstverteidigung bis hin zur liebevollen, mitunter sogar bis zur vehementen und offenen Konfrontation reicht die Palette. Die *Paarsynthese* hat hier den unbestreitbaren Vorteil, diese Mechanismen aktiv und strukturierend aufgreifen zu können. Sie ist nicht daran gebunden, den Partnern in ihre Verirrungen zu folgen, sondern kann sehr variabel, notfalls auch konfrontativ dagegen stehen.

Gerade in der Arbeit mit narzisstisch Gestörten ist das sehr wichtig, weil deren unbewusste Abwehr und Widerstand dazu führen, dass sie häufig sehr intelligent oder gefühlvoll vom eigentlichen Problem wegführen. So werden die entscheidenden Gefühle hinter den Klagen und Anklagen nicht wirklich klar. Scheinargumente und psychologische Weisheiten, Alltagspsychologie und therapeutische Vorerfahrung, kluge Reden, sachliche Begründungen, die Not der Kinder, das Leiden der Eltern, Krankheiten und vor allem viele aktuelle Streitanlässe werden immer wieder dazu benutzt, um vom eigentlichen Thema bei sich selbst abzulenken. Dass der offensive und ungehemmte Narzisst, der von seiner Partnerin mehr Geschlechtsverkehr einfordert, wirkliche Intimität vermeidet, wird er kaum zugeben können. Sonst aber würde er nicht mit der Partnerin streiten, sondern um sie werben. Das wäre der Ausweg aus der narzisstischen Falle.

An dieser Stelle der gemeinsamen paartherapeutischen Arbeit bringen die Therapeuten allmählich die verborgenen Streitursachen und -motive aus dem Dunkel der Verdrängung in das Licht bewusster Aufdeckung und gemeinsamer Bearbeitung. Sie greifen jetzt aktiv in den Krisendialog des Paares ein. Sie zeigen auf, wo sie irrationale Ängste, symbiotische Beziehung, defizitäre Beziehungstiefe, *Selbstverhinderung*, mangelnde Selbstentfaltung, Unfreiheit und Entwürdigung erkennen.

Damit erreicht das gemeinsame therapeutische Arbeiten eine andere qualitative Stufe. Die Interventionen werden jetzt herausfordernd. Die Therapeuten bringen sich mit eigener Stellungnahme ein. Sie tun dies modellhaft für die Partner, damit diese davon lernen können. Sie geben kritische Rückmeldung zu den beziehungsstörenden Verhaltensweisen der Beiden. Trotzdem zeigen sie den Partnern gegenüber würdigendes Verhalten, ermuntern sie selbst zu kritischen Äußerungen und achten auf Angstfreiheit. Sie geben sich jetzt selbst als potenzielle Partner, aber ausgestattet mit kompetenter Autorität. Die positiven *Übertragungen*, die die Paartherapeuten bisher als die vermuteten besseren Partner und gute Übereltern bekommen haben, werden auf diese Weise bewusst infrage gestellt. Denn keine Paartherapie darf zu Ende gehen, ohne dass nicht auch Widerstand gegenüber dem Therapeuten glaubhaft durchgearbeitet ist.

Erstes Argument dafür: Die Beziehung zu den Therapeuten ist immer auch Spiegel für die Beziehung der Partner untereinander. Daraus folgt, dass die streitenden Partner jetzt auch den Therapeuten gegenüber ihre Strategien von Abwehr und Widerstand einsetzen, da diese ihre schmerzhaften Seiten bewusst aufdecken.

Alle nur erdenklichen Ausweichmanöver, nur um sich dem Schmerz- und Angstthema nicht wirklich stellen zu müssen,

> Die Beziehung zu einem Therapeuten ist immer auch Spiegel.

werden dafür von den Beiden zur Anwendung gebracht: Vom Mitbringen von Geschenken und Blumen über das Verlieben oder Beschimpfen bis hin zum Vergessen von therapeutischen Hausaufgaben oder sogar Terminen. Viele Klienten sind so zuvorkommend, aufmerksam, liebevoll zugewandt, dass ich ihnen einfach nicht weh tun mag.

Aber ich muss es riskieren, auch sie mit meinem aufdeckenden Suchen nach ihren Fehlern zu kränken. Aber ich möchte doch der gütige, der ritterliche, der väterliche, der freundschaftliche Therapeut sein. Und Beide werden versuchen, unbewusst natürlich, mich in diese Rolle hinein zu manipulieren.

> Ein wahrhaftiger Umgang miteinander heilt alte Wunden.

Sie öffnen sich aber meiner Kritik, wenn sie merken, dass ich nicht schwach werde, sie trotz ihrer Widerstände nicht verurteile, nicht abwerte, nicht mit Autorität versuche, sie fremdzubestimmen. Als Therapeut scheue ich keine Schwierigkeiten, arbeite trotz Angst intensiv, decke Fehler auf und gehe trotzdem liebevoll damit um, so dass Besinnung und Veränderung möglich werden. Ohne Angst vor den Urängsten gerade dieser Klienten halte ich stand und ringe mit Beiden, an diesem Punkt neu zu beginnen, anderes Verhalten aufzubauen, bessere Strategien zu lernen.

Und als zweites, entscheidendes Argument für diese Direktarbeit zwischen Klienten und Therapeuten gehört hierher die Erkenntnis, dass nur dann und auf diese Weise zu heftige *Übertragungseffekte* abgebaut werden können. Bin ich mit ihr und mit ihm durch die kritische Auseinandersetzung über ihre destruktiven Formen von Abwehr und Widerstand auch streitend durchgegangen, werden sie mich nicht mehr glorifizieren, sich nicht mehr verliebt oder idealisierend meiner erinnern. Vielmehr musste ich dann auch »Federn lassen«, meine Schminke abnehmen und zumindest in Teilen meine eigenen Schattenseiten zu erkennen geben. Ich habe mich deshalb für

mein Fehlverhalten bei einigen meiner Paare und Partner entschuldigen müssen und wollen. Das brachte uns alle drei auf
die Erde zurück. Ein realer und wahrhaftiger Umgang miteinander heilt die alten Wunden der ehemals um die Liebe doppelt Betrogenen.

Paararbeit
und Paartherapie

Die therapeutische Reise

Paare wollen und können lernen, für ihr gemeinsames Liebesglück zu arbeiten. 35 Jahre Praxis der Paartherapie bestätigen das. Sie kommen deshalb zur Paartherapie, um zu lernen und Werkzeuge in die Hand zu bekommen, Konflikte zu überwinden und ihre Liebe zu erneuern. »Lieben als Lernprozess« (Wyss 1981) wird heute mehr denn je von vielen Autoren vertreten. (Willi 1985, Clement 2004)

Der Vorschlag dieses Buches geht dahin, dass Paare die therapeutischen Prozesse, Techniken und Methoden der Paartherapie in ihre »Liebesarbeit« zu Hause übernehmen. Glückliche Paare übernehmen damit ihre Selbstbestimmung, statt ihr Liebesglück an Spezialisten zu delegieren. Allerdings, das Lernen der Liebe bedeutet Arbeit, wie das Erlernen einer Sprache. Dazu führen die leidenden und streitenden Paare nach einem festen Terminplan im Reißverschlussprinzip parallel zur anfänglich notwendigen Paartherapie eigene Sitzungen zu Hause durch. Am Anfang überwiegt die Paartherapie, gegen Ende geht diese vollkommen über in die eigenständige Arbeit zu Hause. Diese Paararbeit als Gegenbegriff zur Paartherapie orientiert sich am Vorgehen und am Modell der Therapeuten. Das Verfahren der *Paarsynthese* hat dafür das notwendige Handwerkszeug und das praktische Wissen aus langer paartherapeutischer Erfahrung entwickelt. Die Teilnehmer an unseren Seminaren und Therapien praktizieren das seit einiger Zeit. Sie schließen sich dazu auch zu *peergroups* zusammen.

Das Kern-Konzept für die Liebesarbeit betrifft anfänglich das Paar nur allein. Über die Zweierbeziehung hinauszublicken und die Kinder des Paares für einige Sitzungen mit einzuladen, ist von großer Entlastung und Hilfe für alle Beteiligten. Weiter kommen ebenso die Eltern oder Elternteile der Partner mit zum Einsatz. Sie haben die *Liebesmuster* des Paares weitgehend geprägt. Diese Form aktiver Tiefenpsychologie führt immer wieder zu erschütternden Szenen, aber auch zu liebevollen Versöhnungen. Diese Versöhnungen können dann auch auf die Paarbeziehung übertragen werden. Auch Geschwister, Freunde, Kollegen, sogar gelegentlich auch die Geliebte oder den Geliebten mit hinzuzuziehen, verdichtet die eigene Beziehungsarbeit und macht sie zu einer Stunde der Wahrheit.

Als wichtige Hilfen haben wir auch Arbeiten und Methoden aus Tao und Tantra übernommen. Der Erwerb bzw. das Erlernen von sinnlicher, erotischer und sexueller Kompetenz allein aus dem Verständnis unserer westlichen Kultur gelingt häufig nur unzureichend. »Die in anderen Kulturen aufzufindende seelische Schulung für die erotische Begegnung der Geschlechter ist durch nichts anderes zu ersetzen.« (vgl. Schröter/Meyer 2003)

Paare und Partner mit narzisstischen Störungen sind immer in ihrer Liebesfähigkeit beeinträchtigt. Da entsprechende Schädigungen früh eingesetzt haben, konnten die Betroffenen viele menschliche Fertigkeiten und Kompetenzen, die für die Liebe nötig sind, nicht erwerben. Das Leben mit Gefühlen, geborgene Intimität, das Genießen von Hautkontakt, das sinnlich erotische Spüren und Austauschen, Gleichgewicht zwischen Geben und Nehmen, seelische Resonanz unterblieb. Nicht nur seelische Konflikte, Wunden und Verletzungen sind aufzuarbeiten. Urvertrauen ist nachzunähren. Menschliche Fertigkeiten sind aufzuarbeiten – ähnlich wie ein Kind nach langer Krankheit in der Schule vieles nachzuholen hat. Paartherapie ist in Wirklichkeit eine Liebesschule.

Die Fachwelt vertritt bisher überwiegend die Lehrmeinung

zum therapeutischen Vorgehen mit Frühgestörten, dass weniger tiefenpsychologisch und ohne emotionale Erschütterung zu arbeiten sei, um keinen seelischen Zusammenbruch zu provozieren.

Dem stimme ich nur begrenzt zu. Sicher: Die emotionale Tiefenarbeit darf nicht das seelische Fassungsvermögen der Klienten überfluten. Widerstand gegen das seelische Eindringen durch den Partner – und den Therapeuten – kann auch notwendiger Selbstschutz sein, um sich vor dem Zerspringen zu retten.

Aber in jeder Paartherapie geht es vorrangig um tiefste Gefühle und Gefühlsarbeit. In der Liebe sind heftige Gemütsbewegungen mit großer Gefühlsbreite gerade erwünscht. Durchleben und Durchleiden von Höhen und Tiefen sind gerade Kennzeichen einer lebendigen und gesunden Liebe. Deshalb vertreten wir in der *Paarsynthese* diesen Ansatz: Die Arbeit an der Liebe ist aufwühlend und soll es auch sein. Richtig ausgesteuert ist diese Dynamik gerade das Heilende an der Liebe. In einem Meer von Gefühlen zu schwimmen, bedeutet unendliche Freiheit. Im grenzenlosen Kosmos bietet sie uns dafür Heimat. Sie trägt uns mit Urgewalt zu den Horizonten des Lebens, schenkt uns ungeheure Kräfte und weckt in uns die Freude am Leben. Unsere Seele öffnet sich für »das Schöne, das Wahre und das Gute« in dieser Welt. (Sokrates)

Paartherapie kann daher nicht frei bleiben von solchen Stürmen. Sie soll es auch nicht. Vielmehr ist es eine Frage von Dosierung und »timing«, wann die Rückkehr der Gefühle zur Gefahr und wann sie zur Heilung wird. Aus der Praxis wissen wir, dass diese frühen Schäden, die die Hingabe in der Liebe verhindern, nur durch intensives Arbeiten mit den verursachenden frühen Szenen aufgearbeitet werden können. So versuchen wir vorsichtig, doch konsequent an die tiefsten und frühesten Verletzungen der Kinderseele heranzukommen.

Vorteile der Paartherapie

Die Heilung gestörter Liebesfähigkeit durch Einzel-Psychotherapie ist schwierig. Die Paar-Psychotherapie dagegen bietet besondere Möglichkeiten der Hilfe. Sie profitiert vom Ineinandergreifen realer Partnerbeziehung und therapeutischer Beziehung. Durch die hohe Verdichtung und Beschleunigung menschlicher Prozesse in der therapeutischen Begegnung werden *Leidensmuster* zu *Liebesmustern* umgeschmiedet.

Beate schreibt über die vorausgegangene jahrelange Einzeltherapie:
»… Gleichzeitig bin ich so zornig, zornig über die verlorenen Jahre – über diese verlorenen Jahre und verpassten Chancen zur Weiterentwicklung, fast zorniger noch, als über die Tatsache der zweiten Frau an sich. Das darf man doch mit einem Menschen nicht machen – so viele Jahre lang. (Das hätte ich natürlich auch nicht mit mir machen lassen dürfen). Wie konnte er! Um wie viel früher hätte ich zu mir selbst zurückfinden können, wenn **Herrmann** *das offen gelegt hätte. Wie viel Leid, Leid, Leid wäre mir da erspart geblieben! Und wie konnten drei Therapeuten, mit denen ich in den letzten neun Jahren mehr oder weniger intensiv gearbeitet habe – wie konnte denn keiner von den Dreien auch nur im Ansatz darauf kommen! Wieso hat keiner von denen auch mal bei meinem Mann nachgeguckt? Wieso immer nur bei mir herumgewühlt und nie, keiner, gesehen, dass es eine Paar-Angelegenheit ist? Dass ich das selbst nicht gesehen habe, finde ich schlimm genug, aber meine eigene Blindheit mag man noch verstehen, nachvollziehen können – wieso jedoch hat man es von außen nicht sehen können …«*

Der hohe Heilungsfaktor der Paartherapie beruht dagegen auf dem dreifachen Zusammenwirken von Eltern-Kind-Liebe, Partner-Liebe und therapeutischer Liebe.

Natürlich kostet die Liebesarbeit trotzdem Zeit, Stetigkeit, hohe Frequenz und viel Nachnähren. Um aber die alten Muster wirklich durch neue ersetzen zu können, treffen in der Paar-therapie viele günstige Faktoren zusammen: Verdichtung der Prozesse, Methodenvielfalt, innere Motivation und der Narziss-mus der Therapeuten.

Verdichtung der Prozesse

Gestörte Liebesfähigkeit ist das Ergebnis einer unglücklichen Liebesbeziehung zu den Eltern. Die narzisstische Wunde der blockierten Selbstliebe führt zu scheiternder Partnerliebe. Zu-rück bleiben die um die Liebe doppelt Betrogenen.

Im dritten Anlauf zu einer heilenden Liebesbeziehung, in der Paar-Therapie, kann sich jetzt dieses Wunder der Selbstfin-dung nachträglich vollziehen. Möglich wird dies durch die in-time Arbeitsweise in der *Triade* zwischen Partnern und Thera-peut: Drei Liebesgeschichten fügen sich zusammen. Die dreifache menschliche Begegnung von Kindheitsbeziehung, Partnerbeziehung und therapeutischer Beziehung führt zu ei-ner immensen Verdichtung seelischer Prozesse.

Der Begriff der *Triade* bedeutet im Vorgehen der *Paarsyn-these*, dass die Therapeuten sich immer auch als potenzielle Partner innerhalb der Paarbeziehung aktiv mit einbringen. Sie helfen nicht nur, sondern sie fühlen mit, zeigen anhand ihrer persönlichen Einlassungen und Betroffenheit, wie sehr sie sich involvieren. Sie lieben und sie konfrontieren. So zeigen sie durchaus ihr Mitfühlen, ihr Mitschwingen, aber auch ihr Er-schrockensein oder Traurigsein und, was sie berührt von dem, was ihnen erzählt wird. Die *Triade* ist letzten Endes einer der zentralen Faktoren, die den therapeutischen Erfolg bestimmen. Je engagierter der Therapeut seine Arbeit tut und je über-zeugter er selbst ist, umso mehr kann er helfen. Er ist der Ka-talysator, der die Energie des Paares, die durch den Streit ge-lähmt und geblockt ist, wieder zum Fließen bringt. Das geschieht vor allem dadurch, dass er sich menschlich und nicht nur professionell zeigt. Das heißt aber auch, dass er sich verwundbar und verletzbar gibt. Dadurch entstehen natürlich dichtere Beziehungen, und es werden auch Fehler des Therapeuten sichtbar. Diese einzugestehen, ist die vornehmliche Pflicht des Therapeuten. Sie lehrt das Paar, mit Fehlern toleranter umzugehen. Hier liegen Faszination und höchste Kraftanstrengung dicht beisammen. Dieses seelische »Miteintauchen« in die Beziehung zu diesem Mann, zu dieser Frau bringt eine ungeheuere Dichte des Prozesses mit sich. Menschliche Nähe und therapeutische Nähe werden zum Energiepotential, das es den Streitenden erstmals erlaubt, von ihrem eigenen »Wundenlecken« abzulassen. Mitfühlen wird dann wieder möglich.

Wollen wir mit narzisstisch gekränkten Menschen therapeutisch arbeiten und ihre Seelenmuster verändern, brauchen wir ihre Liebesgeschichten. Paartherapie zeigt viel von Liebe: Die Klienten fühlen sich tief angenommen von den Therapeuten. Geliebt von ihnen, übertragen sie auf diese positive Gefühle, idealisieren sie und können sich dadurch in ihrem eigenen Verhalten ändern. Eben, weil sie wie Kinder in die Identifikation und Imitation gehen.

Einem Missverständnis soll vorgebeugt werden: Damit Klienten sich geliebt fühlen, bedarf es nicht der reinen Schonung und der puren Zustimmung, also allein der Akzeptanz, des Wohlwollens und der positiven Zuwendung. Der Klient fühlt sich nur dann wirklich geliebt, wenn er auch die ganze Liebe des Therapeuten bekommt, also auch seine Konfrontation, seine Kritik, seine Herausforderung.

In der Therapie werden Körper, Geist und Seele der Liebessuchenden neu verbunden. Ohne diese Verbindung ist keine Heilung möglich. So, wie die Liebe Körper, Geist und Seele verbindet, muss auch die Therapie diese verbinden.

Methodenvielfalt

Um in Sachen Liebe wirksam zu werden, brauchen wir vielfache Methoden, die den drei menschlichen Dimensionen von Körper, Geist und Seele gerecht werden. Dazu arbeiten Partner und Therapeuten mit allen fünf Dialogsäulen des Paares von Körper, Gefühl, Sprache, Seele und Zeit. Die fünf *Partnerstile* von Intuition, Anpassung, Durchsetzung, Planung und Integration (Cöllen 1997) bieten dabei den Rahmen für die neue Auseinandersetzung der Beiden. Auf diese Weise erkunden sie die persönliche Leidens- und Entwicklungsgeschichte und suchen nach neuer gemeinsamer Tiefe in Dialog und Spiritualität. Intimes, kreatives, seelenvolles und körpernahes Arbeiten mit Herz und Verstand wird gebraucht. Die noch Liebesunfähigen brauchen zu ihrer gemeinsamen Erfüllung viel Erkenntnis und Wissen, Erfahrung, Übung, Sinnfindung, Konfliktlösung, Dialogtechniken, Streitkultur. Als ein Beispiel dient hier das leibnahe Arbeiten:

Lisbeth und Elke: Ihr Vater missbrauchte sie und ihre Schwester. Dies geschah zwar ohne Geschlechtsverkehr, aber genauso traumatisierend: Sie waren nie sicher vor seinen Berührungen, seinen gierigen Blicken und Bemerkungen, seinen Spielen, nachdem er getrunken hatte, nackt auf dem Bett sich von der einen oder der anderen erigieren zu lassen. Die Mutter hat sie und ihre Schwester an den abnormen Vater verraten. Stillschweigend übersah sie alles. Das innere Selbst der Kinder blieb gegen diese Übermacht hoffnungslos. Auch in der Pubertät blieb es so. Die Töchter wehrten sich nicht. Niemand hatte es ihnen gezeigt. Heute noch missbrauchen die Eltern wie eine nicht abzuschüttelnde Last ihre jetzt erwachsenen Töchter. Diese umsorgen jetzt im Alter die kranken und gebrechlichen Eltern. Die Mutter macht ihnen Schuldgefühle: Sie seien Schuld, weil es ihr oder dem Vater schlecht geht – noch schlimmer: es gehe ihm schlecht, weil die Töchter die Mutter krank gemacht hätten mit ihren Anklagen über den Missbrauch.

Tatsächlich lief die ganze therapeutische Arbeit darauf hinaus, für die beiden jungen Frauen eine neue Identität zu finden, diesmal aber ohne ihre Eltern: die alte Haut abzustreifen, die verschlissenen Kleider abzulegen, noch einmal nackt zur Welt zukommen, sich dabei geschützt und behütet zu fühlen, umwärmt und umsorgt zu sein. Diese so Geschädigten brauchten eben diese Urnahrung.

Der Weg der Therapie war es, für Beide Neuerfahrung und Umlernen möglich zu machen: wie ein Baby von Händen gehalten, getragen, gewärmt, gezärtelt und gestreichelt, gepflegt und gewaschen, genährt und behütet zu werden. Sanfte Hände (LeBoyer 1979) geben der Seele ihr zweites Leben. Für narzisstisch Gekränkte heißt es, alles greifbar zu machen und leibnah zu arbeiten. Leib meint mehr als nur Körper, nämlich das Selbst mit seinen Dimensionen von Körperselbst, Geistselbst und Seelenselbst als Einheit. Erst im leibhaftigen Spüren mit jeder Pore vollzieht sich Heilung der *Frühgekränkten*.

In der enormen Präsenz der *therapeutischen Triade* lernen die Partner, einander neu zu berühren. Die Therapeuten leiten die an der Liebe Leidenden an, damit sie wieder spüren lernen: mit unendlich feinen Berührungen, leicht, manchmal im Millimeterabstand, manchmal auch mit großer Kraft, manchmal fest und mit beiden Händen, manchmal nur mit einem Finger ein Härchen auf der Haut, manchmal eine Sekunde und oft auch Minuten. Der Leib der Hungernden wird erfasst, kann Resonanz aufnehmen, kann testen, prüfen, spüren, fühlen, ahnen und erkennen, dass es wahrhaftige Berührungen sind, dass die Berührungen direkt in das eigene Innere führen und dort das ängstliche, misstrauische Ich besänftigen, um endlich dem Selbst die entbehrte Nahrung zuzuführen.

In der intimen Arbeit mit Lisbeth wurden Blicke, Atem, Hände, Worte, Töne und Gesten vom Partner und von den Therapeuten für das verkümmerte Selbst zu Brücken nach draußen, über Abgründe hinweg, bilden Wegweiser zu lang ersehnten Horizonten.

Nach der scharfen Abstinenz der klassischen Psychoanalyse haben viele Therapieformen den Körper als therapeutischen Weg wiederentdeckt. Aber Ziel ist nicht die reine Körpertherapie, sondern die »spirituelle Leibidentität«. So hat schon Nietzsche in Abkehr von der reinen Aufklärung den »Leib als Mittel zur Erkenntnis« zitiert. Und Sloterdijk spricht vom »leiblichen Denken«. Dort wird die tiefste Wahrheit über das eigene Selbst erfasst.

Aber ich habe ein Problem dabei: Ich als Mann kann das nicht mit einer Klientin in der Einzelstunde machen. Es würde zu viel an Ängsten heraufbeschworen. Die Paartherapie ist dabei von ungeheuerem Vorteil: Heilende Berührung und seelische Intimität sind hier möglich ohne Verdacht auf Missbrauch. Paar-Gruppen-Arbeit liefert mit ihrer noch höheren Verdichtung das intensivste Lernfeld für Liebe.

Die *Paarsynthese* vertritt, dass Liebe, um sie dauerhaft leben zu können, richtiggehend erlernt und eingeübt werden muss, damit aus der Natur eine Kultur der Liebe wird. Diese Form der Liebe wiederum gibt uns Menschen die Würde. Als *Lernmodell Liebe* ist dieser Ansatz vom Paar aus auch übertragbar auf Familien, Gruppen, Gemeinschaften und Parteien, letztendlich auch auf Öffentlichkeit und Politik. So gesehen versteht sich diese Arbeit an und mit der Liebe auch als direkte Friedensarbeit.

So sind die Vorteile der Paartherapie vielfältig. Sie arbeitet mit den Sehnsüchten, Zielen und Wünschen der Liebenden selbst. Sie arbeitet mit den Mitteln der Liebe, deretwegen die Ratsuchenden in Therapie kommen. Die Liebe ist auch das Ziel der Arbeit. Diese Übereinstimmung von Mitteln und Zielen macht die Arbeit einsichtig und augenscheinlich gültig.

Innere Motivation

Woody Allen erfand den Spruch: »*Selbstbefriedigung* ist ein Geschenk für einen Menschen, den man sehr lieb hat.« Natürlich ist seine große therapeutische Erfahrung herauszuhören: In seiner Selbstbezogenheit ist der Narzisst sehr einsam und abgeriegelt. So kommt es, dass er sein Selbst nicht nähren, nicht befriedigen, sein inneres Vacuum nicht füllen kann. Er sucht Befriedigung, findet aber keinen Frieden – weder mit sich noch mit dem Partner.

Frieden mit dem Partner, Frieden in sich selbst zu schaffen, verlangt liebevolles und doch konsequent selbstkritisches Arbeiten am eigenen Ego. Das bedeutet zumindest für diese Gekränkten ein großes Hindernis. Ausgewogene Selbstkritik ist ihre Schwäche. Entweder haben sie zu wenig oder zu viel davon.

Was mag die größte Triebfeder für die narzisstisch verwundeten Partner in der therapeutischen Arbeit sein, trotzdem endlich Frieden zu schließen? Mit dem Partner, aber vor allem mit sich selbst. Wie kann die innere *Selbstbefriedigung* gefunden werden? Was ist dafür die geeignete Motivation?

In der therapeutischen und in der pädagogischen Fachliteratur wird klargestellt, dass Schuld und Strafe schlechte Triebfedern sind, störendes Verhalten zu verändern. Sie bewirken immer nur kurzfristige Veränderung des unerwünschten Verhaltens, um dann unter Umständen sogar mit größerer Wucht rückfällig zu werden. Schuld, Strafe und Moral rufen immer auch zusätzlich Widerstände wach, die die Arbeit erschweren.

> Ausgewogene Selbstkritik ist die Schwäche der Narzissten.

Besonders der ungehemmte Narzisst ist zur therapeutischen Arbeit völlig angewiesen auf eine in ihm selbst begründete Motivation. Das meint, dass er gar nicht anders kann, als egozentrische Motive zu verfolgen. Therapie wird hier zur ureigenen und eigentlichen Bedürfnisbefriedigung, zur *Selbstbefriedigung*.

Leidensdruck könnte ein anderes mögliches Motiv sein. Aber Leidensdruck kennt der Narzisst seit Kindertagen. Der wirksamere Antrieb ist wohl die Sehnsucht. Sehnsucht brennt in jedem echten Narzissten, lichterloh. Ob gehemmt oder ungehemmt, äußert sie sich nur auf verschiedene Weise. Die Sehnsucht, endlich wirklich verstanden zu sein, geliebt zu werden, sich bewundert und begehrt zu fühlen, das treibt diese Menschen. Dafür sind sie bereit, größte Mühen auf sich zu nehmen.

Die wichtigste Motivation liegt deshalb in der Arbeit mit dem »inneren Kind«. Sie trifft alle seelisch Gekränkten geradewegs ins Herz. In dieser ihnen eigenen kindlichen und unermesslichen Bedürftigkeit wird eine solche Therapie zur sich endlich erfüllenden *Selbstbefriedigung* und *Selbsterfahrung*. Die Beschäftigung mit dem inneren Hunger des eigenen verletzten Kindes ist wie warmer Regen auf den dürstenden Acker. Es stärkt wie zärtliches Gestreicheltwerden und Bemuttern. Eine neuerliche *Wieder-Be-Elterung* (re-parenting) im therapeutischen Prozess schafft die Vorraussetzung zur Heilung der Ausgehungerten.

Es gilt, vieles im eigenen Selbst zu reparieren.

Veränderungen finden nicht nur äußerlich mit dem Partner, sondern vor allem im eigenen Selbst statt. Vieles gilt es dort zu renovieren, zu reparieren, zu verändern. Das bedarf der pfleglichen Behandlung und Einfühlsamkeit. Schäden und Schwächen gegenseitig pflegend zu behandeln, ist eine der wichtigsten Partnertugenden. Dies geschieht in der seelischen Nachnährung durch das gegenseitige Bergen des verletzten Kindes und dessen *Be-Elterung*.

Damit dieser Prozess überhaupt stattfinden kann, sind Beide genötigt, ihre Schwächen, Fehler und Ängste dem Partner und dem Therapeuten gegenüber einzugestehen. Das wiederum setzt voraus, dieselben sich selbst einzugestehen, d. h. sich ihrer auch bewusst zu werden. Sie dann dem Partner gegenüber zu benennen, mit ihm darüber zu reden und drittens auch noch entsprechende Veränderungen einzuleiten, fällt aber den Narzissten schwer. Das hieße soviel wie, sich klein und nackt und schwach zu zeigen, sich Hilfe suchend in dessen Schoß zu wühlen, statt mit ihm zu streiten. Dieses aber fordert eine oft zu große Selbstüberwindung. Es gilt, vielfache Abwehr und Widerstand zu überwinden und sonst fest verschlossene Türen weit zu öffnen. Das drohen aber die vier Hauptgefühle der Narzissten zu verhindern: Aggression, Angst, Bedürftigkeit und Scham.

Aggression, weil eigentlich der Andere schuld an allem ist. Vor allem aber ist es die unsägliche Wut über die geschädigte Kindheit und die verlorenen Jahre.

Angst, weil bei Bewusstwerden der eigenen Problembehaftung Schuld und Verlassenwerden drohen. Das reaktiviert die existenzielle Panik des damaligen Kindes. Seelisch Hungernde, Gekränkte und an sich Zweifelnde fühlen sich immer in Angst und Bedrohung.

Bedürftigkeit macht abhängig, unfrei, entwürdigt und bedroht, durch andere missbraucht, verletzt oder verachtet zu werden.

Scham, weil das Eingeständnis eigener Fehler einer Überführung und Gesichtsverlust gleichkommt. Ein Gefühl wie damals, nicht »richtig« zu sein und deshalb von den anderen ausgeschlossen zu werden, herrscht vor.

Wird diese Bloßstellung vor dem Partner aber nicht gewagt, endet jeder Streit automatisch in einem Teufelskreis. Die Streitdynamik dient dann immer nur dazu, eigenen Makel und Scham vor der eigenen Enthüllung zu verdecken.

Paartherapie ist deshalb immer Arbeit in doppelte Richtung:

eine nach innen in das Selbst und eine nach außen zum Partner hin. Das ist das gleichzeitig so Wirksame und so Komplizierte an der Paartherapie, da sie auf diese Weise Einzel- und Paartherapie durchführt. Um es deutlich zu sagen: Paartherapie beinhaltet definitiv etwa zur Hälfte Einzeltherapie – unter der Mitarbeit des Partners. Erst diese Kombination ist so effektiv. Dagegen ist es nicht ratsam, Paartherapie und parallel dazu Einzeltherapie getrennt bei verschiedenen Therapeuten durchzuführen. »Die Wahrheit beginnt zu zweit« nannte Lukas Möller (1988) deshalb sein Buch.

Narzissmus der Therapeuten – therapeutische Liebe

Die Therapeuten wollen den um die Liebe doppelt Betrogenen helfen und ihnen geben, wonach sie verzweifelt suchen: Wertgefühl und Liebe, damit verbunden ein Selbstgefühl von Richtigkeit und Wichtigkeit.

Der von seiner eigenen Wichtigkeit überzeugte Therapeut, über Selbstzweifel erhaben, wird er wirklich Einfühlung für dieses Grundübel des ewigen Zweifels bei seinen Patienten haben? Wie können andererseits Therapeuten Hilfe ermöglichen, die sich nicht selbst für richtig, wichtig und mächtig halten? Offen oder insgeheim? Auch hier gibt es natürlich Gehemmte und Ungehemmte. Sie arbeiten sehr verschieden mit dem Klienten, beide aber doch sehr narzisstisch.

Diese Profession der Psychotherapie wäre anders auch gar nicht denkbar. Sie braucht den Narzissmus gar als Vorrausetzung, um überhaupt helfen und heilen zu können. Der Therapeut, der sich selbst nicht liebt, sich nicht für wichtig hält, kann auch seinen Klienten nicht dazu verhelfen. Jede Therapie kann nur in dem Maß erfolgreich sein, in dem die Therapeuten selbst entwickelt sind. (Bauriedl 1984)

Wie aber ist umzugehen mit dem fast allen Therapeuten eigenen narzisstischen Streben? Ich kenne kaum einen Therapeuten, der nicht narzisstisch wäre, mich eingeschlossen. Die meisten von uns haben deshalb diesen Beruf gewählt, denn nirgends sonst erfahren wir eine solche Aufwertung, die dazu auch noch menschlich sinnvoll ist.

Um es auf einen Punkt zu bringen: Gerade die narzisstische Triebfeder befähigt uns zu diesem Beruf. Mehr noch, dadurch streben wir in besonderer Weise danach, gut für unsere Klienten zu sein. Wir geben unser Bestes, um eben diese Anerkennung gespiegelt zu bekommen. Wir brauchen diese Triebfeder, um uns in die Partner einzufühlen, ihnen nahe sein zu können. Um sie zu lieben, brauchen wir auch ihre Liebe. Schließlich profitieren wir Therapeuten unmittelbar von jedem Erfolg unserer Klienten selbst: Deren Selbstwert-Zuwachs (Willi 1975) verstärkt immer auch unseren Selbstwert. Die hoffentlich in der Therapie erfolgreiche Selbst-Aufwertung der Klienten wird zur Selbst–Verwirklichung von uns Therapeuten. Wir finden unseren Wert und unseren Sinn in der Sinn- und Wertsuche unserer narzisstisch so verwundeten Klienten.

Um aber wirklich hilfreiche Psychotherapie leisten zu können, bedarf es einer sehr fundierten Eigenanalyse und Supervision der Therapeuten. Sonst werden wir unbewusst immer Opfer unserer eigenen Wünsche nach Größe und Bedeutung oder unserer Ängste, bedeutungslos zu sein, und damit auch Opfer unserer Klienten.

In ihrer Sucht nach Bestätigung verführen uns Narzissten durch überhöhte Liebes-Angebote, übermäßige Bewunderung und schnelle Idealisierungen (Mann 1999). Diese können natürlich bei Misserfolgen genauso schnell in überhöhte Kränkung und Abwertung umschlagen.

Nicht durch professionelle Distanzierung helfen hier die Therapeuten, sondern durch das Sich-einlassen. Sie zeigen sich in ihrer eigenen Suche nach Anerkennung, in ihrer Verletzlichkeit, mit ihren Gefühlen von Angst, Hoffnung und Enttäuschung. Sie bringen sich selbst den hilflosen Partnern nahe. Dadurch wird das therapeutische Bündnis im Dreier- oder Vierersetting erst wirklich wirksam. Liebesgefühle entstehen. Mitunter überkommen mich dann aber auch heftige, ja sogar wütende, Gefühlsausbrüche, für die ich mich später zu entschuldigen habe. Und es ist erstaunlich: So gut wie keiner meiner Klienten hat nicht verziehen. Im Gegenteil, das Vertrauen war dadurch nur stärker geworden. Den so misstrauischen Opfern von ehemals schädlicher Liebeszuwendung wird es durch diese Haltung der Therapeuten möglich, eine Brücke zu beschreiten, die sie zuvor noch nie gegangen sind.

Diese therapeutische Liebesbeziehung fügt sich in den ersten Stunden. Die Resonanz zwischen dem Therapeuten und dem einen oder anderen Partner zeigt die mögliche Schwingungstiefe zwischen den Liebenden. Alle Blockierungen aber zwischen einem Klienten und dem Therapeuten spiegeln natürlich auch dessen Partnerblockierungen. Die blockierte Zweierbeziehung führt hier zur therapeutischen Dreierbeziehung: Aus der *Dyade* wird eine *Triade*.

Vorraussetzung dabei ist allerdings, dass die Therapeuten sich von eigenen Blockierungen frei gearbeitet haben und keine davon selbst in die Arbeit hineintransportieren.

Von Sigmund Freud wurde diese therapeutische Liebesbeziehung in der Einzeltherapie als *Übertragung* und *Gegenübertragung* definiert. Sie beinhaltet die *Übertragung* kindlicher Gefühle auf die als Vater oder Mutter erlebten Therapeuten. Sie galt und gilt heute noch als gefährliche Quelle narzisstisch-therapeutischer Einbrüche. In der Geschichte der Psychotherapie gab und gibt es einander sehr widersprechende Verhaltensregeln zum Umgang mit diesem entscheidenden Phänomen therapeutischer Wirkweise: Von der strengen Abstinenz jedes therapeutischen Verhaltens gegenüber den Klienten über mitmenschlich-gleichberechtigte Gestaltung bis hin zum Beischlaf.

Die Therapeuten werden in der gemeinsamen Arbeit gleichzeitig zu potenziellen Elternfiguren und zu vermeintlichen Partnern aufgewertet. Die *Übertragung* durch die streitenden Partner ist damit eine doppelte und von umso höherer Wirkung. Racker formuliert schon 1982 für die Einzeltherapie, dass in der »Glut der *Übertragung* die Wirkung eines Schmelzvorganges« zu sehen ist. Widerstände, Ängste, Aggressionen, Zynismen und konditionierte Abwehrreflexe können im Schutz der geliebten Therapeuten versuchsweise aufgegeben bzw. überhaupt erst in Frage gestellt werden. Sie »schmelzen dahin«.

Nicht die formale Distanz therapeutischer Technik ist hier gefragt. Professionelle Abstinenz gerade den Selbstzweiflern gegenüber ist zwar im notwendigen Rahmen einzuhalten, aber nur insofern, dass es nicht zu Missbrauch und Übergriffen kommt. Ansonsten ist die Hitze der Gefühle gefragt, im Streit und in der Liebe. Leidenschaft, Trauer und Liebeskummer, Wut und Ohnmacht, selbst Verzweiflung neben wilder Lust sind der Reichtum der Liebe.

Die Hitze der Gefühle ist gefragt, in der Therapie und in der Liebe.

Und die Therapeuten können dabei nicht still auf der Seite stehen bleiben. Ihre Zurückhaltung wäre gerade kontraindiziert. Mehr als alle anderen brauchen gerade die narzisstisch Verwundeten und Gekränkten diese liebevolle und doch schonungslose, nackte Gegenüberstellung. So holen sie die Erfahrungen von Echtheit, Wertschätzung und einfühlendem Verstehen (vgl. Rogers 1975) nach, die andere schon als Baby oder gar im Bauch der Mutter erworben haben. Darüber hinaus lernen sie mehr als alle anderen durch Erfahrung am eigenen Leib den Glauben, dass eine wirkliche Liebesbeziehung tragfähig und vertrauenswürdig ist, gerade weil sie auch Streit und Konfrontation bietet. (Tscheulin 1992, Cöllen)

Erst in diesem gemeinsamen intensiven Gefühlsaustausch reaktivieren sich in den Leidenden der Liebe die Lerntechniken des Kindes, um diesen Glauben an die Liebe und an das Leben neu zu lernen: *Identifikation* und *Imitation.* Die Therapeuten werden für eine Zeit lang Vorbild und Ideal. In ihrem Spiegel finden die von der Liebe Enttäuschten zurück zu ihrer eigenen Sehnsucht. Sie erkennen sich plötzlich selbst als Verletzte und Verwundete, weil so etwas wie ein Vater oder eine Mutter und auch ein verständnisvoller Partner da ist, dem sie ihre Not anvertrauen können. Neue Hoffnungen wagen sich hervor, dass es diesmal ernst gemeint sein könnte mit der Liebe.

Diese Therapiearbeit ist also gekennzeichnet von hoher Intimität. Diese Intimität ist therapeutisch gewollt und wird in Teilen sogar von den Therapeuten bewusst hergestellt. Dass sie nicht missbraucht werden darf, ist selbstverständlich.

Die Ausgangslage

Psychotherapie und psychologische Beratung von Paaren mit narzisstischer Störung ist die schwierigste. Gekennzeichnet ist sie dadurch, dass der Gehemmte seine eigene Abwehr in der Beziehung selbst fast absolut setzt. Er sagt einfach: »Mir ist nicht zu helfen, weil ich eben so minderwertig bin.« Der Ungehemmte dagegen kommt in die Therapie mit der Einstellung: »Mir braucht nicht geholfen zu werden, denn mein Partner ist so verkehrt.«

Dabei ist der Einstieg in die therapeutische Arbeit, so sie überhaupt zustande kommt, von schneller Idealisierung und großen Hoffnungen und Beteuerungen gekennzeichnet, endlich alles bessern zu wollen. Meist sind dem Beginn aber schon lange Jahre des Hinauszögerns und Verteufelns vorausgegangen. »Das schaffen wir allein. Wir brauchen keinen Dritten«, sagt der Offensive. Es ist für ihn entwürdigend, zugeben zu müssen, dass er hilfsbedürftig ist. Außerdem müsste er sich dort wohlmöglich belehren lassen, wo er doch glaubt, selbst ein guter Menschenkenner zu sein. Und insgeheim fürchtet er, enttarnt zu werden, tatsächlich Fehler nachgewiesen zu bekommen

Ganz anders der gehemmte Partner: Er hat seit vielen Jahren vorgeschlagen, endlich eine gemeinsame Therapie zu machen. Oft war er aufgrund der Weigerung seines Partners schon viele Jahre allein in Einzeltherapie, letztlich, um diese Ehe überhaupt noch aushalten zu können. Er verspricht sich Hilfe durch einen Therapeuten, weil er sich selbst wehrlos vorkommt. Er fühlt sich ganz in der Opferrolle. Der Therapeut soll sein Verbündeter, sein Retter in der Not, sein Fürsprecher werden. Aber genau das erhofft sich der Ungehemmte letzten Endes auch: »Jemand muss doch mal dieser Frau sagen, dass es so nicht weitergeht. Auf mich mag sie ja nicht hören, was schon eine Beleidigung ist, aber der Therapeut wird schon einsehen, wenn er gut ist, dass das mit ihr so nicht weitergehen kann.«

Allerdings: Kriterium eines guten Therapeuten ist in den Augen des Narzissten, dass dieser ihm eben doch Recht gibt. Einige Therapieversuche sind meist vorausgehend gescheitert, weil der Narzisst sich nicht richtig gesehen fühlte und meinte, einseitig als Schuldiger erkannt worden zu sein. Besonders männliche Narzissten wollen sich von einer Therapeutin kaum etwas sagen lassen. Das ist mitunter schon bei der telefonischen Anmeldung zu erkennen. Die sich anmeldenden Frauen fragen oft ausdrücklich nach einem Mann als Therapeuten, nicht ihretwegen, sondern weil der Mann besser auf einen anderen Mann höre. Die Abwertung des Weiblichen schlägt durch. Und seltsam: Das gilt nicht nur für den Mann, sondern oft auch für die Frau, die einem männlichen Therapeuten einfach größere Kompetenz zuschreibt. Sie versteckt sich nur hinter ihrem Mann. In Wirklichkeit ist sie in ihrer komplementären Haltung tatsächlich nicht überzeugt, als Frau neben ihrem Mann viel Bedeutung zu haben.

Das Ausgangsdilemma jeder Therapie mit Narzissten stellt sich so dar: Beide sind zutiefst gekränkt, verstört und verunsichert vom Partner. Sie zeigt sich verzweifelt, oft depressiv und mit körperlichen Symptomen, mit sexuellem Rückzug, einsam, voller Tränen. Allein durch diese Ausstrahlung fühlt er sich schon schlecht gemacht, als Schuldigen angeklagt. Ihre Tränen lösen Wut bei ihm aus, weil er dahinter Manipulation vermutet. Als Kind hat seine Mutter ihn damit bezwungen. Früher sollte er damit rumgekriegt werden, heute der Therapeut. So vermutet er.

Für Beide geht es deshalb darum, möglichst schnell zu klären, wer von ihnen denn nun eigentlich Recht hat. Das Thema bearbeiten sie seit Jahren – und jetzt in der Therapie erst recht. Ein aussichtsloses Unterfangen. Aber das Dilemma des Therapeuten: Gibt er niemandem Recht, ist er inkompetent. Gibt er dem Narzissten Recht, ist die Frau enttäuscht. Gibt er der Frau Recht, sind sie selbst und der Mann enttäuscht. Sie wollen oft eine Aussage darüber erzwingen, bringen von Stunde zu Stunde neues Beweismaterial und neue Anklagen.

Natürlich wird sich der Therapeut deutlich äußern, dass er kein Schiedsrichter sei und die Therapie keine Rechtssprechung. Zwar stimmen dem Beide zu, fahren aber mit dem gleichen Anliegen fort.

Von daher ist strukturierendes Intervenieren vonseiten des Therapeuten gefordert. Die ständige gegenseitige Anklage und Gegenklage ist immer wieder mit aller Macht des Therapeuten zu stoppen. Er muss sich seiner Autorität bewusst sein und seine Macht auch einsetzen. Titel, Rang und Position der Klienten dürfen hier nicht beeindrucken.

Sonderregeln für Therapeuten und Partner

Beide seelisch Gekränkten sind Stressmenschen, weil sie sich im tiefsten Selbst bedroht fühlen. Daher ist es wichtig, beruhigend mit ihnen zu sprechen, Geduld spürbar einzusetzen und vor allem gütig zu sein – wie mit einem aufgeregten Kind.

- Die Partner dürfen nicht streng angefasst werden, sondern mild und nachsichtig.
- Beide brauchen unendlich viel geduldige Nachnährung.
- Die Therapie dauert lange, aber birgt die Gewissheit: »Steter Tropfen höhlt den Stein.«
- Bei Therapieabbrüchen oder Androhungen dazu wie ein Vater oder eine Mutter das trotzige Kind um Verzeihung bitten, ihm Mut zusprechen. Notfalls sollte der Therapeut diesen Klienten hinterherlaufen. Es gibt dazu die Weisheit: »Kommt der Berg nicht zum Propheten, muss der Prophet eben zum Berg gehen.«
- Das ewige »Schuld-Thema« muss in »Sich-Bekennen« umgewandelt werden.
- Arbeit und Heilung sind nur auf dem Weg der inneren Motivation möglich.

Rahmenbedingungen

Am wichtigsten zu Beginn der Therapie ist es, den Ratsuchenden das Gefühl zu vermitteln, in ihrer Krise verstanden zu werden und damit erst einmal akzeptiert zu sein. Rahmenbedingungen der Paartherapie sind erst in der zweiten oder dritten

Sitzung zu klären: Neben der Frequenz und dem Honorar gehört vor allem dazu:

- Paartherapie ist weder Kaffeerunde noch Teestunde. Getränke dürfen sein, aber kein Plausch. Auch zu Hause bei den eigenen Paarsitzungen darf kein Alkohol, kein Telefon und nichts stören.
- Formalitäten sind später zu klären.
- Beide sollen immer gemeinsam erscheinen, auch wenn der Wunsch nach Einzelsitzungen auftaucht.

Erst, wenn ein stabiles Vertrauensverhältnis besteht und keine Heimlichkeiten zu fürchten sind, die den Therapeuten zum Geheimnisträger gegenüber dem Anderen machen, sind in schweren Fällen auch Einzelstunden gut. Sie fördern das Gefühl, behütet und aufgehoben zu sein.

Das Durcheinander von Gefühlen und das Chaos der Argumente, das für viele der Betroffenen gilt, verlangt neben der emotionalen Dichte der Sitzungen auch eine klare Ordnung und ebenso klare Orientierung. Die fünf Bausteine der Paarpsychologie und das Konzept der fünf therapeutischen Schritte (Cöllen 1997) geben diese vor.

In ihrer Eigenarbeit zu Hause bewahren Regeln, Rituale, Übungen und der hier aufgezeigte rote Faden die Partner vor ständig neuen Abstürzen. Generell geben die Therapeuten mehr Struktur und Anleitung vor als in anderen Therapieformen.

Heilung vom Liebeskummer

Fünf Stationen der therapeutischen Reise

Die Reise beginnt. Die Partner stehen vor vielen Abenteuern und Gefahren. Der Weg führt durch Höhen und Tiefen, durch Stürme, Sonnenschein, Unwetter und Dürre. Blühendes Land wechselt mit dichten Wäldern. Um sich nicht zu verirren, reisen sie, geleitet von den Therapeuten, in fünf Stationen mit je einem Schwerpunkt. Sie beginnen in der *Paargestalt* mit einer Bestandsaufnahme ihrer Liebe. In der folgenden *Partnerwerdung* gehen sie in die Vergangenheit des Liebelernens zurück. Im dritten Abschnitt der *Paardynamik* erproben sie ein neues Gleichgewicht von Geben und Nehmen ihrer Liebeskräfte. Der vierte Abschnitt der *Konfliktanalyse* führt sie in die Tiefe der gemeinsamen Suche nach dem Sinn ihrer Konflikte. Im letzten Teil der Reise, der *Paargestaltung*, entdecken und bergen sie schließlich die geheimnisvollen Schätze der Liebe.

Es ist eine lange Reise, doch »auch ein Marsch von tausend Meilen beginnt mit einem Schritt.« (Laotse)

Erste Station: *Paargestalt*

Themen: Abwehr und Widerstand – Aktionsprinzip – Bestandsaufnahme und Diagnostik: Dialogkompetenz – Motivation – *Seelendialog* – Tiefenpsychologie – Verzeihen – Wunschumkehrung
Schwerpunkt: Aktionsprinzip – Was steht hinter den Worten?

Jetzt kommt es nur auf den eigenen Willen an, diese Reise entschlossen anzutreten. Die zentrale Hilfe, die allen Beteiligten Mut macht, lautet:

Liebe und Psychotherapie haben eine übereinstimmende Wirkungsweise. Liebe wirkt wie Psychotherapie. Liebe bewirkt menschliche Sinnerfüllung, Selbstentfaltung und seelische Heilung. Psychotherapie strebt nach gleichen Zielen.

Die Paararbeit der Beiden zu Hause und die der Therapiesitzung zielen auf gleiche Tiefe und Intensität. Als Orientierung dient das »Konzept der fünf therapeutischen Schritte«. Im begleitenden Schutz der Paartherapie wird parallel zu Hause die Eigenarbeit des Paares fortgesetzt. In jeder nächsten Therapiesitzung berichten die Partner davon.

Im Folgenden versuche ich selbst Ordnung in die unendliche Vielfalt der zu bewältigenden Streitdynamik zu bringen, indem ich das Vorgehen unter Oberbegriffen zusammenfasse. Sie sind in alphabetischer Reihenfolge geordnet. Damit kann der Leser sich schneller einfinden und besser nachschlagen.

Abwehr und Widerstand

Dieses sind die Haupthindernisse, die diese Reise bedrohen. Sie stehen der längst notwendigen Bestandsaufnahme im Wege, um den Schaden zu begutachten, den das Paar gemeinsam angerichtet hat. Sie verhindern die tiefe Einsicht in die wahren Ursachen der Partnerstreitigkeiten. In der Regel bleiben diese Mechanismen unbewusst, um die eigene Verantwortung dafür nicht eingestehen zu müssen. Werden sie von den Therapeuten zur Sprache gebracht, werden sie deshalb zunächst nicht verstanden oder geleugnet. Sie ins Bewusstsein beider Partner zu heben, bedeutet, das Hauptmotiv vieler Streitspiralen verständlich zu machen, da die dahinter lauernden Hauptgefühle Angst, Aggression, Scham und Bedürftigkeit verdrängt werden. Eigene Fehler, Schatten und Verletzungen dürfen dem Partner nicht gezeigt werden. Bedürftigkeit macht uns klein, hilflos, verletzbar. Viele Menschen eignen sich daher ein überkontrolliertes Verhalten an. Sie wirken dann nicht mehr stimmig. Ihre größte Angst, nicht »richtig« zu sein, erfüllt sich dadurch tatsächlich. In Wirklichkeit verbirgt sich dahinter heftiger Selbstzweifel und manchmal Verzweiflung. Minderwertigkeitskomplexe oder ehrgeizige Größenideen werden so zur ständigen seelischen Einsamkeit, weil verschwiegen und möglichst überdeckt durch eine äußere Schale. Die zeigt sich durch Übertreiben, Imponieren und aggressives Durchsetzen oder steifes, ängstliches Zurückhalten.

Um diese Mechanismen zu erkennen, achten die Therapeuten darauf, was die streitenden Partner voneinander als unerträglich schildern, bei sich selbst aber nicht wahrhaben wollen. Das wird in der Regel dem Partner gegenüber als Konflikt vorgetragen. Der Partner wird dann für gewöhnlich der Lieblosigkeit bezichtigt. Das innere Chaos der Selbstzweifler schlägt schnell um in Aggression und Anklage dem Partner gegenüber.

Gehemmte und ungehemmte Narzissten, beide sind sie Zweifelnde an sich selbst. Als Selbstzweifler brauchen sie ein Schonklima und trotzdem keine Samthandschuhe. Es ist von Anfang an die Aufgabe der Therapeuten, Beiden immer wieder vor Augen zu führen, dass sie, so zerstritten sie auch seien, doch ein Ziel haben: Sie wollen zusammen bleiben, und sie fürchten die Trennung mehr als den dauernden Streit.

Das Augenmerk richtet sich in dieser Anfangsarbeit daher auf folgende Fragen:

Wie zeigen die Partner einander Ihre Bedürftigkeit statt sich gegenseitig anzuklagen? Wie zeigen sie sich ihre Liebe statt ihren Zorn und ihre Wut? Welche zentralen Motive sind hinter dem Streit verborgen? Was steht eigentlich hinter all den vielen Streitworten?

Die Therapeuten halten die Streitenden konsequent an, diese Fragen zu beantworten. Natürlich geschieht dies mit aller Vorsicht. Es darf nichts erzwungen werden. Vielmehr geht es darum, hinter dem »Wut-Dialog« verschüttete Liebesgefühle und Sehnsüchte aufleuchten zu lassen.

Das bedeutet, »Horizontarbeit« einzuführen. Damit ist gemeint, dass trotz der bitteren Konflikte und Wunden immer wieder nach dem Sinn und Ziel der Stunde, der Partnerschaft und des therapeutischen Prozesses zu fragen ist. Beide sind gekommen, den richtigen Weg zueinander wiederzufinden. Trotzige Selbstbehauptung verhindert das. Dazu bedarf es der Selbstüberwindung.

Diese Selbstüberwindung aber ist dornenreich. Sie wird blockiert durch die eigene Abwehr von Bedürftigkeit. Selbstüberwindung und Abwehr geraten jetzt in einen kräftezehrenden Kampf miteinander. Der endet meist mit Selbstbetrug, indem die not-wendige Seelenarbeit in Aggression, Enttäuschung und Wut auf den Partner umgelenkt wird. Narzisstisch Geschädigte verwandeln die Abwehr eigener unliebsamer Gefühle bei Krisen in Widerstand gegen den Partner.

Dies möglichst früh zu erkennen und ins Bewusstsein beider Partner zu bringen, ist von größter Bedeutung. Sonst geraten sie bei der eigenen Liebesarbeit permanent in neue Verstrickung. Trotz bester Vorsätze drohen laufend Rückfälle, weil sie Abwehr und Widerstand zu wenig beachten.

Ein ganz anderer Aspekt von Widerstand muss noch geklärt werden: Der Widerstand vieler Klienten gegen die therapeutische Einwirkung ist gemeint, wie Sigmund Freud ihn für die Psychoanalyse benennt. Viele der Klienten haben Angst, sie würden umgeformt oder manipuliert. Andere fürchten, ihnen würde bisher unbewusstes Negatives von sich selbst zu Bewusstsein gebracht. Viele wehren sich auch gegen die therapeutische Arbeit, da sie dann etwas an ihren Blockierungen und Fixierungen verändern müssten. Sie haben Angst, in ihrem Persönlichkeitskern verändert werden zu sollen. Sie befürchten weiter, ein anderer Mensch werden zu müssen – soll die Therapie Erfolg haben. Also wehren sie sich, obwohl sie unter großem Aufwand zur Therapie kommen und dafür auch noch Geld bezahlen, gegen den Erfolg der Therapie.

AKTIONSPRINZIP

Um sich nicht schon gleich am Anfang dieser Reise zu verirren, geben die Therapeuten den gekränkten Partnern im Wirrwarr von Abwehr und Widerstand zumindest manchmal aktiv den Weg vor. Das widerspricht anderen Verfahren, die Klienten ihren eigenen Weg finden zu lassen.

Dieses geht aber nicht im Chaos des Partnerstreites. Die Paare sind durch ihre eskalierenden Streitspiralen im »Gordischen Knoten« verfangen, in einem Labyrinth, in dem sie sich mit jedem Schritt mehr verirren. Ein solcher Wegweiser von Anfang an besteht darin, die Paare anzuleiten, nicht nur zu reden, zu debattieren, zu diskutieren und zu argumentieren, sondern ihre Worte in Taten umzusetzen. Die Liebe ist angewiesen darauf, dass den Worten Taten folgen. In der Folge kommt die zusätzliche Aufforderung, den oft verborgenen Wunsch nach mehr Zuwendung, Aufmerksamkeit und Zärtlichkeit als Geste für den Partner selbst ins eigene Handeln umzusetzen. Über die eigene Bedürftigkeit zu sprechen und dem Partner dieses nahe zu bringen, ist die erste, wichtigste und grundsätzliche Aktion jedes therapeutischen Prozesses. Meist kommen dadurch Beide in Verlegenheit. Der eigene gehemmte Umgang mit tiefen Gefühlen wird sichtbar, genau das, was sonst dem Partner abverlangt wird. Dabei wird häufig viel darum herumgeredet, bis alles zerredet ist, im entgegengesetzten Fall totgeschwiegen. Die Zweifelnden verwenden kaum noch die »echte« Sprache der Liebe, und wenn, nur in einzelnen Brocken.

Dies gilt besonders für alle *Schlüsselworte* wie Sehnsucht, Hoffnung, Innigkeit, Einsamkeit, Zärtlichkeit, Trauer. *Schlüsselworte* ermöglichen, wie der Name es sagt, das Empfinden und Fühlen hinter den Worten aufzuschlüsseln, wo vorher Blockierung, Verdrängung und Leere herrschten. Notfalls fragen die Therapeuten selbst nach diesen zentralen Begriffen, falls die Partner sich in alltäglichen Streitschilderungen festfahren. Schlüsselworte sind wiederum hilfreiche Wegweiser, die gefühlsmäßige Verbindung zum eigenen Selbst wiederherzustellen, die irgendwann durch Kränkung verloren gegangen ist. Diese liebevolle Beziehung zum eigenen Selbst in stimmiger Weise wiederherzustellen, ist noch vor dem Austausch der Partner das erste Ziel der Reise.

Sich dagegen mit vielen Worten oder durch starres Schweigen in die Irre zu führen und unverständlich zu machen, ist ein Hauptproblem der Narzissten. Da der Zugang zum eigenen Selbst oft blockiert ist, wird Selbstdarstellung zum übertriebenen Zwang oder zur quälenden Last.

Die eigenen inneren Empfindungen wirklich unmittelbar in zarte Gesten und Berührungen zu übersetzen, heißt deshalb, den Weg zur inneren Stimmigkeit zu finden.

Andere Gesten und Aktionen des Paares werden schon zu Anfang der Therapie beobachtet: die Art und Weise der Anmeldung, das Eintreten, die Wahl des Platzes. Die Therapeuten beobachten genau: Körpersprache, Gestik und Mimik, Augenkontakt, Kopfhaltung, Bewegen der Hände und der Füße: Alles ist Sprache. Sie gilt es zu erfassen, zu erkennen. Neben der Körpersprache gilt es natürlich auch, den Sprachstil des Paares zu erfassen. Verfügen die Partner überhaupt über Herzenssprache, Konfliktansprache und Seelenverständigung? Kann jeder von Beiden sich selbst darstellen? Auf welchem Niveau der Selbstkritik stehen sie?

BESTANDSAUFNAHME

Es klingt befremdlich, im Zusammenhang mit Liebe von Bestandsaufnahme zu sprechen. Aber fast unbemerkt treffen Partner fortwährende Diagnosen über gute und schlechte Verhaltensweisen im täglichen Miteinander.

Die angesprochenen Elemente wie Körpersprache und Sprachstil gehören schon dazu. Bestandsaufnahme meint hier erkennendes Verstehen und dient vornehmlich dazu, den Partnern ihr eigenes Handeln selbst bewusst zu machen. Körpersprache und Sprachstil verraten viel: Wie jemand über seinen Partner redet, so ist er selbst. Was der Eine vom Anderen berichtet, und wie er dies zum Ausdruck bringt, sagt mehr über seine eigene Persönlichkeit aus als über die des Partners.

Angst spielt dabei eine zentrale Rolle: Die Partner haben Angst voreinander. Das gilt es, in dieser Bestandsaufnahme immer wieder zu erkennen, den Partnern mitzuteilen und sichtbar zu machen: Mögen sie auch noch so sehr schimpfen und der Eine oder der Andere noch so mächtig und unangreifbar wirken, so ist es in Wirklichkeit Angst, die Beide umtreibt.

Dieses Angstpotential gehört, wie bereits erwähnt, zur Grundausstattung der Selbstzweifler. Diese Angst einander in den ersten Stunden sichtbar und fühlbar zu machen, wäre schon ein wichtiges Ergebnis. Paradoxe Erfahrung aus der Therapiepraxis ist, dass gerade die mächtig und überlegen Wirkenden häufig mehr Angst verspüren als deren scheinbares Opfer.

DIALOGKOMPETENZ

Auf solch einer Reise bedarf es vieler Absprachen und Vereinbarungen. Die Sprache der Liebe rückt jetzt in den Vordergrund. Sie zelebriert den Austausch von Körper, Geist und Seele zwischen den Liebenden. Sie sprechen mit den Augen, mit den Händen, mit dem Körper, mit Telepathie, mit Intuition, mit dem Herzen ebenso wie mit dem Verstand. Auch »das Schweigen unterbricht nicht das Gespräch der Liebenden«, sagt schon Novalis. Hier die schmerzlichen Defizite ausreichend zu erkunden, ohne dabei dauernd in Anklage zu fallen, ist schwierig. Mögen auch die diagnostischen Beobachtungen der Therapeuten großen Anreiz bieten, sofort nach Lösungen für das Paar zu suchen, wäre das kontraindiziert. Es hieße, wirkliche Ursachenforschung zu vernachlässigen. Gleiches wäre es, einfach ein Pflaster auf eine eiternde Wunde zu kleben. Die wirklichen Hindernisse für die Beziehung werden erst spät verstehbar. Dazu gehört vor allem die Dialogkompetenz: Sie meint die Fähigkeit der Partner, sich sowohl in den fünf *Dialogebenen* von Körper, Gefühl, Sprache, Seele und Zeit sensibel zu bewegen als auch in den fünf *Partnerstilen* von Anpassung, Durchsetzung, Planung, Intuition und Integration. Dialogkompetenz der Partner und damit gutes Krisenmanagement ist dann vorhanden, wenn diese Bereiche möglichst umfassend umgesetzt werden.

Dazu gehört zum Beispiel, eigene Gefühlstiefe in sprachlich adäquate Form zu bringen und Mut zu einer Herzenssprache zu haben. Nicht nur banale Alltäglichkeiten, berufliche Sorgen und Kinder- oder Freizeitfragen, sondern eben auch Seelenempfindungen und spirituelle Gemeinsamkeit wollen ausgetauscht werden.

Zur Dialogkompetenz gehört vor allem auch ein ausgewogenes kommunikatives Verhalten. Gemeint sind damit ein wohlwollender Wechsel von Rede und Gegenrede, aktives Zuhören und gegenseitige Verständnisfragen. Die Therapeuten greifen schon hier helfend ein, indem sie das Gespräch bewusst auf solche Elemente hinsteuern. Sie lehren auf diese Weise das Paar, implizit und differenziert zu kommunizieren. Sie sprechen deshalb auch die nonverbale Kommunikation wie Gestik und Mimik an. Sie stellen immer wieder zirkuläre Fragen: Ein Partner bekommt z. B. eine Frage gestellt. Bevor der sie aber beantwortet, wird der Andere um die Antwort gebeten. Oder einer der Partner wird gefragt, was er glaube, was der Andere zu diesem und jenem Thema zu sagen habe.

Die Fähigkeit der Partner, miteinander intuitiv in Dialog treten zu können, miteinander in Resonanz zu kommen, entscheidet über Wohl und Wehe der Liebenden. Schwingungen, Gefühle, Gedanken, Wünsche, Fantasien des Anderen aufzunehmen und die eigenen damit in Austausch zu bringen, führt zum Rausch der Liebenden. Das Problem gerade der *Frühgestörten* und Selbstzweifler aber ist es, dass sie nur schwer resonanzfähig sind. Sie haben als Kind eben diese Resonanz nie erfahren und nicht einüben können.

Dialogkompetenz schließt darüber hinaus Streitkompetenz mit ein. Nach einem Streit wieder Frieden zu stiften, Versöhnung anzubieten und um Verzeihung zu bitten, ist die eine Seite davon. Trotz Liebe sich auch offensiv zu zeigen, sich abzugrenzen, sich durchzusetzen und dem Partner den eigenen Standpunkt zu vermitteln, ist die andere Seite.

MOTIVATION

Nichts ist auf dieser Reise menschlicher, spannender und geheimnisvoller, als die verborgenen Motive der unglücklichen Liebe zu ergründen. Ob sich die Partner überhaupt noch lieben, ob sie die Beziehung erhalten wollen, ob sie dem Anderen überhaupt noch eine Chance geben, – alle diese Fragen dienen dazu, die ganze Streitdynamik zu erfassen. Streitanlass und Streitgrund stimmen häufig nicht überein. Wieder und wieder taucht die Frage auf, was wirklich hinter den vielen Worten der bitteren Streitereien steckt. Äußere Anlässe führen zu heftigsten Streitereien, dahinter aber geht es meist um ganz andere seelische Untiefen. Die Therapeuten überprüfen daher die Stimmigkeit, ob Klage, Anklage und Gegenklage im adäquaten Verhältnis stehen.

Die Partner neigen häufig dazu, oberflächlich zu beteuern, dass sie im Grunde einander lieben oder den Anderen lieben würden, wenn der sich nur ändern könne. Das Problem der Motivation wird auf den Partner verschoben. Die Motivation der Partner tatsächlich zu erspüren, dazu helfen kleine Übungen. Sie sind wie ein Innehalten, eine kleine Rastpause während der Reise:

Bei der **Augenblicksübung** *werden die Partner aufgefordert, minutenlang einander anzuschauen, ohne zu reden. Sie berichten dann, was sie in den Augen des Anderen über sich selbst erkennen. Sie sollen die Frage beantworten, am besten schriftlich: »Wer bin ich in deinen Augen?«*

Die **Faustübung** *soll ebenfalls ohne Sprache die Technik der Partner zeigen, wie sie sich dem gekränkten Partner nähern und versuchen, dessen Zorn zu besänftigen. Dabei halten die Partner im Wechsel dem Anderen die zur Faust geballte rechte Hand hin. Der versucht, sie auf eine für ihn typische Weise zu öffnen, aber ohne irgendein Wort.*

Nähe und Distanzübungen wie z. B. die **Partnerskulptur** *gehören ebenfalls hierher. (vgl. Cöllen 2003)*

Bei solch nahen körperlichen Übungen kann kaum etwas verschleiert werden. Oft schießen den Betroffenen die Tränen in die Augen – oder sie wenden sich wütend ab. Ein Mann streckte gleich zwei Fäuste der Frau entgegen, die sie öffnen sollte. Eine Frau nahm stattdessen ihre beiden Hände hinter den Rücken. Einer küsste seine Frau nur, einer tat gar nichts und eine Frau stürzte aus dem Zimmer. Was in den Seelen der Streitenden wirklich vorgeht, ob ihre Seelen überhaupt in einem Dialog sind, offenbaren diese Minuten höchster Verdichtung zwischen den Streitenden.

Dieses Wort klingt fremd und ungewohnt für die meisten Liebenden, aber paradoxerweise auch für viele Therapeuten. Doch die eigene Seele wiederzufinden und damit die innige Verbindung zum eigenen Selbst herzustellen, ist eines der Abenteuer dieser Reise. Psychotherapie meint zwar Heilung mit seelischen Mitteln, meint auch Heilungsarbeit an der Seele, wird aber tatsächlich als Begriff so gut wie nie benannt. Wie aber können wir mit unserer Seele dann arbeiten? Obwohl Körper, Geist und Seele die menschliche Ganzheit erst ausmachen, taucht »Seele« im Alltag kaum auf, höchstens im religiösen Zusammenhang. Da gleichzeitig das Verständnis für Seele im Wirtschaftswachstum als Wahrzeichen unserer Gesellschaft zusehends verloren geht, wird es für die Liebenden selbst immer schwerer, sich der Seelensprache zu bedienen und ihre Seelen auszutauschen. Hier brauchen sie dringend Anleitung durch die unterstützenden Therapeuten. Wir betreiben Körperhygiene, Körpertraining und geistige Fortbildung. Was aber tun wir systematisch für die Heilung der Seele? Und wie treten wir in Austausch mit der Seele unseres Partners? Ist die seelische Verarmung zwischen den Liebenden nicht Ursache für allen weiteren Streit? Selbst auch für die dann oft fehlende sexuelle Anziehung?

Hilfe liegt im praktischen Umsetzen der seelischen Empfindungen als Übung und Therapie:

Zunächst ist es eine Übung für die Paare, einen Brief zu schreiben (Cöllen 2003): Beide schreiben jeweils an ihre eigene Seele. Sie reden dabei ihre Seele an wie ein Gegenüber und berichten ihr, wie sie in den letzten Jahren mit ihr umgegangen sind. Als Träger dieser Seele sind sie verantwortlich für deren Wohlbefinden. Deshalb gilt es, in diesem Brief folgende Fragen zu beantworten: »Wie habe ich dich behandelt, wie habe ich meine

Verantwortung für dich in den letzten Jahren, Monaten und Wochen wahrgenommen? Wie habe ich für dich gesorgt?«

Wenn dieser Brief so geschrieben ist, wird im zweiten Schritt an Stelle der bisherigen Anrede »Liebe Seele« der Name des Partners eingesetzt. Die Partner lesen sich im dritten Schritt das Ergebnis gegenseitig vor, einmal im Original, dann in der Übersetzung auf den Partner, evtl. mit leichten Wortveränderungen. Verblüfft und betroffen erleben viele die hohe Übereinstimmung zwischen dem Umgang mit der eigenen Seele und dem Umgang mit dem Partner.

Und dies soll ein Brief mit Fortsetzung werden, mindestens einmal im Monat.

Diese Art *Seelendialog* lehrt, dass wir unseren Partner nicht anders behandeln als unsere Seele. Wir können gar nicht anders. Der Umgang mit der eigenen Seele bestimmt einzig und allein den Umgang mit dem Partner. Andererseits kann dies auch als Maßstab gesetzt werden, wie mit dem Partner umzugehen ist: Wird die eigene Seele wirklich gut gepflegt, dann sollte der Umgang mit dem Partner ebenso pfleglich, sensibel und einfühlend sein.

Solche Übungen führen schnell in die Tiefe der Seelen, trotz der Ängste, sich zu zeigen.

Tiefenpsychologie

Wir brauchen sie, um die seelische Entwicklung des Einzelnen in seiner Persönlichkeit und in seiner Liebesfähigkeit nachzuvollziehen. Dort finden wir Wunden, Verletzungen und Ängste aus Kindheit, Jugend und früheren Beziehungen, die die aktuelle Beziehung aufgrund der *Altlasten* gefährden. *Altlasten* sind wie das Reisegepäck zu verstehen. Oft werden Dinge mitgeschleppt, die nur belasten. Hier sind das die Erziehungsschäden aus der Kinderzeit, missglückte Liebe zu den Eltern und anderen, die Seele kränkende Erfahrungen. Wie ein schwerer Rucksack zehren sie an den eigenen Kräften. Heimlich bürden wir dieses Gepäck dem Partner auf.

Zu diesem frühen Zeitpunkt der Liebesarbeit können diese Seelenkränkungen noch nicht wirklich aufgearbeitet werden. Aber das Auffinden dient dem Verstehen der Hintergründe für die jetzige Partnerkrise.

Die Therapeuten leiten die Suche danach durch vorsichtige Fragen ein wie:

»Diese Einsamkeit oder diese Verletzung, die Sie in Ihrer Beziehung spüren, – woher kennen Sie das Gefühl schon von früher? Wenn Sie sich so gedemütigt und so vernachlässigt fühlen, kannten Sie das schon früher in ihrem Leben? Wann hat es begonnen, dass Sie sich ungeliebt, zurückgesetzt und so abgewertet fühlten? Wie haben Sie als Kind die Liebe Ihrer Eltern erlebt – und was davon taucht jetzt wieder auf?«

Als eine der drei Grunddimensionen menschlichen Seins hat die Tiefenpsychologie in der *Paardynamik* neben Dialog und Spiritualität entscheidendes Gewicht. Sie bedeutet auf der Reise den besinnlichen Blick zurück. Sie wird jetzt nur vorsichtig angegangen, um die Konflikte daraus im zweiten Abschnitt der Reise anhand der *Therapeutischen Treppe* intensiv zu erarbeiten.

Nicht immer wollen die Ratsuchenden diesen Weg mitvollziehen. Manche weigern sich offensichtlich mit der Begründung, als Erwachsener könne man nicht mehr den Eltern die Schuld für eigenes Tun in die Schuhe schieben. Außerdem liege alles viel zu weit zurück und wirke heute doch nicht mehr nach. Das stimmt nur sehr begrenzt: Erwachsenwerden heißt eben auch, eigene Verformungen aus früheren Zeiten überhaupt zu begreifen, um sie in der Folge ändern zu können.

Hierfür die Motivation zu wecken und beharrlich zu bleiben, ist Aufgabe der Therapeuten. Gleichzeitig wird den meisten schnell deutlich, dass es hier um tiefe *Selbsterfahrung* geht als absolute Vorraussetzung für positive Veränderung.

Anhand der philosophischen Schicksalsfragen: »Woher kommen wir, wer sind wir, wohin gehen wir?«, wird den Betroffenen spürbar, wie wichtig für ihr ganzes Leben die eigenen Antworten darauf sind. Es wird spannend, langsam zu begreifen, wie die Geschichten der Partner sich schon mit der Partnerwahl zu einem Lebensstrom verknüpfen. Der alltägliche Streit gewinnt dadurch eine ganz andere Bedeutung, deren Tragweite vorher nicht einmal zu ahnen war.

Verzeihen

Der Horizont der Reise soll hier aufgezeigt werden. In diesem Reiseführer der Liebe erscheint das Problem von Verzeihen und Versöhnen erst spät im vierten Abschnitt der Liebesarbeit. Alles andere wäre vorschnell und rückfallgefährdet. Das Ringen um Verzeihen stellt kein wirkliches Anfangsthema dar. Versöhnen ist das Ziel der abenteuerlichen Reise zweier Menschen, die einen neuen Aufbruch wagen. Die Liebenden haben das Schicksal ihrer Paarbeziehung damit in ihren Händen. Um Verzeihung zu bitten und Versöhnung zu gewähren, ist ein Zentrum aller Paar- und Krisendynamik.

Die Fähigkeit zum Verzeihen ist die Kardinaltugend aller Liebenden und Streitenden. Eine der anfänglichen Horizontfragen ist demnach, ob bei den vorgetragenen Klagen überhaupt ein Verzeihen denkbar und möglich ist. Eingeleitet etwa dadurch:

Haben Sie schon einmal daran gedacht, Ihrem Partner seinen Fehltritt zu verzeihen? Haben Sie ihm verziehen oder wollen Sie ihm verzeihen, dass er sie gekränkt, hintergangen oder betrogen hat? Sie müssen es nicht jetzt und hier tun, es soll keine Formsache bleiben, aber können Sie Ihr Herz so weit öffnen, dass sie dem Partner, sofern er seine Fehler gesteht und bereut, aus tiefstem Herzen verzeihen? Wann wollen Sie das probieren?

166

Diese Fragen nehmen die Partner mit nach Hause, ohne sie sofort zu beantworten. Vielmehr sollen sie sich diese Fragen immer wieder neu stellen, sich einüben in den Gedanken zu verzeihen. Es ist ein Beweis echter Liebe, nach einem Streit den ersten Schritt zur Versöhnung zu tun und um Verzeihung bitten zu können. Noch schwerer ist es, sich wahrhaftig zu versöhnen, ohne die erlittene Kränkung im Hinterkopf zu speichern. Friedensstifter statt Kriegstreiber zu werden, ist Ausdruck menschlicher Reife. Statt Krieg und Sieg den Dialog zu suchen, das erst lässt uns miteinander wachsen. Solche Liebe dient als menschliches Lernmodell – für Partnerschaft und Familie genauso wie für Politik und Wirtschaft. (Cöllen 2002)

Dabei geht es nicht um blinde Harmonie oder Konfliktscheue. Reine Anpasser sind ebenso wenig gefragt wie Kriegstreiber. Beide tragen zur *seelischen Umweltverschmutzung* bei. Im Verzeihen und Versöhnen liegt die letztendliche Würde der liebenden Partner.

Aber seltsam: So sehr wir innerlich diesen Gedanken zustimmen, so schwer fällt es vielen von uns, tatsächlich den ersten Schritt zur Versöhnung zu tun, besonders kurz nach einem Streit. Vom Partner erhoffen oder erwarten wir insgeheim, dass er sich entschuldigt und nachgibt. Wir selbst können uns oft nur schwer dazu durchringen.

Zweite Station: *Partnerwerdung*

Themen: *Alter Ego* – Bergen des verletzten Kindes – *Be-Eltern* – *Bezugspersonenarbeit* – Elternarbeit – *Therapeutische Treppe* – Verdichtung
Schwerpunkt: Arbeit mit den verletzten Seelenteilen in uns selbst

Der zweite Abschnitt der Reise steht an. Die Partner verständigen sich darauf, die jeweilige innere Not beim Anderen zu begreifen, die den fortwährenden und eskalierenden Streitigkeiten zugrunde liegt. Auch in diesem zweiten Schritt sind sie dabei dringend auf die Paartherapeuten als Begleiter angewiesen, um ohne neue Anfeindungen sich gegenseitig beistehen zu können. Jetzt sollen sie lernen, gegenseitige Entwicklungshilfe anzubieten.

Hinter all dem Liebesstreit heute stehen überwiegend die Hilferufe der inneren Seelennot aus Kindertagen. Es hat sich in der Psychotherapie weitgehend eingebürgert, für dieses Seelenleid den Begriff des »verletzten Kindes« (Chopich/Paul 1993) zu gebrauchen. Diese symbolische Vorstellung wird am ehesten der ganzen Entwicklungsgeschichte sowohl des Einzelnen als auch des Paares gerecht.

Das verletzte Kind in uns findet keinen Frieden. In der Folge wird auch kein Frieden in der Paarbeziehung möglich.

Überwiegend geht es dabei nicht um eine gestörte Persönlichkeitsentwicklung im klinischen Sinn. Vielmehr sind es im Wesen der Persönlichkeit eingeschlossene Störungsherde, die beunruhigen und Unfrieden stiften. Sie sind tief im Wesen des Einzelnen verankert und verstricken sich mit denen des Partners zu einer unheilvollen Konfliktdynamik.

Wir kennen dieses Phänomen aus vielen frühen Störungen der kindlichen Entwicklung: Das Ich funktioniert, und die betroffene Persönlichkeit wird im Alltag kaum auffällig. Sie kann durchaus einem Beruf nachgehen, dabei sehr erfolgreich und nach außen hin liebevoll sein. Die beziehungsneutralen Funktionen des Ich wie Denken, Sprechen, Erinnern agieren blendend. Außenstehenden wird der innewohnende und nagende Selbstzweifel, der oft zur Verzweiflung des Partners führt, nicht deutlich.

Anders aber ist es mit den beziehungsorientierten Funktionen des Ich wie Fühlen, Hingeben, Wünschen: In der intimen Nähe fand früher seelische Verletzung statt. Die Grundbedürfnisse des Kindes wurden einst missachtet, missbraucht oder vernachlässigt. Heute rächt sich dieses verletzte Kind dafür am Partner. Es kann in seinem Urmisstrauen intime Nähe nicht mehr zulassen. Obwohl stark herbeigesehnt, wird intime Nähe und Geborgenheit gefürchtet und damit empfindlich abgewehrt.

Auch hier muss nicht der gesamte Bereich menschlicher Nähe gestört sein, sondern Teilbereiche sind betroffen: z. B. Unfähigkeit, eine Nacht allein zu bleiben; sexuelle Beziehungen aufzubauen oder aufrecht zu erhalten; körperliche, seelische oder emotionale Intimität zuzulassen.

Tief im Inneren der Seele eingeschlossen, reaktivieren sich die Ängste vor erneuten Verletzungen vor allem im intimen Austausch mit dem Partner. Deshalb zählen die Argumente Betroffener nicht, sie könnten doch mit Freunden, Kollegen und anderen Frauen oder Männern durchaus lustvolle und liebevolle Kontakte **Das verletzte Kind in uns findet keinen Frieden.** aufrechterhalten. Es geht immer um den ganzheitlichen Austausch mit dem spezifischen Intimpartner. Viele Singles leben daher in Teilaspekten zufrieden mit sich und der Welt, scheitern aber vielfach in festen Beziehungen.

Für diese eingeschlossenen Störungsherde findet der Träger selten Ausdruck und Sprache. Denn sie sind so verdrängt und verschlossen, damit sie möglichst im bewussten Alltag kein Störfeuer senden können.

Dieser zweite Schritt der Liebesarbeit hat gerade das Hauptanliegen, diesem tief verdrängten unbewussten Verletzungspotential Sprache, Ausdruck und Austausch zu geben. Ziel ist es, diese Störungsherde offen zu legen, sie mit Hilfe von Sprache und Gefühlserleben klar dem Partner gegenüber zu definieren, um auf diese Weise *Problemtransfer* und *Konfliktver-schiebung* aufheben zu können.

Die Reisestationen, d. h. die Liebesarbeit des Paares und der Therapeuten, werden wieder in Begrifflichkeiten zusammen-gefasst, die in alphabethischer Reihenfolge geordnet sind:

ALTER EGO

Da für dieses innere Verletztsein, für diese innere Kernverwun-dung kaum Sprache, kaum Ausdruck, oft kein oder wenig Be-wusstsein besteht, ist es Aufgabe der Therapeuten, sich mit dem Paar gemeinsam auf die Suche danach zu machen. Im *Alter Ego*, dem so genannten »Stellvertreter-Ich«, versuchen die The-rapeuten, anstelle der Partner selbst Sprache, Empfinden und Ausdruck dafür zur Verfügung zu stellen. Da das Ich der Streiten-den das innere Selbst nicht vertreten kann, wirken die Therapeu-ten als Stellvertreter, als Anwalt und Fürsprecher des verletzten Kindes. Diese Technik bezweckt, mit hohem Einfühlungsvermö-gen die Bedürftigkeit der an sich Zweifelnden zu vertreten.

Die Partner können dies aber genauso tun und einüben. Sie haben statt der professionellen die intuitive Einfühlung. Da-durch entsteht für den Anderen ein starkes Empfinden von sich erkannt fühlen, verstanden sein, angekommen sein. Ver-trauen entsteht. Allerdings bedeutet das für Narzissten gleich-zeitig die schwerste Aufgabe, weil die frühere kindliche Einfüh-lung in die Not der Eltern zur Überforderung der Kinderseele und damit zum Kollaps des Selbst führte.

Alter Ego bedeutet also eine Art Einstiegshilfe in die Vergan-genheitsbewältigung.

Therapeuten können dann z. B. für eine stumm weinende Frau in der Sit-zung sprechen:
»Ihr Weinen klingt jetzt wie das hilflose Schluchzen eines kleinen Mäd-

chens, das sich ganz allein fühlt. Niemand hört, dass es um Hilfe ruft, niemand hört, dass es Hilfe braucht. Es ist so voller Angst, nicht verstanden zu werden. Keiner sieht das Mädchen, keiner passt auf es auf. Und keiner ist da, der es in die Arme nimmt, wärmt und tröstet und es streichelt und ihm gute Worte zuflüstert. Und es ist auch kein Papa da, der es an die Hand nimmt und der es trägt und keine Mutter, die die schmerzenden Stellen streichelt.

Und die Therapeuten fahren fort: »Vielleicht können Sie meinem Bild vom kleinen Mädchen folgen, vielleicht können Sie es selbst rufen hören in sich, selbst weinen spüren und wie dieses Mädchen eigentlich gar nicht böse sein will und nicht streiten, sondern nur in den Arm genommen werden will.«

Diese Reaktivierung vergangener Liebes- oder auch Unglücksbeziehungen setzen die Therapeuten bewusst in Gang. Positive und negative menschliche Beziehungserfahrungen als Erinnerungen prägen unsere Persönlichkeit, gerade auch die unangenehmen und verdrängten. Sie werden hervorgeholt mit Hilfe von imaginärer Szenenarbeit. Das heißt, die Therapeuten rufen zunächst die Erinnerung an das verletzte Kind wach, auch mit Hilfe des *Alter Ego.* Beide Partner erzählen so ihre Konflikte der frühen Zeit, verbunden möglichst mit den damaligen Empfindungen.

Dann finden die Erinnerungen als Rollenspiel im Therapiezimmer ihren dialogischen Ausdruck: Auf einen leeren Stuhl oder ein Polster gegenüber wird die jeweilige kritische Bezugsperson gesetzt und mit ihr zunächst ein Erinnerungsgespräch zu diesen schmerzlichen Szenen geführt. Im dritten Schritt werden Briefe an die wichtigsten Bezugspersonen geschrieben, um den Leidensweg deutlich zu erfassen. Im weiteren Schritt werden diese Briefe erst in der Therapie, dann den Eltern persönlich vorgelesen, immer in Begleitung des Partners. Ein Beispiel:

Liebe Mama,

ich soll dir einen Brief schreiben und will es eigentlich gar nicht. Ich weiß kaum, was ich dir hier schreiben sollte. Es ist, als ob es zwischen uns nichts zu sagen gibt. Ich erinnere mich daran, dass ich während meiner Zeit als Teenager viele Jahre einen regelrechten Hass auf dich gespürt habe. Ich dachte: Was ist das für eine Frau, wie redet die mit mir und auch mit anderen, wie kommt die sich vor? Ich war lange überzeugt, wären wir nicht verwandt, so gäbe es für mich keinen Grund, mit dir irgendeinen Kontakt zu haben. Wenn ich mich noch weiter zurückerinnere, dann fällt mir ein, dass ich in meiner Schulklasse immer die jüngste Mutter hatte. Das gefiel mir. Ich erinnere mich aber auch an viele Jahre, in denen ich mich unendlich für meine Mutter geschämt habe, weil sie eine so unglaublich dicke Tonne war. Und weil sie immer kontrollierend da war.

Wenn ich mit dir sachlich reden wollte, hast du mir zügig erklärt, wie unmöglich ich bin. Eines unserer Familiengesetze lautete immer: Eltern dürfen ihren Kindern wehtun, aber Kinder ihren Eltern niemals. Ich darf nicht nein sagen, und ich darf keine Grenzen haben. Alle Rechte liegen bei dir. (Ich höre schon, wie du jetzt denkst: »Was schreibst du da für einen Blödsinn?«)

Du darfst mich verhauen, du darfst mich vor anderen bloßstellen, du darfst mit anderen gegen mich paktieren und sofort mit einstimmen, wenn irgendjemand irgendwas Negatives über mich sagt. Mir kann man sowieso nicht glauben, ich habe ja schon als winzig kleines Kind sooooo gelogen und dich soooo enttäuscht.

Du konntest mich nicht loben, weil es »einfach keinen Grund dafür gab«.

Du hast mir immer wieder deine Macht demonstriert und mich kontrolliert und mir aufgelauert und mich auch immer wieder erwischt.

Du hattest mein Leben lang guten Grund, mir immer wieder zu sagen: »Du bist schrecklich, bringst alles durcheinander, du bist nicht unsere Tochter, dich hat der Esel im Galopp verloren, bei dir hatte der Teufel seine Hände im Spiel, du bist teuflisch.

Jana

Beim Vorlesen weinte Jana sehr – und wir alle mit. Wir können uns leicht denken, wie solche Worte sich in die Kinderseele eingraben.

Ist es auf diese Weise gelungen, eine Verbindung zur inneren Not und damit zum verletzten Selbst herzustellen, geht es jetzt um *das Bergen des verletzten Kindes*. Fragen tauchen auf:

Woran erinnern Sie sich jetzt? Welche Szenen, Geschichten und Erlebnisse fallen Ihnen noch ein, dass das kleine Mädchen sich so verlassen fühlte? Erzählen sie doch davon! Es geht hier darum, dass Sie als erwachsene Frau das kleine Mädchen in sich wiederfinden und wie es leiden musste. Wie waren Mutter, Vater oder Geschwister, Mitschüler oder Lehrer in der Schule beteiligt?

Es geht beim *Bergen des verletzten Kindes* darum, ein so einfühlsames Umfeld in der Therapiestunde oder zu Hause zu schaffen, ein so aufmerksames Zuhören und gemeinsames Suchen zu erreichen, dass Frau oder Mann voreinander den Mut finden, ihre Aufmerksamkeit auf diese eingeschlossenen Wunden und Störungsherde zu richten. Es kostet Mut, sich damit zu offenbaren, sich zu zeigen, sich überhaupt zu erinnern. Es ist geradezu Indiz für die Stimmigkeit des Vorgehens: Scham, Pein und Angst tauchen bei dieser Sitzung auf. Für die Betroffenen ist es gefährlich, sich so zu zeigen, denn es könnten neue Verletzungen dazukommen.

Beim *Bergen des verletzten Kindes* bemühen sich Therapeuten und Partner, langsam aber sicher die mitunter traumatischen und missbräuchlichen Situationen und Szenen aus der Vorgeschichte auftauchen zu lassen. Dazu gehört als *Ahnenbotschaft* das seelische Einwirken von Eltern, Großeltern, Urgroßeltern und darüber hinaus. Dazu gehören aber auch alle anderen Bezugspersonen. Das können Lehrer, Pfarrer, Jugendführer usw. sein. Das *Bergen des verletzten Kindes* führt häufig zu heftigen Erinnerungen, verbunden mit Weinen, Schluchzen und starken Körperreaktionen wie Frieren, Verkrampfen, Übelkeit, Herzrasen, Bauchdruck, Kopfschmerz usw.

Hier ist ein »Kreuzungspunkt«: Viele nehmen solche Reaktionen zum Anlass, die Gefühlsausbrüche und Erschütterungen zu dämpfen und den Anderen zu beruhigen. Nach der Erkenntnis der Gestalttherapie ist es stattdessen wichtig, an dieser Tiefe des Empfindens dranzubleiben. Statt erneut in die Verdrängung zu gehen, bemühen sich die Partner mutig, diese Seelenarbeit weiter zu vertiefen und in mehreren Sitzungen durch diese ganze Symptomatik hindurchzugehen.

Traumatherapie und klassische Therapie von *Frühgestörten* und *Borderlinern* würden hier nein sagen. Es gilt also, vorsichtig den Weg abzuschätzen. Natürlich dürfen nicht zu schnell und nicht zu heftig ungeahnte Tiefen aufgerissen werden, sonst kann es zu ungeahnten Explosionen kommen. Diese gefährden dann ebenso die Einzelpersönlichkeit wie das System des Paares und der Familie. Das *Bergen des verletzten Kindes* kann also erst beginnen, wenn das Vertrauen zum Partner oder Therapeuten stabil ist. Für den Krisenfall werden Verabredungen getroffen, z. B. mehrere Sitzungen pro Woche und ein »rotes Telefon«. Nach Möglichkeit sollte auch ein Umfeld von weiteren Bezugspersonen bereitstehen.

Positive elterliche Zuwendung heilt den alten Kummer.

Der wichtigste Schritt beim *Bergen des verletzten Kindes* besteht darin, den Partner aktiv einzubeziehen. Er ist wichtiger und im Zweifel der bessere Therapeut. Ist also z. B. die Ehefrau gerade hinabgestiegen in diese Tiefen der Urverletzungen, ermuntere ich den Partner, langsam und vorsichtig eine Hand zur Verfügung zu stellen, etwas näher zu rücken und sie so in diese aufrüttelnden Tiefen zu begleiten. Der Partner hilft mit seinem Körper, seiner Gestik und Sprache. Idealerweise fühlt sich die Klientin dann als kleines Mädchen, das einstmals so sehr die schützenden Arme der Eltern gebraucht hätte und sich nun in den Armen des Partners aufgehoben fühlt. Jetzt ist sie angekommen, jetzt darf sie hier Kind sein unter den hilfreichen Augen der Therapeuten.

Ist der begleitende Partner zu unsicher oder auch zu aggressiv, können anstelle dessen auch die Therapeuten diese Funktion übernehmen bzw. ergänzend hinzutreten. Dann wird die an sich arbeitende Klientin links von ihrem Mann und rechts von ihrem Therapeuten gehalten.

Das daran anschließende *Be-Eltern* führt zu einem weiteren Teil der Vergangenheitsbewältigung. *Be-Eltern* meint mehr, als den Partner und die Klienten in ihrer kindlichen Not abzuholen. Das zuvor gerade geborgene, verletzte Seelenwesen braucht jetzt ein Nachnähren und Behütetwerden, um neues Vertrauen in menschliche Beziehung wachsen zu lassen.

Der helfende Partner bzw. die Therapeuten übernehmen daher für begrenzte Zeit die Aufgabe einer Ersatz-Elternfigur. Das fällt Krisenpaaren sicher nicht leicht, aber sie ahnen sehr schnell, dass es sich für beide Seiten lohnt und die Beziehung enorm verbessert. Sie stellen füreinander väterliche und mütterliche Qualitäten bereit. Dabei vollzieht sich ein therapeutisches Ereignis, nämlich die weiter oben beschriebene *Übertragung*. Wir nehmen an, dass sie sich in einer funktionierenden Liebesbeziehung genauso vollzieht. Dieses hohe Maß an positiver elterlicher Zuwendung führt zur Heilung des alten Kummers. Eine Art Prägungseffekt tritt ein. Daraus resultiert dann ein fast blindes Vertrauen in Therapeuten und Partner. Durch geduldiges Anhören der kindlichen Vorwürfe und Wutausbrüche, durch Ernstnehmen der kindlichen Hilferufe, durch aufmerksame Zuwendung zur kindlichen Bedürftigkeit entsteht neuer Glaube an die Liebe.

Lernen die Partner tatsächlich, wechselseitig auf diese Weise füreinander da zu sein, leisten sie wichtige Aufbauarbeit.

Dieses *Be-Eltern* dient aber auch dazu, in einem weiteren Schritt den richtigen Eltern einen richtigen Platz im Herzen der jetzt erwachsenen Kinder zu ermöglichen. Diese aktive Tiefenpsychologie ermöglicht die Wiederbelebung der kindlichen Liebe. Dadurch werden Konfliktverschiebungen auf den Partner überflüssig. Dass es soweit kommt, ist natürlich nicht einfach zu bewerkstelligen. Mut und Ausdauer gehören dazu.

*Ich frage **Gisela** deshalb vorsichtig, was in ihr vorgegangen ist, als ich diese **Eltern-Übung** vorgeschlagen habe. Ihr Mann **Piet** hat sie schon hinter sich. Er hört jetzt zu. Sie berichtet, dass sie nicht wie er in Angst oder Rückzug gegangen sei, sondern bei sich große Trauer verspüre, die sie stumm mache. Sie wird blass, schweigt, bekommt Atemnot. Erstaunlich für sie, dass sie dabei keine Tränen zeigt und im Gesicht unbewegt wirkt, was sonst ganz anders ist.*

Und siehe da: Aus den Augenwinkeln sehe ich, dass er zu weinen beginnt. Das fällt ihm sonst extrem schwer. Als ich ihn darauf anspreche und sie unterbreche, kommt er fast ins Schluchzen und sagt, wie gern für sie stark sein möchte, wie gern er sie schützen möchte, wie sehr er sie als Kind vor sich sieht und dass er plötzlich auch die Kraft und die Sicherheit habe, dies zu tun (etwas, was sie ewig lang vermisst habe).

Er hat jetzt die Trauer von ihr übernommen und trägt sie aus. Das aber wiederum rührt sie so an, weil sie ihn sehr selten weinen erlebt und schon gar nicht in diesem weichen Zustand, dass sie nun ihrerseits, ohne weiter reden zu können, in Tränen ausbricht.

Ich ermuntere sie, eine Weile dabei zu bleiben, tiefer zu atmen und die Kehle zu öffnen, den Hals zu öffnen, die Töne zuzulassen, dem Atem nachzugehen und alle Poren des Körpers für diese Trauer zu öffnen. Danach ermuntere ich ihn und warne sie vor, dass er sie doch jetzt unterstützen, ihr helfen, sie anfassen soll, damit sie spüren kann, dass sie mit ihrer Trauer, mit ihrer mädchenhaften, kindlichen Sehnsucht bei ihm geborgen ist.

Er rückt tatsächlich sofort an sie heran, weint mit, hält sie aber noch sehr unsicher und ungeschickt. Daraufhin entschließe ich mich nun mei-

nerseits, von der anderen Seite an sie heranzutreten und auch meine Hände auf sie zu legen.

Dies tue ich, um die Leiberfahrung in ihrer Seele zu verankern. Sie muss gerade jetzt das kindliche Geborgensein fühlen können und im Körpergedächtnis speichern. Am Schluss der Stunde liegen Beide Arm in Arm und wollen nun intensiv weiterarbeiten.

Jetzt erweitern wir die bisherige Paararbeit zunächst um die *Bezugspersonenarbeit*: Für einen Teil der Reise werden sonstige Weggefährten eingeladen, mitzukommen. Die eigenen Eltern oder Kinder, Geschwister, andere Verwandte, Lehrer, Freunde und Kollegen, Menschen also, die für die Seelenentwicklung besonders wichtig bzw. schädlich waren, holen wir nach Möglichkeit dazu. Weiter werden auch andere Bezugspersonen wie Exfrauen oder Exmänner eingeladen. Viele der Rat suchenden Partner mit ein oder zwei gescheiterten Ehen spielen diese Erfahrungen herunter. Das seien »Jugendehen« oder kurze Episoden gewesen, ohne große Bedeutung. Deren Scheitern soll den jetzigen Partner nicht hellhörig machen. Gerade das Hinzuziehen der geschiedenen Partner aber ist oft eine große Hilfe. Der jetzige Ratsuchende kann dabei auch lernen, den Expartner von Auge zu Auge oder in einem Brief um Verzeihung zu bitten. Das fördert natürlich sein selbstkritisches Bewusstsein, das besonders im nächsten Schritt intensiv gebraucht wird.

Einfacher wäre es, das Paar sucht diese Bezugspersonen gemeinsam auf und bindet sie in seine Arbeit ein. Da dann aber die Gefahr besteht, dass nur die alten Beziehungsmuster wiederholt werden, braucht es die therapeutische Initialsitzung. Liebesarbeit schließt Beziehungsarbeit ein. Streit mit den Geschwistern, Krach mit Verwandten oder gar Beziehungsabbruch mit den eigenen Kindern deutet immer auf eine gestörte Liebesfähigkeit als Folge früher Störung hin. So lieben sich Geschwister aus einem gestörten Elternhaus selten, sondern setzen den Krieg der Eltern untereinander fort, statt sich im Kummer zu solidarisieren. Ganz anders als im Märchen von »Hänsel und Gretel« oder »Brüderlein und Schwesterlein« stehen sie sich in der Not nicht bei, sondern bekämpfen sich aufgrund der seelischen Erblast.

Zu dieser Arbeit mit möglichen Bezugspersonen und Wegbegleitern gehört es dann auch – der inneren Logik entsprechend – im akuten Fall die Geliebte oder den Geliebten mitzubringen. Das bedeutet die größtmögliche Verdichtung der Konfliktdynamik. Der therapeutische Prozess wird zur Stunde der Wahrheit. Die damit verbundene Dramatik schärft den Blick für das Wesentliche, zerreißt den Schleier von Lügen und Betrügen und gibt den Weg frei für die not-wendige *Seelentiefe*. Eine solche *in-vivo-Therapie* führt zu großer Intensität der therapeutischen Atmosphäre, die aufdeckend, aufrüttelnd, beschleunigend und heilsam wirkt. Bezugspersonen aus dem Umfeld so direkt am therapeutischen Prozess zu beteiligen, ist neu. Das muss verwundern, da die intensive Wirkung daraus durch nichts anderes zu ersetzen ist.

Für die *Paarsynthese* gilt, dass die wichtigsten, erreichbaren und ansprechbaren Bezugspersonen für ein bis drei Sitzungen miteinbezogen werden. Natürlich sind dem Grenzen gesetzt, wenn diese verstorben oder schwer krank sind oder zu weit weg wohnen. Oft sind es mehr innere Angst und Widerstand gegen die befürchtete intime Konfrontation, die Klienten und Therapeuten von dieser therapeutischen Intervention abhalten, als praktische Hindernisse. Ich habe erlebt, dass eine 89-jährige Mutter vier Stockwerke meisterte, weil ihre Tochter sie gebeten hatte, zu einer therapeutischen Sitzung mitzukommen. Und ein Vater flog eigens aus Australien nach Hamburg zur Sitzung, um mit seiner Tochter zusammen nach der verloren gegangenen Liebe zu suchen.

Wichtig ist eine größtmögliche Verdichtung.

Sie ist die zentrale und wichtigste Form von *Bezugspersonenarbeit.* Wie aber ist es – therapeutisch gesehen – zu verstehen, dass die Eltern für die jetzt streitenden, doch erwachsenen Kinder so zentral sind?

Stellen wir uns vor, dass es sich um eine zu harte Erziehung gehandelt haben mag, in der vielleicht sogar nur die Geschwister oder nur der Bruder allein geschlagen wurden, dann hat das nachhaltig Ängste auch in der nicht betroffenen Schwester ausgelöst. Wenn diese bei der Aufarbeitung zur Sprache kommen, versuchen die Eltern meist, die Szenen herunterzuspielen oder gar zu leugnen. Nun beginnt die Feinarbeit: Das subjektive Empfinden des Kindes steht gegen die Rechtfertigung der Eltern. Erlittenes Unheil wird als nicht existent deklariert. Als Ausweg blieb dem Kind damals nur, in der Identifikation mit dem geschlagenen Bruder vor der Übermacht der Eltern zurückzuweichen und sich selbst schuldig zu fühlen. Innere Wertlosigkeit ist die Folge. Der lebendige Bezug zum eigenen Selbst geht verloren: Kälte und Empfindungslosigkeit breiten sich aus, gehen über in ein Gefühl der inneren Leere. Ersatzhandlungen ersetzen das wahre Empfinden. Streit mit dem Partner wird provoziert. Erst durch Schmerzen wird Fühlen möglich. Diese Spirale dreht sich immer weiter.

Bevor es aber zu dieser Aufarbeitung mit den Eltern kommt, ist es natürlich wichtig, dass die Therapeuten die hinzugezogenen Bezugspersonen empfangen und einweihen in das therapeutische Geschehen. Sie sichern ihnen genauso respektvolle Behandlung zu wie den Klienten selbst. Ziel ist es immer, Frieden zu schließen. Das darf aber nicht in oberflächlichen Ritualen und Worthülsen geschehen. Auferlegte kindliche Ehrfurchtsbezeugungen aus der moralisch-künstlichen Weltordnung von Hellinger zum Beispiel untermauern stattdessen nur die seelischen Fehlhaltungen. Zorn, Wut, Enttäuschung und Verzweiflung über seelisch Erlittenes muss an die richtigen Adressaten zurückgegeben werden. Dann erst, aber jetzt auch wirklich, kann eine wieder erwachende liebevolle Zuwendung wachsen, statt beispielsweise die Beziehung zu den alten Eltern in Schweigen oder frostiger Abweisung erstarren zu lassen. Die Wiedererweckung der frühen Liebesbeziehungen bietet dann den befreienden Hintergrund und das nötige Fundament zur Wiederbelebung der jetzigen Beziehung.

Häufig zeigt sich bei den Klienten Widerstand dagegen, gerade die alten Eltern mit in die Therapie zu bringen. Zur Entschuldigung der doch für schuldig befundenen Eltern wird vorgebracht, dass sie zu krank, zu erschöpft und zu gefährdet seien. Es ist aber unerlässlich, die für diese frühen Probleme zuständigen »alten« Bezugspersonen ohne die damalige Ohnmacht mit der Stärke des jetzt gleichberechtigten Kindes zu konfrontieren. Erst auf diese Weise vollzieht sich die Durch- und Verarbeitung hin zur freien und würdevollen Persönlichkeit.

Die Widerstände dagegen sind unterschiedlich groß, durchaus ernst zu nehmen und doch zu überwinden.

Was sollen denn meine armen kranken Eltern hier noch tun? Ich habe meinen Frieden mit ihnen, sie kommen kaum noch die Treppe hoch und könnten nur einen Herzinfarkt dadurch erleiden.

Dies ist wohl die häufigste Rationalisierung vonseiten der Klienten, um sich dieser Herausforderung nicht stellen zu müssen. Ich arbeite dann daran, diesen Widerstand zu überprüfen, zu hinterfragen, letztendlich in ein konstruktives Mitarbeiten umzuwandeln. Manchmal übernehme ich es als Therapeut sogar selbst, die Eltern telefonisch um ihr Erscheinen zu bitten, wenn deren Weigern dem bittenden Kind gegenüber zu hartnäckig bleibt. Gibt es gar keine Möglichkeit des persönlichen Erscheinens, können ersatzweise Briefe zur Beziehungsklärung geschrieben werden. Diese werden den Eltern geschickt, vielleicht auch am Krankenbett oder am Grab vorgelesen, manchmal auch nur in der Therapie oder mit dem Partner durchgearbeitet. Dialoge, die so nie stattgefunden haben mit den Eltern, können auch in der Therapiesitzung im Rollenspiel mit einem leeren Stuhl als Gegenüber nachgeholt werden.

Dass die Eltern schließlich einsichtig werden, trotz aller Liebe oft ungewollte Fehler begangen zu haben, und dafür um Verzeihung bitten, ist die menschliche Größe, die die Wunden ihrer Kinder heilt.

*So habe ich es einmal erlebt, dass Vater und Sohn die **Faustübung** gemeinsam gemacht haben: Symbolisch für Beider Gekränktsein und jahrzehntelange Wut aufeinander haben sie versucht, ihre angespannten, verkrampften Fäuste – einander vorsichtig abtastend – langsam liebevoll zu öffnen und Vertrauen zu fassen. Am Schluss standen Vater und Sohn Tränen in den Augen, und sie umarmten sich, und jeder der Beiden entschuldigte sich beim Anderen.*

Ein solcher Weg der Versöhnung und der Verzeihung ist dann auch vorbildhaft für den Weg der Versöhnung zwischen den Partnern.

Der Partner sollte in der Regel immer mit dabei sein, denn Beide sind in diesem Abschnitt Entwicklungshelfer, besser noch Geburtshelfer füreinander. Sie lernen, sich in der Krise solidarisch zu verhalten, statt sich in Ersatzhandlungen zu zerstreiten. Vergangenheitsbewältigung seelischer Art wird auf diese Weise möglich. Und je öfter die Partner sich diese ihre Geschichte gegenseitig erzählen und je mehr sie sich gegenseitig Fragen dazu beantworten, desto heilsamer wird der Austausch. Das Vertrauen in den Anderen wächst – und damit die ersehnte Intimität. So entsteht langsam ein Mosaik der Lebens- und Liebesgeschichte beider Partner. Gegenseitiges Verständnis für alte Kränkungen und ihre Wiederholungen in der »Jetzt-Beziehung« wird möglich.

Jetzt müsste eigentlich alles gut werden. Aber trotz dieser pfleglichen Zusammenarbeit treten allzu oft neue Hemmnisse der Liebe in den Vordergrund. Das ist die gefährliche Klippe der Seelenarbeit von Paaren: Rückfälle in alte Streitgewohnheiten. Sie rauben schnell den Glauben an den Partner, lassen vorzeitig resignieren, zerfressen die *Paarsubstanz.* Das sind Kennzeichen für einen noch tiefer liegenden Konflikt, der Beiden gemeinsam ist.

Jeder weitere Aufbau der Liebesfähigkeit eines Paares hängt nun davon ab, diesen gemeinsamen blinden Fleck zu finden, sein schädliches Wirken zu erfassen und ihm einen Namen zu geben. Dann erst wird er zu behandeln sein. Dann erst kann der Fluch aufgehoben, der Bann gebrochen werden.

DIE THERAPEUTISCHE TREPPE

Sie stellt im Vorgehen der *Paarsynthese* den Partnern das geeignete Werkzeug zur Verfügung und führt auf der Reise hinab in die dunklen Höhlen der Vorzeit uralter Kränkungen und Verletzungen. An ihrem tiefsten Punkt führt sie zur Entdeckung gemeinsam erlittener Seelenbehinderungen.

Sie zeigt anfangs den Weg, konfliktbewusst die Krisendynamik der Beziehung in direkte Verbindung mit der eigenen *Partnerwerdung* zu setzen. Diese *Partnerwerdung* hat schon Im Mutterleib begonnen und wird von den ersten Minuten und Stunden des Neugeborenen an durch das Kindesalter hindurch fortgesetzt. Über die inzwischen erarbeiteten Störungsherde an der eigenen Liebesfähigkeit hinaus steigen wir dann im Verlauf der *Therapeutischen Treppe* immer tiefer in den Keller der seelischen Ablagerungen. Vom verletzten Kind haben wir bisher erfahren, was alles an *Altlast* und *Ahnenbotschaft* als eigener Anteil am Paarkonflikt in die Jetzt-Beziehung hineintransportiert wurde. Aber erst auf der untersten Stufe findet sich der Beiden gemeinsame Kernkonflikt, der so genannte *Substanzkonflikt.*

Von ihm geht die größte Gefahr für das Paar aus. Nun geht es nicht mehr um deine oder meine Schuld, um deine oder meine Fehler. Viel mehr noch krankt die Liebe des Paares an einem Störungsherd, der Beide gemeinsam betrifft. Abwehr der eigenen Schattenseiten und Widerstand gegen die des Partners lassen sich nicht mehr auseinander halten und sind nicht voneinander zu trennen.

Dieser *Substanzkonflikt* als letzter und zentraler Störungsherd der Liebe verursacht hauptsächlich die permanenten und zerstörerischen Streitereien des Paares. Er stellt den Ort der größten gemeinsamen Blockierung dar, einer den Beiden gemeinsamen narzisstischen Verwundung. Die Psychoanalyse spricht deshalb vom *Gemeinsamen Unbewussten.* Dieses ist zu verstehen wie der eigentliche »Gordische Knoten«: Haben sich zuvor schon die Ungereimtheiten, kindlichen Bedürftigkeiten, Ängste und traumatischen Erfahrungen mit denen des Partners zu einem unentwirrbaren Knäuel verbunden, steht jetzt das gemeinsame Krisenpotential im Vordergrund. Wurde bisher die eigene innere Unfriedlichkeit und Unausgeglichenheit im endlosen *circulus vitiosus* auf den Partner abgewälzt, taucht jetzt gemeinsame Zwiespältigkeit auf, aus der allmählich erst Zwietracht wird.

Die Rede ist von Aufträgen und Botschaften, die einerseits persönliche Stärke bedeuten, andererseits zur Auseinandersetzung führen. Es sind dies Ressourcen, auf die wir zurückgreifen, um unser Leben sinnerfüllt aufzubauen. Stärken, auf die wir nicht verzichten können, um unsere Potenziale zu entfalten. In der späteren Entwicklung aber wandeln sie sich – und das ist das besonders Schwierige daran – unmerklich ins Negative. Wie ist das zu verstehen?

Der *Substanzkonflikt* rührt aus an sich wichtigen und guten Grundhaltungen, elterlichen Ratschlägen, übernommenen Idealen von geliebten Vorbildern wie: Sei stark! Frauen sind edel. Männer sind stark. Sei hilfsbereit! Sei fleißig! Selbstständigkeit, Unabhängigkeit, Ehrgeiz, Sensibilität und viele andere Eigenschaften wirken zunächst anziehend. Auch Werthaltungen gehören dazu, die wir uns als persönliche Haltung angeeignet haben, durch wachsende Überbetonung aber allmählich schwierig bis konfliktreich werden, wie z. B. Freiheit, die grenzenlos wird; Hingabe, die willenlos macht; Stärke, die rücksichtslos macht; Vertrauen, das blind macht; Pflichtgefühl, das herzlos macht; Glaube, der fundamentalistisch und Spiritualität, die weltfremd wird.

In der bewussten Partnerwahl wirkten diese Eigenschaften und Einstellungen zu Beginn als Stärke und glückliche Übereinstimmung. Paare wählen sich deshalb bewusst. Später können sie sich gegenseitig damit konfrontieren und dadurch oft zu einer Lösung verhelfen. Wie die Analysen zum *Substanzkonflikt* zeigen, handelt es sich dabei in der Regel um Inhalte, die wir jetzt schon als die fünf wichtigsten Grundthemen von Partnerkonflikten kennen: mangelnde Beziehungstiefe, Ängste, Unfreiheit, Entwürdigung und Erstarrung.

Erst in der allmählich einsetzenden, graduellen Übersteigerung dieser Themenbereiche kommt es zur Konflikthaftigkeit. Konfliktsteigernd kommt hinzu, dass die Partner sich im Lauf der Zeit und der Beziehung in der Ausprägung dieser Grundhaltungen unterschiedlich, manchmal sogar entgegengesetzt, entwickeln. Das erklärt auch, dass diese Konflikte erst später in Beziehungen virulent werden. Mit zunehmendem Alter versteifen sich die Persönlichkeiten darin, werden erst starrer, dann sturer. Da die Partner diese Werthaltungen ursprünglich gemeinsam vertreten haben, halten sie auch umso mehr daran fest. Was lange gutgeheißen war, führt jetzt zur Verhärtung. Dann beginnt eine schwierige Auseinandersetzung, die sich steigern kann bis zur Unerbittlichkeit. Ein subtiles, mitunter zähes Ringen setzt ein. Denn ein Teil in diesem Ringen bleibt unbewusst und ist deshalb zunächst gar nicht zu benennen. Unbewusst bleibt beiden Partnern, wie die einstmals als wertvoll erachteten Haltungen sich in zerstörerische verwandeln. Ersatzkriege werden dann stattdessen geführt. Wo kein Name, kein Begriff, kein Wissen ist, kann auch kein Hebel angesetzt werden. Dann gelingt es nicht mehr, diese Fäden nach und nach zu entwirren. Dann

> Eigene Fehler einzugestehen statt sie dem Partner nachzuweisen, entwaffnet und schafft Frieden.

ist es manchmal wie bei Alexander dem Großen notwendig, diesen Gordischen Knoten zu durchschlagen. Das kann in der Therapie geschehen, aber wohl kaum mit einem Schwert, sondern mithilfe der *Therapeutischen Treppe*.

Sie macht deutlich, wie die Konflikte des Einen sich mit denen des Anderen verbinden, warum die Liebe sich zum Albtraum wandelt. Das gilt für die gegenseitigen Fehler ebenso wie für die gemeinsamen. Die Partner sollten sich dazu hilfreich an der Hand nehmen und die Therapeuten sie liebevoll auf ihrem Weg begleiten, teils auch führen, um sich im Dunklen nicht zu stoßen. Denn die vielen »blinden Flecken« die es nach und nach aufzudecken gilt, verhindern die klare Sicht. Erst dann, wenn Beide sich auf der tiefsten Stufe der Treppe wissen, wenn sie wissen, was für eine Last sie jeweils zu tragen haben, wie sie sich darin ergänzen, gegenseitig und gemeinsam damit behindern, dann erst können sie sich auf den Weg machen, die Treppe auf der anderen Seite des Kellers wieder emporzusteigen.

Anders ausgedrückt kann es auch heißen: Nur wenn Beide lernen, sich selbst zu überwinden, statt den Partner niederzuringen, ist der Krieg zu gewinnen. Statt den Anderen klein zu kriegen, zeigt jeder sich selbst in seiner Kleinlichkeit. Heilung liegt in solch einer Tat, sogar Erlösung: Ein solches Eingeständnis wirkt wie das Niederlegen von Waffen und entwaffnet auch den Partner. Erleichterung auf beiden Seiten folgt.

Die Grafik zur *Therapeutischen Treppe* veranschaulicht das Vorgehen bei dieser Liebesarbeit und hilft den Partnern, die Orientierung zu behalten. Sie ist wie ein Leitfaden für die Eigentherapie des Paares, parallel zur Arbeit mit den Therapeuten. Diese Treppe besteht aus fünf Stufen, die durch fünf Fragen gekennzeichnet sind, die jeweils mit dem Buchstaben W beginnen, nach dem Schema: Was – Wie – Woher – Wie – Warum.

Frau und Mann versuchen jetzt, diese Treppe mithilfe des Anderen und der Therapeuten aus ihrer jeweiligen Sicht zu beschreiben und abwechselnd damit zu arbeiten.

Auf den gegenüberliegenden Stufen geht es in der Liebesarbeit des Paares dann nach dem Durchschreiten der Talsohle die Treppe wieder aufwärts.

Am Anfang dieser Paararbeit und zu Beginn jeder neuen Stufe stehen Fragen. Immer sind es Fragen, die weiterhelfen und schließlich zum Ziel führen, sofern sie richtig gestellt werden. Am Anfang jeder Philosophie stehen Fragen, so auch hier in der Psychologie des Paares. Fragen statt Streiten löst Konflikte leichter oder verhütet sie sogar. Einige der wichtigen Fragen zu den jeweiligen Stufen sind folgende:

1. Stufe: Welcher Konflikt steht zwischen den Partnern? Welches Thema drängt in den Vordergrund? Welches Leid haben die Beiden? Was sind der Streitanlass und die wirklichen Ursachen dahinter? (*Paargestalt*)

2. Stufe: Wie sind ihre Gefühle in diesem Konflikt? Wie empfinden sie ihre eigene Lage und die des Partners? Wie ver-

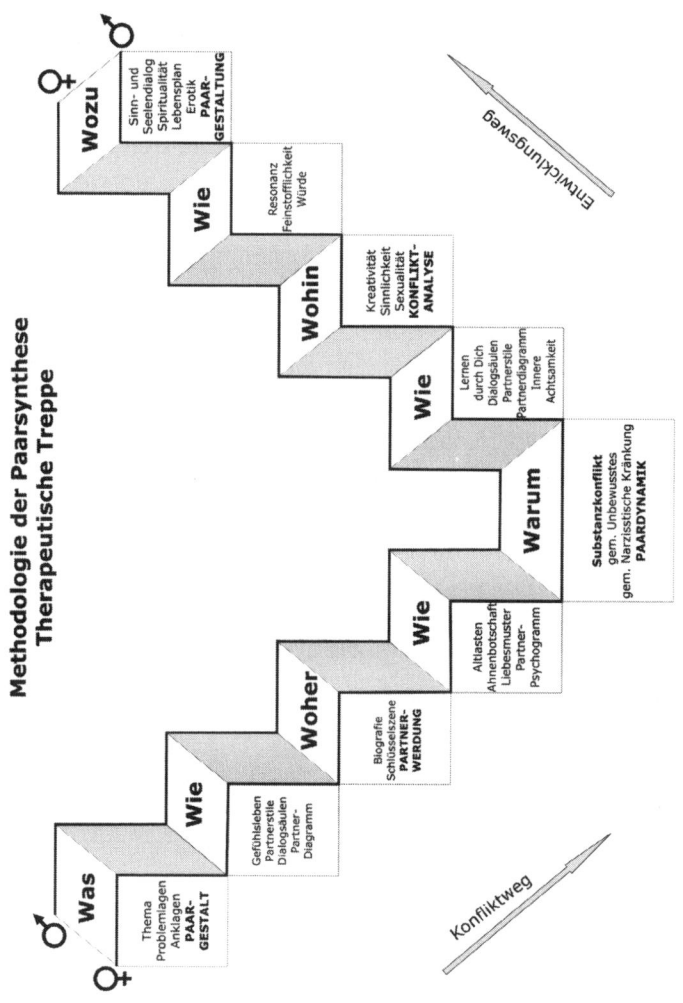

Methodologie der Paarsynthese
Therapeutische Treppe

Was
Thema
Problemlagen
Anklagen
PAAR-GESTALT

Wie
Gefühlsleben
Partnerstile
Dialogsäulen
Partner-Diagramm

Woher
Biografie
Schlüsselszene
PARTNER-WERDUNG

Wie
Altlasten
Ahnenbotschaft
Liebesmuster
Partner-Psychogramm

Warum
Substanzkonflikt
gem. Unbewusstes
gem. Narzisstische Kränkung
PAARDYNAMIK

Wie
Lernen
durch Dich
Dialogsäulen
Partnerstile
Partnerdiagramm
Innere
Achtsamkeit

Wohin
Kreativität
Sinnlichkeit
Sexualität
KONFLIKT-ANALYSE

Wie
Resonanz
Feinstofflichkeit
Würde

Wozu
Sinn- und
Seelendialog
Spiritualität
Lebensplan
Erotik
PAAR-GESTALTUNG

Konfliktweg

Entwicklungsweg

187

zweifelt ist der Eine und wie der Andere? Wie sind die Empfindungen im Körper abgespeichert? Gefühle und Empfinden sind ausschlaggebend, nicht die Fakten als solche. Gefühle entscheiden, was wir aus den Fakten machen. (*Partnerstile*)

3. Stufe: Woher und aus welcher Zeit vor dieser Beziehung sind diese Gefühle bekannt? Welche dieser Leidensgeschichten kennen die Partner schon seit der Kindheit? (*Partnerwerdung*)

4. Stufe: Wie haben die Partner damals diese Gefühle erlebt? Wie haben sich die Erinnerungen eingegraben? Wie haben die Eltern sich geliebt? Wie haben die Eltern ihre Liebe an die Kinder weitergegeben? Wie haben die Geschwister sich untereinander geliebt? (*Liebesmuster*)

5. Stufe: Die letzten Fragen werden dann zur Stunde der Wahrheit: Warum und wozu im Leben haben wir uns getroffen? Warum und wozu streiten wir im Kern? Warum passen unsere frühen Kränkungen und Verletzungen zusammen? Warum hat das Leben dich mir geschenkt? Warum wollen wir beide unser gemeinsames Problem nicht sehen? Warum haben wir keinen Namen dafür? (*Substanzkonflikt*)

> »Warum wollen wir beide unser gemeinsames Problem nicht sehen?«

Auf dieser untersten Treppenstufe angekommen, sollen einer oder zwei klare Begriffe reichen, um auf diese Weise den *Substanzkonflikt* fest zu definieren. Damit ist auch klar, woran das Paar jetzt zielgerichtet arbeiten kann. So wird es leichter, am Kern zu bleiben und den eigentlichen Störungsherd zu beheben. Die Treppe aufwärts kann nun in Angriff genommen werden.

Allerdings bedarf der gefundene Begriff zum *Substanzkonflikt* immer wieder der Überprüfung und noch stärkerer Präzisierung. Zu Recht besteht die Hoffnung, dass die Partner bei ihrer engagierten Suche immer dichter an den Störungsherd, die Wahrheit über das verborgene Streitmotiv, gelangen.

Wie leicht nachzuvollziehen ist, bedeuten besonders die Hinzuziehung der möglichen Bezugspersonen und auch der Weg der *Therapeutischen Treppe* eine ungeheure Verdichtung dieser Liebesarbeit. Immer wieder taucht deshalb die Frage auf, wie viel davon überhaupt notwendig ist und ob das gut und nicht zu gefährlich ist, gerade bei *Frühgekränkten*.

Die Therapeuten müssen sich dessen immer bewusst sein, dass hier Risiken lauern. Aber aus der Tatsache, dass Risiken da sind, kann nicht gefolgert werden, diese therapeutischen Wege nicht zu beschreiten. Sie ängstlich zu vermeiden oder so zu tun, als ob man sie außer Acht lassen könne, verhindert die spätere Entwicklung des Paares nur noch mehr. Konfliktscheue verhindert Konfliktbereinigung.

Das Zusammenführen der wichtigsten Bezugspersonen bewirkt oft ein Wegschmelzen, ein Durchdringen, ein Eindringen, ein Wegstreicheln alter Wunden und Freiheit für ein neues Liebesverständnis. Erst diese menschliche Verdichtung erzeugt die intensive Herzenswärme, die nötig ist, um die seelischen Wundeinschlüsse zu heilen. Abwehrmauern können dadurch beiseite geräumt, überklettert oder einfach nur geöffnet werden. Widerstand erweist sich dann als überflüssig, nicht mehr nötig wie ehemals in vergangen Tagen und zeitigt seine Schädlichkeit im destruktiven Energieverlust der Streitereien.

Durch die aktive Tiefenpsychologie und die *Bezugspersonenarbeit* im Vorgehen der *Paarsynthese* werden intime Erinnerungen daran seelisch umbewertet und restrukturiert. Durch evozierte Szenenarbeit, imaginäre und reale Reisen in die Kindheit, provozierte Dialoge mit alten Bezugspersonen, bibliographisches Be- und Verarbeiten, aufdeckende Erinnerungsarbeit bis hin zur emotionalen Wiederannäherung und Versöhnungsimpulsen werden verdrängte und traumatisierte Anteile bewusst gemacht. Dabei freiwerdende Ängste wandeln sich in sicheren Selbstwert durch körperlich-seelisches Nachnähren im therapeutischen Dialog. Das bedeutet, dass die Therapeuten selbst auf allen Dialogsäulen zur Verfügung stehen. Sie stellen eine hohe Dichte zu den Ratsuchenden her, indem sie körperlich nähren, emotional eintauchen, verbal bereichern und seelisch verbinden. Für den Zeitraum der jeweiligen Sitzung stellen sie so selbst große Intimität her.

Dritte Station: *Paardynamik*

Themen: Dialog: – Anreichern – Inszenieren – Tiefen – Verdichten – Intimität – Opfer/Täter – Selbstkritik – Sexualität – Übungen
Schwerpunkt: Dialogvertiefung

Das Paar setzt jetzt die Reise mit sehr viel weniger Gepäck fort. Alte Lasten sind abgetragen worden, Enttäuschung und Wut aus früheren Zeiten an die Verantwortlichen zurückgegeben, und neues Selbstvertrauen ist gefunden. Aber neue Gefahren tauchen auf. Das Eis ist noch dünn, die *Paarsubstanz* immer noch nicht tragfähig. Bis hierher ist erst etwa ein Drittel der anstehenden Arbeit durchgeführt. Ein halbes Jahr intensiver Beziehungsarbeit ist abgeleistet.

Jetzt erst beginnt die eigentliche Paararbeit und Paartherapie. Die bisherige Arbeit entspricht im Grunde einer intensiven Einzeltherapie. Sie wurde allerdings verdichtet durch die Mitarbeit des jeweiligen Partners als Entwicklungshelfer. Verletzte Seelenanteile, *frühe* und *neurotische Störungen*, seelische Defizite, Fehlhaltungen und Blockierungen, *Altlasten* und *Ahnenbotschaften* beim Einzelnen wurden bearbeitet. Die bisher tiefenpsychologische Arbeit mit *Paargestalt* und *Partnerwerdung* lieferte das Fundament für neue Verständigung in der *Paardynamik*. Die Partner haben eine offenere Sichtweise füreinander und können sich einander verständnisvoller zuwenden. Da die Blockierungen und schädlichen *Liebesmuster* der Vergangenheit weitgehend aufgedeckt und entschärft sind, gilt es nun, die freiwerdenden Potenziale auf menschlich erfüllende und lustvoll befriedigende Weise in den Dialog mit dem Partner einzubringen. Die störende oder gar zerstörende Wirkung der *Altlasten* kann jetzt in Heil bringende und heilende Kraft der Liebe umgepolt werden.

Der entscheidende Schritt ist zu wagen, im beginnenden Gleichgewicht der Kräfte den stimmigen Austausch von Körper, Geist und Seele zu finden. War es bisher mehr ein Abarbeiten alter Lasten, beginnt jetzt die direkte Dialogarbeit des Paares. *Dialogvertiefung* ist das Ziel. (Cöllen/Jung 2002) Die Partner reichern ihre *Paarsubstanz* zusehends an, indem sie die Techniken und Methoden aus der begleitenden Paartherapie stärker zwischen sich einsetzen. Sie heilen bzw. therapieren sich selbst mehr und mehr. Abwehr und Widerstand funken zwar immer wieder heftig dazwischen, aber sie sind leichter dingfest zu machen. Die Partner berichten in diesem Abschnitt häufig, dass sie sich zwar immer noch streiten, ihre Streitigkeiten aber schneller beenden. Sie sind nicht mehr tagelang verstockt und überprüfen in Vor- und Nachgesprächen ihre Streitdynamik intensiver.

Die Therapeuten leiten dafür die Partner an, einander kritische, aber nicht verletzliche Rückmeldung zu geben anhand der Fragen nach den fünf Abwehr- und Widerstandsmechanismen:

1. Wo finden Übergriffe in der Beziehung statt? Wo wird das Du des Partners bedroht, statt den Fehler bei sich selbst zu suchen?
2. Wer ist auf welche Weise Täter? Welche Not steht dahinter? Was ist das Ziel?

3. Wer übt Fremdbestimmung aus? Wer erfüllt nicht seine Selbstbestimmung? Warum nicht?
4. Wer verletzt die Würde des Anderen? Was steht dahinter? Wie erweisen die Partner sich gegenseitig Würde?
5. Wer hindert wen an seiner Entfaltung? Wer verhindert sich selbst? Und warum? *Selbstverhinderung* führt zur *Partnerverhinderung*.

Als weitere wichtige Vorgehensweisen zur *Dialogvertiefung* sind zu nennen: Anreichern, Inszenieren, Tiefen, Verdichten. Die Therapeuten machen es vor, die Partner üben es dann zu Hause. Praktisches Vorgehen und therapeutisches Aufarbeiten gehen jetzt Hand in Hand.

Anreichern

Gemeint sind hier die Fülle und der Reichtum im innigen Miteinander und das sinnliche Erweitern der partnerschaftlichen Kommunikation und Interaktion. Laut der bisher größten wissenschaftlichen Untersuchung zu Partnerschaftsproblemen (Theratalk 2005) mit über 50 000 befragten Frauen und Männern rangieren in der Liste der »Top 10« der Partnerschaftsprobleme Unzufriedenheit mit Sexualität (49 %) an erster und Kommunikationsprobleme (48 %) an zweiter Stelle. Diese Ergebnisse sind zu plakativ. Die darunter liegenden Sehnsüchte und Ängste sind entscheidend. Mehr körperliche und seelische Präsenz durch einander zugewandte Gesten, aufmerksame Blickkontakte, kleine Berührungen, liebevolle Briefe, innige Ansprache und andere Signale der Verbundenheit werden gewünscht, aber häufig vermieden. Jetzt lernen die Partner, eigene Gedanken, Erlebnisse und Gefühle öfter zum Thema zu machen. Seelische Empfindungen sind Nahrung für die Beziehung. Zusätzlich suchen die Partner nach mehr Ideen und Einfällen, einander kleine Aufmerksamkeiten zu schenken.

Die Partner verabreden dazu feste Partnerzeiten pro Woche nach Terminkalender. In der Regel bedeutet das, mehr Zeit für die Liebe aufzuwenden als vor Therapiebeginn. Auf diese Weise wird die Selbstverständlichkeit ausreichender Partnerzeit nicht ständiger Anlass für neuen Streit. Zeit ist eine der fünf Partnersäulen. Sie ist Vorraussetzung für das Überleben der Liebe wie der Körper Vorraussetzung für das Überleben überhaupt ist. Partnerzeit meint hier aktive Zuwendung und nicht ein passives Nebeneinander.

Inszenieren

Gemeint ist hier emotionale Befriedigung mit dem Partner: Zeiten für Gespräche, Seelenberührung und Gefühlsaustausch werden bewusst herbeigeführt, nicht dem Zufall überlassen oder der Initiative des Andern. Beide überlegen sich wechselweise Schwerpunktthemen für *Zwiegespräche*. Gemeinsame Aktivitäten werden vorbereitet, mit und ohne Kinder. Dialogabende werden verabredet. Nacheinander gibt es Abende für den reinen *Sprachdialog*, der dem Klären, Besprechen, Klönen, Diskutieren, Organisieren gewidmet ist. Dann kommt ein Abend nur für reinen *Körperdialog* mit Streicheln und zärtlichem Verwöhnen ohne Geschlechtsverkehr. Der dritte Abend dreht sich ausschließlich um den *Seelendialog* mit Ängsten, Sorgen, Lebenszielen, geistigem Verstehen, Wünschen und Fantasien und dem Aufeinander-neugierig-Sein. Und schließlich wird ein Abend nur für den *Gefühlsdialog* reserviert, nämlich für Romantik, Sehnsucht, Hoffnungen und Träume, zärtliches Genießen. Die Gestaltung wird wechselweise übernommen. Paarwochenenden werden dazu eingeplant. »Inszenieren« meint darüber hinaus das Eingreifen der Therapeuten zur Intensivierung der Arbeitsprozesse. Szenen aus der Kindheit, die zu seelischer Belastung führten, werden nachgestellt und -gespielt. Das inszenierte, erneute und diesmal bewusste Durchleben der damaligen Gefühlsdramatik und das Umsetzen in emotionale Aktionen, z. B. den Eltern, Geschwistern oder dem Partner gegenüber, führt zu einer Art innerer Reinigung, einem kathartischen Erleben. Es befreit die Seele von *Altlasten.*

TIEFEN

Das *Tiefen* zielt jetzt nicht mehr auf das Arbeiten mit den Kindheitsbelastungen, sondern meint hier die Suche nach vertieftem, intensivem Erleben zwischen den Partnern. Die Alltagsroutine des Paares und gleichzeitig die inneren Hemmungen vor tiefen Gefühlswallungen sollen durchbrochen werden. In der tiefsten Tiefe der Seelen anzukommen, erfüllt die Liebenden.

Die meisten Paare scheitern daran, dass ihnen diese *Seelentiefe* im Alltag abhanden kommt. Anerzogene Scham und Angst vor Bloßstellung behindern den freien seelischen Ausdruck. Jede äußere Ablenkung verstärkt diese Vermeidung von Innigkeit. Das Fernsehen bietet dann billigen Ersatz und wird so in vielen Ehen zum gefährlichen »Liebestöter«. Unsere digital geprägte Gesellschaftskultur unterbindet mehr und mehr eine Gefühlskultur. Fastfood auch für Seele und Gemüt wird in endlosen Folgen einer Soap-Opera produziert. Coolness ist Trumpf.

Sich wieder Liebesbriefe und Gedichte zu schreiben, sich gegenseitig nach Gefühlen ausdrücklich zu erkundigen, sich Zeit zu nehmen für Gefühle oder sie sogar zu veröffentlichen, ist eigentlich nur den Dichtern und Pastoren auf der Kanzel gestattet. Aber: Sehnsucht ist das Atmen der Seele, Gefühle sind ihre Nahrung und Träume ihre Heimat in uns.

So schenken sich Ute und Eberhard zu Weihnachten, seit vielen Jahren endlich wieder, einen Liebesbrief:

Meine liebe Ute,
das Fest der Liebe – ich will es auch dazu nützen meiner Liebe zu dir
nachzuspüren. Und es ist wie immer, wenn ich ganz bei mir bin; ich

spüre dieses warme Gefühl, das zu dir hinfließt und ich weiß: Ich liebe dich!

Es sind so viele Dinge, aus denen sich dieses Gefühl zusammensetzt: Ich liebe dich für die Geborgenheit, die ich bei dir finde; für deine Sehnsucht, die mich immer wieder herausfordert; für deine Schönheit, die in mir ein tiefes Begehren weckt; für die Wärme deines Körpers; für unsere beiden Kinder und deinen großen Einsatz, den du immer wieder für sie aufbringst; für deine Bemühungen, unsere Beziehung zu vertiefen; für den Weg, den du in den letzten Jahren mit mir gegangen bist; – für deine Tränen, die du um mich geweint hast und die mich ins Leben zurückgebracht haben.

Danke Eberhard

Mein lieber Eberhard,

ich möchte dir gerne erzählen, wie es mir im Moment mit dir geht.

Wenn ich mich abends umdrehe, dich mit meinem Po suche, du deine Decke öffnest, mich in deine Arme schließt, dann fühle ich mich nicht nur geborgen im Kosmos, sondern dann fühle ich mich geborgen in dir. Ich spüre dann, wie ich ruhig werde, und das Gefühl von ›Ankommen‹ macht sich in mir breit. Auch wenn mich meine Sorgen wach halten, ist es oft nur die körperliche Nähe zu dir, die mich beruhigt. Ich danke dir für deine immer offenen Arme und für deinen Körper, der mich dann aufnimmt und wärmt.

Dankbarkeit und Glück durchströmen mich auch, wenn ich auf unseren Weg in den letzten Jahren schaue. Was für ein Glück ich doch habe, dass du zur Paartherapie mitgegangen bist, dich auch immer wieder hinterfragst, dich deinem Schmerz stellst und ich so die Chance hatte, dich viel tiefer kennen zu lernen, als es mir sonst möglich gewesen wäre.

Die Gespräche mit dir tun so gut, da der Kampf fast ganz verschwunden ist.

Manchmal ertappe ich mich dabei, wie ich überlege, ob und wie ich dir etwas sagen kann, ohne dich in den Rückzug zu treiben. Ich bin dann immer wieder froh und erleichtert, wenn ich merke, dass das gar nicht notwendig ist.

Deine Zärtlichkeiten, dein Begehren, deine Freude an meinem Körper haben sehr viel dazu getan, dass ich mich heute so annehmen kann, wie ich bin. Mich in deinen Augen spiegeln zu können, konfrontiert mich mit mir selbst.

Immer noch ist es schwer für mich, meine Lust zu spüren, und schnell kommt ein innerer Widerstand – Angst vor möglichen Schmerzen, vor Verlust. So ganz fallen lassen, mich dir ganz geben, kann ich noch nicht, aber in letzter Zeit blitzt manchmal ein Gefühl, ein Gedanke in mir auf, dass es vielleicht doch gehen könnte. Ich danke dir dafür, dass du diesen Weg mit mir bis hierher gegangen bist, und vor allem auch für deine Art, wie du ihn mit mir gegangen bist.

Stolz bin ich auch immer wieder auf dich in unserer gemeinsamen Arbeit, wenn du dich einlässt auf die Menschen, wie du Anteil nimmst, deine Wärme und deine Menschlichkeit – das berührt mich immer wieder.

Da gibt es noch mehr: – deine Art, Dinge anzupacken, die getan werden müssen, die Genauigkeit, wie du es dann auch tust; – deine Art, mit den Kindern in Kontakt zu gehen. Da ist viel Zärtlichkeit spürbar. Ich bin sehr froh, dass unsere Kinder einen Vater haben, den sie berühren können und der sie berührt.

Einen Wunsch habe ich noch an dich (die Unersättliche): Nimm dich selbst noch etwas wichtiger – du bist es wert beachtet zu werden, und mute dich mir zu. Ich kann dich gut aushalten und tragen und würde es auch gerne mehr tun.

Ich liebe dich! Ute

Liebende suchen tiefe Resonanz zwischen sich. Diese Briefe zeigen es. Frauen finden meist mehr Worte dafür. Wo sich keine Worte finden, assistieren die Therapeuten den Partnern zunächst. Wieder bietet sich das *Alter Ego* als Technik an. Mit Hilfe von Zentrierungen, Übungen und Ritualen, aber vor allem mit der eigenen Sprache sprechen die Therapeuten den suchenden Partnern solche Seeleneinlassungen vor. Sie zeigen den Reichtum, die Schönheit und Vielfalt der Herzenssprache auf. Hier leistet Paartherapie weit mehr als nur das Aufarbeiten von Konflikten und Verbessern von Kommunikationsmustern. Sie wird zu einer Liebes- und Gefühlsschule, zur Kulturschaffung. Paartherapie nach dem Verfahren der *Paarsynthese* schließt immer auch das Erarbeiten einer Liebeskultur inklusive Streitkultur für das jeweilige Paar, aber auch für die umgebende Gesellschaft ein.

VERDICHTEN

Verdichten fasst die oben beschriebenen Initiativen zusammen. Die Vereinigung von Frau und Mann führt, so sie immer tiefer geht, zu einer Verdichtung aller menschlichen Prozesse. Die Partner erleben in ihrer Verschmelzung nicht nur Glück, sondern erhalten neue Energie für weitere Entfaltung. Die intensivste Verdichtung zwischen Frau und Mann findet dann statt, wenn der Dialog zwischen ihnen auf allen fünf Partnerebenen gleichzeitig stattfindet: in der körperlichen Berührung, im Ausloten der Gefühle verbunden mit sprachlicher Spiegelung und im Austausch der Seelen, verbunden mit der richtigen Zeit. So entsteht Intimität. Ähnlich in der Wirkung ist die Urszene des Stillens zwischen Mutter und Kind. Kommt der Vater dazu, tritt durch die vermehrte menschliche Energie eine weitere Verdichtung ein. Diese erzeugt Wärme. Sie ermöglicht Wachstum und Heilung.

INTIMITÄT

Jetzt führt die Reise ins Zentrum des Paarseins, zum Tempel der Liebe, in das Allerheiligste.

Intimität meint Geborgenheit im Du. Intimität meint Eintauchen in den Anderen, meint seelischen ebenso wie geistigen und körperlichen Orgasmus. Intimität meint, einander im Ozean der Gefühle, in der Unendlichkeit des Kosmos, im göttlichen Sein wiederzufinden.

Um diese Feier des Menschseins aber erleben zu können,

müssen wir das »Tor der Hingabe« durchschreiten. Ähnlich wie in der Zauberflöte haben wir mehrere Prüfungen zu bestehen, um am »Fest der Sinne« teilnehmen zu können. Unsere eigenen Wächter am Tor, Abwehr und Widerstand, ziehen wir freiwillig ab. Das »Tor der Hingabe« öffnet sich nur, wenn wir lernen, uns völlig anzuvertrauen, uns selbst aufzugeben, unsere eigenen Grenzen zu öffnen – und uns doch nicht zu verlieren. Im Gegenteil: In der Hingabe gewinnen wir uns selbst, schöpfen wir neue Kraft, finden wir unsere ganze Schönheit zurück.

Der Intimität kommt in der Paartherapie naturgemäß besondere Bedeutung zu. In erhöhtem Maß gilt das gerade auch für narzisstisch Verwundete. Sie fürchten umfassende Intimität unbewusst mehr als alle anderen Menschen. Gleichzeitig sehnen sie diese mehr als alles andere herbei. Obwohl sie deren heilsame Energie für ihre Seele dringend brauchen, verhindern sie ihr Zustandekommen. Hier gipfelt das Prinzip der *paradoxen Wunschumkehrung*, nämlich das zu verhindern, was ich mir zutiefst wünsche.

*Eine Hilfe für jedes Paar ist daher die Übung der **Wunschumkehrung** (Cöllen 2003): Die Partner schreiben jeweils ihre drei wichtigsten Herzenswünsche auf, die sie aneinander haben. Diese Wünsche werden gegenseitig vorgelesen. Im ersten Schritt wird die seelische Wirkung beim Partner erfragt, noch ohne jede Konsequenz. Die Überraschung folgt: Im zweiten Schritt werden die Partner angehalten, die jeweils eigenen Wünsche als Geschenke an den Partner innerhalb einer Woche umzusetzen. Was ich mir von dir wünsche, das schenke ich dir, das biete ich dir an.*

Schnell wird deutlich, dass in dieser *Wunschumkehrung* viel der eigenen Blockierung zu erkennen ist. Wünscht sich beispielsweise ein Partner mehr Nähe, dann soll er selbst versuchen, sich dem Anderen nahe zu bringen. Sich selbst nahe zu bringen, statt Nähe zu fordern, ist die Kunst der Liebenden.

Hier treten gehäuft Hemmungen, Ängste und heftiger Widerstand auf. Wir leiten deshalb die Beiden an, diese Nähe jetzt in der Sitzung auszuprobieren. Sofort tauchen Widerstände auf: »Was? Hier soll ich das tun? Das ist mir peinlich, das kann ich nicht auf Kommando, das ist mir zu intim!« Dafür aber ist das Paar gerade gekommen.

Die Sehnsucht der *Frühgekränkten* ist so gut zu verstehen: Genau in diesem Bereich intimster Geborgenheit wurden sie enttäuscht, vergessen, missachtet oder missbraucht. Die Verletzung dieses Urbedürfnisses, ebenso durch Unter- wie durch Überversorgung zugefügt, war so schmerzhaft und traumatisch, dass kein neues Einlassen mehr möglich wird. Entweder wird in höchster Bindungsangst jede Intimität durch Ersatzhandlungen verhindert oder in suchtartiger Form konsumiert, ohne dass der Hunger danach gestillt werden könnte.

Offensive wie defensive *Frühgekränkte* und Selbstzweifler werden nicht satt. Wirkliche *Selbstbefriedigung* ist nicht möglich. Auch wenn sie noch so viele Vorzüge in ihrer Person vereinen, begabt und attraktiv sind, klug und fleißig, wenn sie reich und mit allen Gütern ausgestattet sind, alle Privilegien dieser unserer Gesellschaft auf sich vereinen.

Es braucht oftmals viele Anläufe, immer wieder Ermutigung trotz aller Rückfälle und viele Hilfen. Erst durch die Kenntnis von und das Bekenntnis zu den *Altlasten* und ihre gemeinsame Bearbeitung im Schutz der Paartherapie öffnet sich ein Weg, neue Intimität zwischen den Partnern zu proben.

Das Proben geschieht dadurch, dass das Paar angeleitet wird, sich in diese Intimität einzuüben. Wie wir als Jugendliche nur vorsichtig und zögernd den Garten der Lüste betreten haben, so sind auch jetzt die Partner und die Therapeuten ganz vorsichtig und zartfühlend dabei. Tatsächlich geht es darum, die Blüten und Früchte, den Bestand an Gefühlen, häufig durch die frühe Leidensgeschichte dezimiert, zu erweitern oder im Extremfall überhaupt erst anzubauen. Dass so intensive und verletzliche Gefühle wie eine schwierige Sprache erst gelernt werden müssen, ist in Geschichte und Auseinandersetzung über Paartherapie sehr oft aufgezeigt worden. (Cöllen 2002, 2003)

Intimität vollzieht sich in den fünf Dialogsäulen des Paares von Körper, Gefühl, Geist und Seele mit der Zeit als Fundament. In dem Moment, in dem diese Säulen hoch aufgerichtet auf breitem Fundament stehen, also alle Elemente der Liebe gleichzeitig erfüllt werden, verwirklicht sich Intimität. Zeit allein oder nur Intellekt, reine Seele oder bloßes Aufeinandertreffen der Körper erfüllt noch keine wahre Intimität. Purer Sex ist nichts Intimes. Da ist uns über Jahrhunderte ein falsches Weltbild vermittelt worden.

Intimität erproben heißt hier allerdings dann auch, das Thema der so häufig blockierten Sexualität jetzt in den Fokus zu nehmen. Bevor das aber wirklich sinnvoll bearbeitet werden kann, schiebt sich noch ein ganz anderes, an dieser Stelle eher unerwartetes und doch so selbstverständliches Thema von Intimität in den Vordergrund, das von *Opfer und Täter* nämlich. Dieser besonders zentrale Mechanismus von Abwehr und Widerstand wird hier noch einmal praktisch aufgegriffen, weil sich darin das Grundmuster vieler Streitigkeiten abspielt.

Opfer und Täter

So dicht am Zentrum der Liebe lauert gleichzeitig die größte Gefahr. Frau und Mann, erst liebend, dann streitend, verbeißen sich oft jahrelang in dieses Rollenspiel. Opfer und Täter in ihrer massiven Verbindung zwischen Liebes- und Streitdynamik pflegen ein intimes Verhältnis besonderer Art. Einzig der Begriff »Intimfeind« spiegelt in der deutschen Sprache diese gefährliche Mixtur.

Hier ist die Rede von einer intimen Verstrickung und sehr zerstörerischen Verbindung zwischen Liebenden, die sich zu Hassenden verwandelt haben. Hier treffen die hassvoll Liebenden einander unaufhörlich in ihren verletzlichsten Punkten, zerstören oft jedes Würdegefühl und krallen sich doch für ewig aneinander fest. Die Praxis aus der Paartherapie lehrt aber eine unumstößliche Wahrheit: So sehr das Opfer auch leidet, so sehr der Täter auch voller Aggression kämpft, so sind doch Beide sowohl Opfer als auch Täter. Das ist zunächst nicht immer leicht zu begreifen oder aufzudecken.

Hier beginnt der schwierigste Teil der Paararbeit, für die betroffenen Partner ebenso wie für die Therapeuten.

Wie im vorderen Teil des Buches bereits behandelt, werden die jeweilig persönlich erlittenen Verletzungen und Kränkungen, wenn nicht seelisch aufgearbeitet, im Gedächtnis des Organismus gespeichert und in der Jetztbeziehung auf den Partner abgeladen. Die Verletzungen der Kindheit werden als Verletzungen an den Partner weitergegeben.

Theoretisch leuchtet das vielen der Betroffenen zutiefst ein. Sich aber selbst praktisch zu diesem *Problemtransfer* auf den Partner zu bekennen, verweigern fast ebenso viele. Jetzt setzt akuter Widerstand gegen die Therapeuten und ihr Ansinnen ein, sich als Täter outen zu sollen. Vorsichtiges, aber konsequentes Beharren der Therapeuten ist angesagt. Dazu gehört es, die Partner stetig weiter behutsam anzuleiten, sich gegenseitig einzugestehen, wie weit sie in dieser Beziehung eben nicht nur Opfer, sondern auch Täter sind. Wichtig ist dabei ein Faktum: Wie entgegengesetzt und verschieden sich die Streitenden auch zeigen, sie fühlen sich meist Beide als Opfer. Sie können nicht verstehen, dass sie Unrecht haben sollen, dass sie unrichtig sind, dass sie sich schuldig machen. Die alte und bedrohliche kindliche Existenzangst taucht sofort wieder auf.

Dieses ist für die meisten der offensiven und defensiven

Narzissten eines der größten Hindernisse auf dem Weg zum ersehnten Partnerfrieden. Sie können nur schwer oder gar nicht eingestehen, dass sie selbst auch Schuld haben, dass sie selbst tatsächlich auch Täter sind und dass sie selbst Fehler haben, die dem Partner schaden oder ihn gar zerstören.

Um diesen schweren Schritt zur Selbsterkenntnis zu erleichtern, bietet die *Paarsynthese* eine Partnerübung an, die genau das zum Inhalt hat:

Die Therapeuten schlagen vor, dieses Thema tiefer auszuloten. Die Fragestellung zur Übung lautet daher: **»Wie bin ich Täter in der Beziehung zu dir?«** *Sie geben diese den Partnern als Hausaufgabe mit, die immer schriftlich beantwortet und in der folgenden Sitzung vor den Therapeuten vorgelesen werden soll. Dabei achten die Therapeuten sehr genau darauf, dass keine Ausweichmanöver benutzt werden.*

Die Übung dient ganz wesentlich als Vorbereitung zum gegenseitigen Verzeihen und Versöhnen. Sie versucht, kritische Selbstreflexion zu üben, statt dem Partner die Schuld in die Schuhe zu schieben. Die Erkenntnis, dem Partner Verletzungen und Kummer zuzufügen, vielleicht sogar ohne es zu wollen, ist immer bitter und beschämend.

Die Therapeuten geben dazu etwa folgende Zentrierung: »In dieser Übung will ich den Mut haben, meine Fehler deutlich aufzuzeigen, nicht auszuweichen und nichts an Selbst-Kritik unbenannt lassen. Gerade und besonders dann, wenn ich mich unschuldig fühle, muss ich mich fragen, wie sehr der Andere durch meine Anklage, Gewalt und Dominanz, aber genauso durch meinen Rückzug, meine Verweigerung oder Depression leidet. Nicht nur derjenige ist Täter, der brutal in Wort und Tat den Partner misshandelt, nicht nur der ist untreu, der eine Außenbeziehung aufnimmt, sondern genauso der, der sich zurückzieht, sich verweigert, sich ausschweigt und in passiven Widerstand geht. Alle diese Möglichkeiten, den Partner direkt oder indirekt zu belasten, schuldig zu erklären oder anzugreifen, sind hier selbstkritisch in den eigenen Täterkatalog aufzunehmen.«

Um einen versöhnlichen Weg zu finden, ist es auch möglich, diese schmerzende Eigenanalyse schriftlich festzuhalten und sie dem Partner zum Geschenk zu machen: zum Geburtstag, zu Weihnachten. So kann ein Fest der Liebe im eigentlichen Sinn beginnen.

Gelingt diese Übung, sich dem Anderen als Täter zu bekennen, ist viel gewonnen. Im Bekennen liegt die Chance zur Heilung. Das Bekennen zieht das Um-Verzeihung-Bitten nach sich. Das Eingeständnis von Schuld wird schließlich zur Erlösung. Täter und Opfer können dann mit neuer Offenheit aufeinander zugehen. Bekennen bedeutet Veräußerung der innewohnenden Störungsherde. In dem Maß, wie sie mit dem Partner besprochen werden, verlieren sie ihre zerstörerische Wirkung.

»Erkenne dich selbst« heißt auch, sich zu bekennen. Das ist der Weg zur Versöhnung. Kritische Selbsterkenntnis ist der Schlüssel.

Ein Mann wehrte sich allerdings und blieb unbelehrbar: Er berichtete, dass er intensiv eine Woche lang über die Täterfrage nachgegrübelt habe. Jetzt sei er zum Schluss gekommen, dass allein seine Frau an dem Dilemma zwischen ihnen schuld sei.

Ist der Widerstand gegen dieses Eingestehen zu groß, kann es vorbereitet werden durch die Übung zum **Rollentausch.** Die Partner lernen dadurch, sich in den Anderen einzufühlen. Dadurch wird wiederum das Verstehen des eigenen Schuldigwerdens am Partner erleichtert. Diese Übung zeigt sehr deutlich den Entwicklungstand des Paares. Je besser sie gelingt, desto erfolgreicher ist jetzt schon die Paartherapie. Rollentausch also frühzeitig einzuführen, ist erleichternd für dieses Vorgehen in der Opfer-Täter-Frage.

Die Partner erhalten die Aufgabe, zunächst nur in der Sitzung unter Anleitung, dann auch zu Hause, erst fünf Minuten, dann schließlich eine halbe

Stunde lang mit getauschten Rollen, getauschten Vornamen und ge-
tauschten Argumenten Streit- und Konfliktgespräche, Liebesgespräche
oder Verzeihensgespräche zu führen. Wie oben schon beschrieben, ist es
für narzisstisch Gekränkte schwer, sich auf Rollentausch einzulassen, um
sich mit dem Gegenüber zu identifizieren. Gelingt es, ist das ein weiterer
guter Fortschritt in der Therapie. Sich mit seinem Partner so zu identifizie-
ren, dass dessen Standpunkt und seine Argumente innerlich nachvollzo-
gen werden können, garantiert schon mehr Partnerharmonie. Diese
Übung zu Hause oder im Restaurant, mit den Kindern oder vor ihren Au-
gen und Ohren, sie ist ständig möglich und macht vielen Menschen
auch Freude. Wichtiger noch, sie übt schon ein in eine der wichtigsten
Partnerfähigkeiten: Selbstkritik.

SELBSTKRITIK

Sie ist ein entscheidendes Kriterium für alle narzisstisch Gekränkten. Die Götter haben diese Stufe der Selbsterkenntnis als
große Prüfung vor das »Erntedankfest der Liebe« gestellt. Die
Defensiven übertreiben es damit, die Offensiven kennen häufig überhaupt keine Selbstkritik. Stimmige Selbstkritik ist aber
Beweis für Partnerfähigkeit. Nur wenn ich mich selbstkritisch
sehen kann, ist es möglich, dem Partner wirklich Fehler einzugestehen und dafür um Verzeihung zu bitten. Nur dann ist es
möglich, den »Gordischen Knoten« aufzulösen, dem Labyrinth
von Anklage und Gegenklage zu entrinnen.

Selbstkritik wird also im dritten Abschnitt der Paartherapie
zu einem der Hauptthemen, zu einem Höhepunkt der Reise.
Wer fähig ist zu ausgewogener Selbstkritik, wird sich nie mehr
im Leben verirren. Trotzdem fällt sie allen schwer. Die Partner
sind dafür zu gewinnen, indem die Therapeuten dies als einen
Schritt nach vorne, als seelische und menschliche Weiterentwicklung verdeutlichen. Reife Selbstkritik ist der »Führerschein
zur Liebesfähigkeit«. Um den Schritt dahin leichter zu machen,
beginnen wir häufig mit der Übung des *Spiegelns*. Sie beinhal-

tet, sich in den Augen des Partners zu erkennen und zu entdecken. Mit anderen Worten: »In deinen Augen kann ich die Wahrheit über mich erfahren. Im Spiegel deiner Augen entdecke ich mich selbst.«

Selbstkritik ist für viele ein rotes Tuch. Sich selbst kritisch zu sehen, sein Selbst in Frage zu stellen, sich zu hinterfragen, das ist für viele schwierig, auch wenn sie nicht als narzisstisch Gestörte gelten mögen. Die Reife zu einer ausgewogenen Selbstkritik muss meist in gemeinsamer Sitzung erst erarbeitet werden, um dann einen »Bekenntnisbrief« zu schreiben. Selbstkritik ist, sofern sie stimmig und adäquat im Partneraustausch stattfindet, die beste Vorbeugung gegen jeden Streit.

Da Selbstkritik aber gerade im Zustand der Krisendynamik und der Eskalation zwischen Partnern kaum möglich ist, ist die therapeutische Kritik an den Streitenden als Modellverhalten gefordert: klar und eindeutig, dabei wohlwollend und aufbauend. »Prüfsteine für gelungene Selbstkritik« werden den Beiden mitgegeben: Bekennen, Übereinstimmen, Verzeihen und Loben.

Bekennen: Nur der, der seine drei wichtigsten Fehler definitiv benennen kann, zeigt sich wirklich selbstkritisch. Nur der sieht die Fehler des Partners richtig, der auch seine eigenen Fehler sieht. Wer seine eigenen Fehler nicht sieht, projiziert sie immer auf den Partner.

Übereinstimmen: Richtig in seiner eigenen Selbstkritik zu liegen, ist nur dann wahrscheinlich, wenn die selbst genannten Fehler mit der Einschätzung des Partners in etwa übereinstimmen.

Verzeihen: Nur der, der den Partner um Verzeihung bittet für das, was er ihm mit seinen Fehlern antut, übt wirkliche Selbstkritik.

Loben: Nur der, der den Partner von Herzen lobt, kann ausgewogen kritisieren – den Partner und sich selbst.

Diese bei Selbstgekränkten seltene Fähigkeit zur Selbstkritik führt schließlich fast von allein zu einer wunderbaren Übung, die viel Frieden zwischen den Partnern stiften kann und gleichzeitig Bestandteil einer guten *Streitkultur* ist.

*Diese Übung heißt **Fehlerbekenntnis**: Der Eine bittet aus eigenem Antrieb den Anderen, mit ihm über einen eigenen Fehler zu sprechen und sich mit ihm beraten zu können. Dieses sich Anvertrauen mit seiner Unzulänglichkeit und beim Partner dafür um Unterstützung zu bitten, stimmt ungeheuer versöhnlich, entlastet und schafft Vertrauen, das der Andere natürlich nicht missbrauchen darf.*

Streitkultur ist das Pendant zur Liebeskultur. Sie hier abzuhandeln, sprengt den Rahmen dieses Buches. Ihrer Bedeutung wegen gibt es in der *Paarsynthese* ein eigenes Konzept zur Streitkultur, verbunden mit einem »Experiment für Friedfertigkeit«. (Cöllen/Jung 2002) Tatsächlich brauchen wir eine private Streitkultur ebenso wie eine öffentliche Konfliktkultur. Beide gehören eng zusammen und beide dienen der Entwicklung statt der Zerstörung: Dialog statt Krieg – bei den Großen wie bei den Kleinen – beim Paar wie in der Politik. Liebe ist mehr als nur Privatsache.

Einige Grundgedanken dazu: Für die *Paardynamik* der narzisstisch Gekränkten spielt das Einüben einer Streitkultur eine wichtige Rolle. Die in ihrem Selbstwert zutiefst Verwundeten zeigen sich entweder als unerbittliche Streithähne oder als hamoniesüchtige Streitvermeider. Rechthaben und Besserwissen sind ihre Begleitsymptome. Beide – Konfliktscheue und Dauer-Aggressive – sind inkompetent in Sachen Streitkultur.

Diese Streitkultur bietet Regeln an, die der Vorbeugung, der Bewältigung und der Versöhnung von Streit dienen. Die Regeln wirken dabei wie Dämme gegen die Springflut überschießender Gefühle.

Notwendige Arbeit dazu ist es, diese Streitregeln bereits vorher einzuüben. Außer in Kriegen und Verbrechen halten alle Menschen im Umgang miteinander Regeln ein. Warum soll dies nicht auch für den Partnerstreit möglich sein? Aber sie einzuhalten, kann nur gelingen, wenn sie vorher schon eingeübt und im Moment der höchsten Erregung noch zugänglich sind. Hilfreich ist dabei, Sinn und Ziel des Streitens vor, während und nach einer Eskalation in Form einer permanenten *Konfliktanalyse* durchzusprechen.

Je mehr Streitigkeiten eskalieren, umso sicherer ist, dass die narzisstischen Störungsherde nicht wirklich aufgearbeitet sind. Paare, die immer wieder bis zu Trennungsgedanken hin streiten, leiden immer noch unter der Symptomatik der verletzten Kinder. Partnerstreitigkeiten sind zu 80 %, das haben die Analysen unserer Fallarbeiten ergeben, die Veräußerung von inneren Konflikten. Eigene Konflikte werden durch *Problemtransfer* auf den Partner übertragen.

Zur Bearbeitung ihrer Streitdynamik im Sinn dieser Grundregeln sprechen die Partner miteinander Verhaltensregeln ab.

Die fünfzehn Streitregeln der *Paarsynthese* (Jung/Cöllen 2002) sind dementsprechend aufgeteilt. Es wird empfohlen, dass pro Woche immer nur eine einzige Maßnahme oder Regel zur Anwendung kommen soll. Diese Konzentration auf ein einziges Merkmal zum Krisenmanagement stellt die notwendige Überschaubarkeit her, lässt sich leichter einüben und kontrollieren.

In der Logik triadischer Paartherapie liegt es, dass auch die Therapeuten sich mit den Klienten auf Streit einlassen. Das wird für viele schwer verständlich sein, zeigt sich aber deutlich am Beispiel von Abwehr und Widerstand. Wenn wir als Therapeuten wirklich diese Mechanismen aufdecken, tritt immer eine streitähnliche Situation ein. Es nützt dem Paar auch wenig, innerhalb der Sitzungen Harmonie zu erreichen oder sich sogar um Verzeihung zu bitten. Sie müssen es zu Hause tun, in ihrem Alltag, vor den Kindern und vor den Freunden. Zu viel Harmonie in der Therapie und Rückfall zu Hause ist zu fürchten. Auch wenn die Klienten den Therapeuten gegenüber zu unkritisch sind, sie idealisieren und immer noch für bessere Partner halten, ist die Effektivität der Therapie in Frage zu stellen. Gerade die *Frühgestörten* müssen lernen, in einer nicht idealisierten Beziehung zu leben und Idealisierung und Entwertung ein Ende zu bereiten.

Durch die bisherige Vorarbeit öffnet sich jetzt wieder der Weg zur körperlichen Liebe. Gefühle dürfen hoffentlich freier fluten. Im gemeinsamen Aufarbeiten der Störungsherde bisher wurde deutlich, welche tieferen Ursachen die sexuellen Blockierungen hatten. Jetzt können Intimität, Erotik, Sinnlichkeit und Sexualität angstfreier erlebt werden.

SEXUALITÄT

Sexualität allein gibt es gar nicht. Sex allein, abgeschnitten von allem anderen Empfinden, ist Pornographie. Dies ist keine moralische, sondern eine psychologische Begriffsklärung. Liebesfähigkeit, Sinnlichkeit, Erotik und Sexualität hängen natürlich eng zusammen. Liebesfähigkeit äußert sich nicht in der Sexualität, wie allgemein angenommen wird. Liebesfähigkeit als Ausdruck menschlichen Seins hat einen sehr viel weiteren Bedeutungshof: Sie schließt die geistige und seelische Dimension mit ein.

Deshalb ist es Aufgabe der Therapeuten, die Arbeit an der Sexualität beispielhaft für andere Konfliktlagen im therapeutischen Handeln prägnant zu positionieren. Auch, wenn Sexualität von den Paaren gar nicht angesprochen, nicht als wichtig erachtet oder als konfliktfrei dargestellt wird, ist sie sogar im Detail zu erörtern.

Denn in der Praxis fällt immer wieder auf, dass hier Sprache und Ausdruck von sehr vielen, seien es Arbeiter, Angestellte, Intellektuelle oder Akademiker, stark reduziert sind.

Das geht z. B. soweit, dass ein Gynäkologenpaar sich bisher weder seine sexuellen Fantasien noch seine Sehnsüchte und Wünsche noch seine Ängste mitgeteilt hat. Sie haben nicht einmal eine Sprache für die Art der ersehnten Berührungen. Jeder Geschlechtsverkehr wird schweigend vollzogen. Überwiegend unbewusst, leiden die Beiden in ihrem sonstigen Austausch ebenso an demselben Defizit der Ausdruckslosigkeit. Eine andere Klientin fragte deshalb plötzlich ihren Mann mitten im Beischlaf, was er eigentlich in ihr suche.

Und genau diese Fragen sind auch zu stellen. Der ganze Bedeutungshof ist zu erkunden. Seit biblischen Zeiten sucht Sexualität tiefstes Erkennen und Erkanntwerden. Die Verschmelzung von Körper, Geist und Seele zu einem Brennpunkt setzt die Herzen erst in Flammen. Natürlich will Sexualität auch leidenschaftliche Triebbefriedigung. Aber sie allein reicht für die Dauer nicht aus. Sinnliches Erfassen, erotische Kompetenz, hingebungsvolles Genießen und kraftvolle Zartheit – die ganze Kunst der körperlichen Berührung, die der seelischen und geistigen dazu, kennzeichnet die beglückende Intimität des Paares.

Die narzisstisch Gekränkten fürchten und meiden aber gerade diese Intimität, obwohl sie dauernd danach hungern. Die Offensiven überfüttern sich stattdessen durch rastlose Suche nach immer neuen Abenteuern, die Defensiven verkümmern dagegen in lustloser Abstinenz. Die Aggressiven fordern pausenlos, die Depressiven verweigern allzu oft diese intime Selbstauslieferung.

Die anfänglich so rauschhafte Beziehungsdynamik zwischen Narzissten und *Komplementärnarzissten* verwandelt sich allmählich in das Klischee vom sattsam bekannten Geschlechterkrieg mit Opfern und Tätern. Dabei wird oft genug Missbrauch getrieben mit diesem Begriff, denn die seelische Not dahinter wird nicht gewürdigt. Statt der psychologischen Dimension wird darin nur die politische erfasst.

Die Therapeuten müssen daher noch sehr viele zusätzliche Fragen stellen. Und sie dürfen dabei die oft peinlich berührten Klienten nicht fälschlich schonen. Je offener, direkter und präziser die Fragestellungen, umso hilfreicher ist das für das Paar selbst. Erst dadurch lernen sie mühsam, ihre blockierte sexuelle Kommunikation kritisch zu betrachten.

Wie bei den anderen Partner- und Liebesthemen, gilt es hier insbesondere, eine Realitätsprüfung zu machen. Sind die vorgetragenen Klagen, Ängste, Zurechtweisungen oder Befürchtungen zu Recht gestellt? Entsprechen sie in der Reaktion dem Anlass? Gibt es hier eine Verhältnismäßigkeit zwischen den Anlässen und den Reaktionen?

Im Gegensatz zur *Systemischen Therapie* beispielsweise übernehmen die Therapeuten durch die triadische Grundhaltung Verantwortung für den gemeinsamen therapeutischen Prozess. Sie übernehmen auch Verantwortung dafür, die gerade in der sexuellen Dynamik virulent werdenden Abwehr- und Widerstandsmechanismen aufzudecken.

Die beschriebenen fünf Abwehr- und Widerstandsmechanismen narzisstischer Paare funktionieren wegen der brisanten *Dialogverdichtung* im intim-sexuellen Austausch gerade hier besonders heftig. Innere Beziehungslosigkeit und Leere, das Gefühl von existenzieller Bedrohung, Unfreiheit und Fremdbestimmung, entwürdigende Behandlung und die Behinderung von Selbstentfaltung verhindern jede intime Hingabe. Für all das machen die Partner sich gegenseitig verantwortlich. Sie werden füreinander Schreckfiguren, die immer mehr zum Täter werden, egozentrisch nur sich selbst sehen, anderen ihren

Willen aufzwingen und sie ständig abwerten, sich nicht ändern wollen oder können.

Um zu einer befriedigenden und befreiten Sexualität zu finden, brauchen die Partner:

- Beziehungsdichte zwischen Ich und Du,
- existenzielle Geborgenheit im Du,
- körperliche und seelische Selbstbestimmung,
- Aufwertung und Würdigung von Ich und Du,
- gemeinsame Veränderung und Selbstentfaltung.

Vordergründig betrachtet geht es zunächst gar nicht um direkte Sexualität. Aber das täuscht: Es gilt vielmehr, die Partner in den Stand zu versetzen, innere Vorgänge, Ängste, Überforderungen, Hoffnungen, Wünsche für den Anderen in zärtliche Sprache umzusetzen und sie in einen stimmigen Austausch mit dem Partner zu bringen. Erst der Dialog der Herzen bringt auf Dauer den Dialog der Körper. Gelingt es den Beiden nicht, werden die Therapeuten durchaus korrigierend in das Beziehungsgefüge eingreifen.

Im Bereich der Sexualität treten z. B. oft Unverhältnismäßigkeiten auf, dass etwa überhöhte Wünsche an die Häufigkeit von Geschlechtsverkehr aggressiv und dominant durchgesetzt werden. Gerade Männer neigen dazu, ihre Frauen als gestört oder krank zu erklären, wenn sie sich den männlichen Wünschen nicht anpassen. Sie fordern dann ihr Recht auf Geschlechtsverkehr immer deutlicher ein, ohne zu bemerken, dass sie dadurch genau das Gegenteil erreichen. Je drängender sie fordern, desto stärker der Rückzug der Frauen. Sie können nicht verstehen, dass keine Frau dieser Welt freiwillig auf ihre Lust verzichtet. Sie verstehen nicht, dass der Rückzug in der Regel nur ein Hilfesignal, eine Notbremse ist.

Wieder ist es die Aufgabe der Therapeuten, sehr genaue

Fragen an Beide zu stellen. Und diese Fragen, das sei noch einmal betont, dürfen nichts moralisch Schamvolles, Verklemmtes oder ein peinliches Flair haben. Sie sollen aber die intimen Handlungen, Gesten und Vorgänge bis in kleinste Kleinigkeiten durchleuchten: über Häufigkeit, mehr noch über die Qualität der intimen Einlassung, über die erotische Stimulierung, über die Dauer des Streichelns und des Verweilens im Schoß der Frau, über orale Genüsse, über Fantasien, vor allem aber auch über den sonstigen zweckfreien *Körperdialog*. Wenn weiter vorne davon gesprochen wurde, dass eine Kritik fünf Mal Loben zum Ausgleich braucht, dann gilt das auch hier: Jede sexuelle Berührung braucht zu ihrer inneren Aufladung fünf Mal soviel zweckfreie Zärtlichkeit.

Fragen zu stellen und auch Antworten zu geben, ist Aufgabe der Therapeuten. Die sexuelle Problematik des Konfliktpaares kann unendlich viele Gründe haben: aus einer seelischen Störung heraus, aus Mangel an erotischer Erfahrung, aus Unbeholfenheit, aus Angst vor Hingabe, aus Scham, aus falscher Erziehung, aus religiösen Gründen, aus Stress, aus mangelnder Resonanz und fehlender Lust. Nur in Ausnahmen sind es organische Ursachen. Fehlende Lust hat immer eine Ursache und ist kein Naturereignis. In über 90 % aller Fälle sind dafür keine körperlichen Ursachen ausschlaggebend, sondern allein die Urangst der Partner, in der Verschmelzung zu versagen, verloren zu gehen, sich zu entblößen, zurückgewiesen oder gar missbraucht zu werden.

> **Jede sexuelle Berührung braucht fünf Mal soviel Zärtlichkeit.**

Lust kann nicht aufkommen, wenn die sexuelle Vereinigung unter Druck stattfindet, nach alltäglicher Lieblosigkeit oder aggressiver Demütigung, mit wenig Zeit oder von Angst begleitet. Der Einsatz technischer Hilfsmittel oder pornografischen Materials soll dann helfen, doch noch den Weg zur befreiten Lust zu finden. Zum großen oder kleinen Orgasmus zu finden, bedeutet für manche Frauen und auch Männer dann eine gewaltige Kraftanstrengung. Der Mann ist dabei häufig nur störend und ablenkend. Umgekehrt sind vorzeitiger Samenerguss oder Erektionsstörung der Männer hinderlich für das gemeinsame Schwingen bis zur höchsten Ekstase.

Soviel auch darüber geschrieben wurde und so viele sexuelle Ratgeber es auch geben mag, das alltägliche sexuelle Unvermögen zwischen Frauen und Männern überrascht immer wieder von neuem in der therapeutischen Praxis. Der öffentliche Informationsüberfluss einerseits und das effektiv vorhandene Informationsdefizit beim einzelnen Paar oder Partner andererseits sind krass und erschreckend.

Wieder sind die Therapeuten gefragt, eine noch genauere *Exploration* und *Anamnese* vorzunehmen. Sie sprechen selbst mit klarer Sprache und erneutem *Alter Ego*, um die mögliche Blockierung der Sexualität und die dahinter verborgenen Ängste und Nöte deutlich zu machen. Dabei kommt es sicher und verstärkt zu neuen Formen von Abwehr und Widerstand. Die können jetzt aber deutlicher und offener angegangen werden als zuvor, da die Paare vertraut sind mit dieser Problematik. Sie lassen sich leichter erreichen und gewinnen, jetzt ihre Scham und Angst aufzugeben und ihre Schwierigkeiten deutlicher zu schildern.

Die Therapeuten fragen dann bis ins Detail, wie sich die Sexualität zwischen den Beiden konkret abspielt. Es reicht nicht, in allgemeinen Termini darüber zu reden. Es reicht nicht einmal, Blockierungen und Ängste im Einzelnen zu benennen, sondern detailgenau nachzufragen. Das geht so weit, dass die Frauen gefragt werden müssen, warum sie z. B. einen Vibrator zusätzlich oder stattdessen verwenden, wann er zum Einsatz kommt, wie häufig und welche Rolle der Mann dabei spielt. Darf er daneben liegen, darf er zuschauen, darf er den Vibrator führen, darf er sie gleichzeitig streicheln usw.? Von den Männern mit Erektionsstörungen oder vorzeitigem Samenerguss ist es sehr wichtig zu wissen, wie viel Zeit sich das Paar dazu nimmt, bis er zum Eindringen kommen kann, wie viel Risiko sie eingehen, wie viele Ängste sie dabei haben, wie weit ein schlaffes Eindringen auch geübt wird, wie weit das Paar in der körperlichen Vereinigung still ineinander ruhen kann und sich Zeit nimmt. Wie lang kann der Mann nach Einführen seinen Samenerguss zurückhalten? Wie langsam geht er dabei zu Werk? Wie steht diese Versagensangst in Zusammenhang mit seinen sonstigen Ängsten? Wie sehr hat er seine Durchsetzungskraft, seine Aggression zur Verfügung? Vorzeitiger Samenerguss beispielsweise ist immer Indiz für letztendlich fehlende männliche Sicherheit. Dann muss zweigleisig an der seelischen ebenso wie an der körperlichen Sicherheit weitergearbeitet werden.

Noch einmal: Hier sind Abwehr und Widerstand besonders groß. Kritische, aggressive und moralische Argumente werden dafür ins Feld geführt: Diese Intimität gehe niemanden etwas an, dass Sexualität doch nicht so wichtig sei, dass schon jahrelang kein Geschlechtsverkehr vermisst werde, dass der Mann doch lieber fremd gehen könne, als dass sie noch mal mit ihm schlafen wolle, Männer seien eben anders als Frauen und Ähnliches.

Die meist defensiveren Frauen geben öfter vor, dass sie tatsächlich jahrelang ohne Sexualität leben können, so auch leben wollen, in sich selbst den Drang zur sexuellen Verwirklichung gar nicht spüren. Sie suchen ihr Heil im Rückzug. Im Gegensatz dazu suchen die Männer danach, ihr früheres seelisches Leid und die daraus resultierende Unsicherheit durch permanenten Geschlechtsverkehr auszugleichen. Sie suchen ihr Heil in der Offensive. Depression und Aggression finden hier ihren geschlechtstypischen Niederschlag.

Bei vielen Frauen ist auch heute noch die sexuelle Triebkraft einfach nicht verfügbar, da die frühen Schädigungen so vehement und virulent sind, dass die betroffenen Frauen ein Genießen, ein Sich-Öffnen gar nicht zulassen können. Sie sehen dann das Lustverlangen nur beim Partner und fühlen sich bedroht, sogar missbraucht, wenn er von ihnen Sex wünscht.

Umgekehrt sind viele der offensiven Männer unfähig, sich in die erotischen Wünsche von Frauen hineinzuversetzen. Sie haben nicht gelernt, selbst erotisch zu sein, sondern vom eigenen Selbst abgespaltenen Sex zu praktizieren. Das tiefe Empfinden für eigene Sinnlichkeit fehlt und kann so auch nicht in Resonanz zu dem der Frauen treten.

Die Hauptaufgabe ist es, die fehlende Resonanz zwischen Mann und Frau herzustellen.

Es ist wirklich erstaunlich, wie viele Männer Sex einfordern, ohne selbst Erotik anzubieten. Für sie ist das alles das Gleiche und am besten, wenn sich alles wortlos vollziehen kann. Das können trotzdem Männer sein, die sonst im Leben hilfsbereit, liebenswert und zuvorkommend sind – das können Männer sein, die sonst mächtig und stark sind, aber in diesem Bereich sind sie Opfer ihrer eigenen Blockierungen. Da sie ihr Selbst nicht fühlen, da das Selbst nur ungenügend entwickelt ist, können sie in der Sexualität sich selbst nicht in Resonanz mit der Partnerin bringen.

Es ist so, dass durch das Fließen der Gefühle zumindest bei den Frauen überwiegend auch das Fließen der Säfte zustande kommt. Die schnellere Erektions- und Lustfähigkeit der Männer ist ohne Zweifel physiologisch vorhanden. Sie bedeutet aber psychologisch einen Nachteil bzw. einen vorprogrammierten Konflikt mit der Physiologie und Psychologie der Frau.

Hauptaufgabe der Therapeuten ist es hier, über Ängste, Scham, Enttäuschung und Aggression hinaus, über Missbrauch in der Kindheit hinaus, über Fehlkonditionierung und Rollenklischees hinweg die Resonanz zwischen Frau und Mann, gegenseitige Einfühlung und gemeinsames Schwingen herzustellen.

Die Therapeuten vermitteln dem Paar dafür zunächst die vielen Formen der zweckfreien und nicht orgasmusfixierten körperlichen Begegnung. Die Unkenntnis darüber ist erstaunlich. Die reichen erotischen Körperlehren des Tantra und Tao sind hier unersetzliche Hilfen. Leider werden sie bei uns häufig mit puren Anleitungen zu verbesserten Sexualtechniken gleichgesetzt. In Wirklichkeit sind sie Wegweiser einer Erziehung zur Sinnlichkeit und erotischen Spiritualität. Seelische Energie als Transformation sexueller Energie bietet beiden, Frau und Mann, innere Erfüllung im Einklang mit der Natur von Körper, Geist und Seele.

Diese seelisch – sexuelle Begegnung der Partner ist Voraussetzung dafür, dass Lust auf lange Zeit und dauerhaft erlebt werden kann. Dazu gehört, dass körperliche Intimität auch in Form von Hautkontakt, Nestwärme und intensiver Zärtlichkeit ohne sexuelle Stimulierung gelebt wird. Das Paar verarmt sonst in seiner Begegnungstiefe. Die Arbeit mit Tao und Tantra lehrt eine weit differenziertere Begegnung der Geschlechter, als sie je in der westlichen Kultur vermittelt wurde. Insbesondere gilt dies gerade und in gesteigertem Maß für die erotisch-sinnliche Entfaltung der Männer. (Schröter/Meyer 2003)

Die Arbeit an der Sexualität geht nun mit Hilfe von »erotischen Hausaufgaben« über das vertiefte Gespräch und die Konfliktbearbeitung weit hinaus. Anweisungen für das Paar treten in den Vordergrund. Zwischen den Partnern braucht es dazu klare Verabredungen, Zeiteinheiten und Nachbesprechungen über das dabei Empfundene. Zur Vertiefung helfen konkrete Übungen und Rituale, die die Therapeuten in der Sitzung gründlich vorbesprechen.

Beispiele dafür sind: Schreiben eines erotischen Gedichts, einer erotischen Kurzgeschichte, des »Hohen Liedes« über die eigene Sexualität, Briefe an dein/mein Geschlecht und weitere Texte. Andere Übungen sind anzufertigen: eine Collage der Sexualität, in der jeder sich in seinen verschiedensten Aspekten der Sexualität durch Bilder darstellt, von der Animalität und Wildheit bis zur feinstofflichen und spirituellen Sexualität; aus Ton eine Figur über Liebe, zu meinem Körper, zur Vereinigung von Frau und Mann zu fertigen und viele andere. (Cöllen 2003)

Weitere erotische Hausaufgaben bestehen darin, dass die Paare sich ein Mal in der Woche fest verabreden zu einem *Dialogabend der Körper*, zunächst allerdings ohne sexuelle Stimulierung oder Vereinigung.

Der Eine ist dabei aktiv, der Andere passiv. Um die Stimulation zu verdichten, verbindet sich der Passive die Augen. Erst in der nächsten Woche wird gewechselt. Der Aktive schlägt den Termin vor und sorgt für die gesamte Gestaltung des Abends, der nicht länger als ein bis zwei Stunden zu dauern braucht. Zu viel wäre eine Überforderung.

*Diese Begegnung zu gestalten, erfordert Fantasie, Kreativität und Offenheit, sich selbst mit seinen sexuellen Wünschen zu zeigen und die des Partners abzuholen. Vorschläge können deshalb von den Therapeuten gebracht werden: z. B. Einölen des Partners, Duschen und gegenseitiges Abtrocknen, Reise über die Körperlandschaft, Öffnen des Blütenkelches, das **Tantra der 7 Nächte** usw. Entscheidendes Moment dieser Begegnungen ist Langsamkeit, Ruhe und Konzentration, mit Gewicht auf der inneren Begegnung.*

Ein vielfältiges Repertoire findet sich in den taoistischen und tantrischen Verfahren. Deshalb beginnen wir hier mit vielen feinstofflichen Übungen wie Atmen mit den Chakren, Schwingen mit der Natur, Vereinigung mit der Natur.

Eine sehr einfühlsame Übung besteht darin, sich in der Natur draußen, der Jahreszeit entsprechend, Blätter, Blumen, Zweige, Erde, Moos und an-

deres zu suchen als Material für ein Gesteck, das nach den Regeln des Ikebana in einer meditativen Haltung während einer Stunde in einer Vase zusammengestellt wird. Anschließend begegnet sich das Paar, betrachtet und sucht sich mit ebensolcher Aufmerksamkeit, entkleidet und vereint sich meditativ und langsam, – erschauernd vor dem Wunder der Vereinigung von Himmel und Erde, von Kosmos und Mensch.

Eine zweite tantrische Übung ist die **Stille Vereinigung**. Alle Paare, nicht nur solche mit Störungen, sollten sie gelegentlich praktizieren.

Es geht darum, sich eine halbe Stunde lang zu vereinen, ohne dass sich das Paar sonderlich bewegt – höchstens so weit, um die Erregung zu erhalten. Auf keinen Fall soll es dabei zu einer weiteren sexuellen Stimulierung kommen, schon gar nicht zum Orgasmus. Das Paar liegt ruhig ineinander und sieht sich dabei in die Augen, atmet auch gemeinsam von Mund zu Mund. Nachgespräche zu Hause und in der therapeutischen Sitzung sind wichtig, um den sprachlichen Reichtum der Liebe zu fördern. Das Paar soll lernen, sich erotisch, sinnlich und kreativ in diesem Bereich auszudrücken.

Wir empfehlen dazu, sich Literatur zu beschaffen, um den Sprachschatz zu erweitern und die Fantasien und Wünsche anzuregen. Gerade die defensiven Narzissten leiden ja darunter, dass sie ihre Sexualität selbst kaum definieren können und zu wenig Sprache dafür haben. Oft können sie keine Wünsche für sich formulieren, weder zur Sexualität noch sonst im Leben. Männer schweigen sich häufig bei diesem Thema aus, weil sie sich für so viel gesprochene Emotionalität schämen und außerdem Angst vor ihren eigenen Fantasien haben.

Meist zeigt sich schon in den Vorbesprechungen, dass gerade narzisstisch Gekränkte und früh Verletzte besondere sexuelle

Probleme haben. Sexuelle Hingabe bedeutet massive Auslieferung in eine Symbiose, die abhängig macht. Alte traumatisierende und neurotisierende Erinnerungen werden reaktiviert. Das gebrochene Urvertrauen vieler *Frühgestörter* erweist sich als das größte Hindernis auf dem Weg zur beglückenden sexuellen Erfüllung. Nicht organische sexuelle Funktionsstörungen verhindern die befriedigende körperliche Begegnung, sondern subtile Ängste, Vorurteile und Befürchtungen, die aber oft nicht sprachlich gefasst werden können.

Daher ist die Arbeit mit solch Betroffenen – paradoxerweise – in Paargruppen besonders günstig. Dort können sie von anderen Frauen und Männern auf dem Weg der Imitation und der Identifikation besser lernen. Abwehr und Widerstand sind in der Verdichtung des Gruppenprozesses erheblich herabgesetzt, da andere die gleichen Probleme haben. Die Ratsuchenden sind nicht den Therapeuten als Autoritätsfiguren allein ausgesetzt. In der Gruppe gibt es viele »Geschwister« gegenüber den einst mächtigen Eltern. Diese Schicksalsgemeinschaft fördert die Einlassung, das Öffnen und Suchen nach neuen Wegen. Immer wieder erleben wir, dass aus solchen Therapiegruppen auch nach Ende der Therapie *peergroups* hervorgehen, die über Jahrzehnte paardynamisch weiterarbeiten.

Sinnlich erotische Hausaufgaben werden jetzt vermehrt mitgegeben. Sie fordern von den Partnern oft das, was sie am meisten fürchten und trotzdem herbeisehnen: die intime Begegnung. Urvertrauen fehlt, praktische Erfahrung und seelisches Schwingungsvermögen.

Immer wieder werden Paare in der nächsten Sitzung erklären, dass sie aus irgendwelchen Gründen die Hausaufgabe nicht machen konnten. Auch hier ist es nötig, liebevoll und konfrontierend zu hinterfragen. Anfänglich kosten solche

Übungen immer Überwindung, vor allem Selbstüberwindung. Sie führen ins Zentrum des narzisstischen Selbstzweifelns. Darf ich, kann ich, ist es erwünscht, bin ich begehrt – tausend Fragen stürzen auf die Zweifelnden ein.

Es gibt viele Gründe, auf der Einhaltung dieser Hausaufgaben zu bestehen. Ganz wesentlich ist, seelische Tiefe über körperliche Berührung als Erfahrung im Gesamtorganismus zu verankern. Damit die um die Liebe Betrogenen Wege zum inneren Öffnen, zu neuem Vertrauen in das Leben und in die Liebe gewinnen und verankern können, brauchen sie dazu die Erfahrung am eigenen Körper. Die Heilung der Seelen vollzieht sich in den Poren ihrer Haut.

Jede Körperzelle lernt hier ein neues Programm: Hingabe macht stark. Sich preiszugeben bedeutet Herr seiner selbst zu werden. Diese Art von *Selbsterfahrung* durch, in und über den eigenen Körper wird hier zur *via regia*. Es ist nicht mehr die Traumarbeit wie bei Sigmund Freud, sondern es ist die unmittelbare Körperarbeit der Liebenden, die ins Zentrum der Streitenden führt.

Solche Hausaufgaben stellen höchste Intimität her und damit auch höchste Wahrheit. Die Partner erfahren sich selbst und den Anderen ohne Rückhalt. Jede Pore öffnet sich zum Empfang des Anderen. Gelingt es in der Hausaufgabe, diese Verdichtung allmählich zuzulassen, wird daraus der größte therapeutische Fortschritt. Die Begegnung von Frau und Mann wird so zum Heilen, zum Lernen, zum Entdecken und zum Erfüllen tiefster Sehnsucht.

Das Grundproblem Sexualität führt jetzt wieder zurück zur allgemeinen Krisensituation des Paares. Sexuelle Störungen sind fast immer Ausdruck der blockierten Liebesfähigkeit narzisstisch Verwundeter aus Angst vor Hingabe.

Vierte Station: Konfliktanalyse und Sinnfindung

Themen: Einbindung – Entwicklungshelfer – Erlösung – Heimat – Umgang mit Fehlern – Verzeihen und Versöhnen
Schwerpunkt: Spirituelle Einbindung

Die Suche nach Sinn im Leben und spiritueller Geborgenheit zu vertiefen ist neben tiefenpsychologischer und dialogischer Arbeit der dritte Weg zur Selbstfindung und *Partnerwerdung* im Vorgehen der *Paarsynthese*. Die Grundfragen der Philosophie: »Woher kommen wir? – Wer sind wir? – Wohin gehen wir?« beantworten sich den Jungverliebten in bis dahin nicht gekannter Dichte, um sich dann aber wieder in der Gewöhnung und besonders im Streit zu verlieren. Es gibt wohl kaum einen anderen als Marsilio Ficino, den großen Denker und Theoretiker der Renaissance, der schon 1469 in seiner Liebestheorie diesen Prozess gegenseitiger Seelen- und Sinndurchdringung so unnachahmlich zu beschreiben vermochte:

Ohne Zweifel geht da etwas Wunderbares vor, wo zwei sich in gegenseitiger Zuneigung entgegenkommen: Dieser lebt in jenem, jener in diesem. Sie tauschen einander gegenseitig aus: Ein jeder gibt sich dem Anderen hin, um diesen in sich aufzunehmen. In welcher Weise sie sich hingeben, ist daraus zu ersehen, dass sie sich selbst vergessen; hier besitzt jeder von Beiden sich selbst und den anderen. Denn dieser besitzt sich selbst, aber in jenem: jener besitzt sich selbst, aber in diesem. Nämlich, indem ich dich liebe, der du mich liebst, finde ich mich in dir, der du an mich denkst, wieder und gewinne mich, nachdem ich mich selbst aufgab, in dir, der du mich erhältst, zurück. Das Gleiche tust du in mir, denn wenn ich, nachdem ich mich selbst verlor, durch dich mich zurückgewinne, so besitze ich mich durch dich. Wenn ich mich durch dich besitze, so besitze ich vorher und in höherem Masse dich als mich, stehe also dir näher als mir selber, da ich nur durch deine Vermittlung zu mir selbst gelange.

Ficino bittet und ermahnt schließlich alle Menschen, »sich mit allen Kräften der Liebe hinzugeben, da sie ohne Zweifel etwas Göttliches« sei.

Diese Einbindung der Liebenden in den Kosmos gibt etwas von dem Urvertrauen zurück, das den an sich selbst Zweifelnden allzu früh verloren gegangen ist.

Als größte spirituelle Kraft ist gerade die Liebe für diese um die Liebe doppelt Betrogenen die sicherste und wirkungsvollste Heilmethode. Die sinnliche und sinnreiche Liebe verbindet in uns das triebhaft animalische, das menschlich dialogische und das göttlich kosmische Prinzip zur ersehnten Ganzheit. Die Praxis der Paartherapie zeigt: Alle um die Liebe Streitenden suchen not-wendig nach dem Sinn ihrer Beziehung. Der ist sehr eng verknüpft mit dem eigenen Lebensplan. Dieser wieder hängt von den Lebenszielen und dem in diese Welt Eingebundensein ab. Und gerade für diejenigen, die in ihrer gesunden Überzeugung, in dieser Welt richtig und wichtig zu sein, benachteiligt wurden, sind diese Sinnfragen alles entscheidend. Sie sind dringend darauf angewiesen, für das eigene Selbst eine sinnhafte und sinnvolle Einbettung zu finden. Dafür brauchen sie so übermäßig die Wertschätzung anderer. Sie leben deshalb ständig in einer Art »Beziehungsnot«.

Ist die Reise bis hierher gediehen, besteht keine Gefahr mehr. In der gemeinsamen Sinnsuche bilden die Liebenden nun ein Team und behandeln ihre Stärken und Schwächen gleichermaßen. Die Therapeuten werden jetzt eher so etwas wie randständige Mitglieder im Team, bleiben aber intime Begleiter. Die Therapiesitzungen werden nur noch 14-tägig oder vierwöchig gehalten, in der Zwischenzeit verwenden die Ratsuchenden aber denselben Termin einmal in der Woche zu Hause zur Eigentherapie. Es ist nicht übertrieben, dass das Paar solche feste Terminplanung braucht. Dieser Strom der Gefühle, der Austausch von Körper, Geist und Seele kann und darf nicht dem Zufall überlassen bleiben. Er fließt nicht immer und ständig von selbst.

ENTWICKLUNGSHELFER FÜREINANDER WERDEN

Die meisten Entwicklungsprojekte leiden, solange sie noch in den Kinderschuhen stecken, an krassen Fehleinschätzungen und Fehlverhalten. Das Projekt Liebe startet jetzt neu, diesmal unter anderen Vorzeichen. Statt den anderen kindlich zu idealisieren und sich mit ihm zu identifizieren, herrscht jetzt klare Sicht auch auf seine Schattenseiten.

»Entwicklungshelfer« füreinander zu werden, geht nur bei gegenseitigem Vertrauen, denn es meint eine kritische Begleitung bei der Arbeit an den eigenen Schwächen. Liebe schafft es, das »Optimum aus dem Partner ›heraus-zu-lieben‹«. (Kast 1984) Während der Krise provozieren die Partner aber auch das Schlimmste. Wiederum beleuchten die Partner durch die intime Kenntnis gegenseitig jede Schattenseite besonders grell. So betrachtet, helfen sie sich, konfrontieren und zwingen sich, die ganze Bandbreite ihrer Wesenszüge von positiv bis negativ sichtbar zu machen und eigene Fehler zu bearbeiten. Partner haben sogar die Verantwortung, einander auf Fehler hinzuweisen.

Denn: Die subjektive Wahrnehmung bewirkt, dass viele eigene Fehler nicht gesehen werden. »Es ist leichter, den Splitter im Auge des anderen zu sehen als den Balken im eigenen Auge«, lehrte Jesus. Er muss die Narzissten doch gekannt haben. »Blinde Flecken« beim Einzelnen oder »Betriebsblindheit« in Firmen, Behörden und Parteien richten großen Schaden an. Hier soll der Partner wie mit Nebelscheinwerfen die »blinden Flecken« des Anderen durchleuchten.

*Übung **Nebelscheinwerfer** − ich sehe, was du nicht siehst:*
Sinnvoll ist, den Partner vorher zu fragen, ob er gerade in der Verfassung ist, etwas über seine Fehler zu hören. Beide wissen dann, dass in friedli-

cher Absicht gesprochen wird. Je frühzeitiger diese Fehler-Intervention kommt, desto weniger weh tut sie. Diese Übung darf aber nicht dazu missbraucht werden, dem Anderen eine Strafpredigt zu halten. Die Nebelscheinwerfer dienen dazu, dem Anderen Licht zu spenden und nicht, ihm Unrecht nachzuweisen oder ihn zu demütigen.

Das wirksame Partnerprinzip »Lernen durch dich« kommt hier zum Tragen. Einer kann vom Anderen lernen und sich helfen lassen, eigene Schwächen zu bearbeiten. Aber das Prinzip wirkt noch weiter: Die Fehler des Partners, die bei ihm leicht zu sehen sind, sind in hohem Maß Spiegel eigener Fehler. Was am Partner besonders stört und aufregt, hat immer Echo und Resonanz im eigenen Inneren. Was am meisten am Partner kränkt, ist zu drei Viertel eigene Kränkung. Der tiefere Sinn einer solchen Beziehung liegt also auch gerade in den Fehlern des Partners. Sie bedeuten Konfrontation mit dem eigenen Selbst. Die Fehler des Partners werden so zum Anstoß für eigene Entwicklung. Ohne sie würden wir alles träge aussitzen. Sie sind ein wichtiges Potenzial zur eigenen Persönlichkeitsentfaltung. Mit der unbewussten Partnerwahl wählen wir den Anderen gerade auch seiner Fehler, nicht nur seiner Stärken wegen. Da diese Entwicklung sich mit der des Partners wechselseitig ergänzt, findet so ein Lernprozess bis ins hohe Alter statt.

*Übung **Lernen durch dich:***
Bevor ein Paar sich jemals trennt, sollte es diese Übung unbedingt durchführen. Niemals ist es Zufall, dass sich Partner wählen. Beide schreiben also auf, was sie jeweils durch das Leben mit dem Anderen zu lernen haben, an sich selbst kritisch erkennen und verändern müssen. Instinktiv werden wir alle diese Übung scheuen, weil sie einem »Gang nach Canossa« gleichkommt. Es verlangt Demut und Größe, statt auf die Fehler des Partners auf seine eigenen hinzuweisen. Dieses »Lernen durch dich« als Weg ist zwar beschwerlich, aber meist sehr erfolgreich.

Doch der Gedanke der gegenseitigen Entwicklungshilfe gilt natürlich auch für die Stärken im Partner: Bisher nicht gewürdigte oder verschüttete Potenziale werden neu herausgefunden. Das wiegt möglicherweise stärker auf als das noch so geduldige Aufdecken von Fehlern. Die Partner spornen sich gegenseitig an, das Optimum zu entfalten. Als die wichtigsten Potenziale gelten dabei die Gefühle und Empfindungen. Partner erwarten voneinander, hoffen voneinander und haben auch das Recht, den Schatz der Gefühle in der ganzen Tiefe auszuloten. Die menschlichen Gefühle bedeuten überhaupt erst den Reichtum im Leben. Die Gefühle entscheiden über Lebensqualität. Sie liefern uns das innere Empfinden, ob wir mit unserer Situation, mit der Entwicklung, mit der Beziehung, mit unserem Leben überhaupt zufrieden sind, glücklich sind, traurig sind, ängstlich sind usw. Hier liegt die wichtigste aller Ressourcen des menschlichen Lebens, nämlich, die unendliche Variationsbreite der gesamten Gefühlswelt einander nahe zu bringen. Dies sind sowohl die negativen als auch die positiven Gefühle, von den wilden Leidenschaften und dem triebhaften Begehren bis hin zum heiligen Erschauern in der gegenseitigen Innigkeit.

Die Partner versuchen, sich darin neu zu erkennen. »Und sie erkannten sich, …« Dieser alte biblische Code für die sexuelle und liebende Vereinigung von Frau und Mann beinhaltet genau dies: Die Liebenden erkennen und begreifen sich in ihrer unendlichen Fülle und ihrer gemeinsamen Schöpfungskraft. Unglücklich werden Menschen dann, wenn sie aus Hemmung, Angst oder Scham vor dem Partner ihre Möglichkeiten nicht ausschöpfen können.

Erlösung:

Ein Mann drückte es in einer ergreifenden Sitzung so aus: »Ich habe jetzt ganz deutlich das Gefühl, wir können uns gegenseitig erlösen. Und das ist etwas anderes als die Erlösung, wie sie in der Kirche verstanden wird.

Da kommt die Erlösung von oben, von Gott. Hier erlösen wir uns gegenseitig, wir zwei miteinander.«

Die Liebenden machen sich diesen Anteil am »göttlichen Funken« immer wieder deutlich: Sie haben gemeinsam die Kraft, sich gegenseitig von den frühen Störungsherden zu befreien. Indem sie sich mit Hilfe von Tagebüchern, Fotos, Seelenbriefen und Bekenntnissen zu *Altlast* und *Ahnenbotschaft* gegenseitig beim Analysieren helfen, können sie langsam aber sicher heilend wirken. So vollzieht sich im Dialog der Liebenden und Streitenden etwas, das wir in der *Paarsynthese Lernmodell Liebe* nennen. Die Liebenden haben jetzt das Vermögen, einander zu helfen, in sich selbst und miteinander Frieden zu schaffen. Dies wirkt sich noch weiter aus: Auch in ihrer Umgebung werden sie so Frieden herstellen, im Umgang mit den Kindern, mit der Natur, gegenüber den Mitmenschen. (vgl. Liebe in Zeiten der Unverbindlichkeiten. Cöllen/Jung 2003) Sie suchen dabei gemeinsam nach der Stimmigkeit der Gefühle, nach der Erfüllung ihrer Sehnsucht, aber auch nach der Wahrhaftigkeit ihres Menschseins. Diese Wahrhaftigkeit zeigt sich im Zutagefördern der eigenen Störungsherde, die bisher unbewusst vor allem auf den Partner abgewälzt wurden. Die *seelische Umweltverschmutzung* nimmt damit ein Ende.

Von psychologisch-fachlicher Seite wird es viele Einwände gegen diese These von der gegenseitigen Erlösung geben. Andererseits kann sich der Mensch aus eigener Kraft allein auch nicht erlösen. Als Beziehungswesen sind wir abhängig vom menschlichen Miteinander. Die narzisstische Kränkung entsteht erst in diesem Bezogensein. So liegt auch die Heilung darin.

HEIMAT SCHAFFEN

Erst in diesem intensiven, intimen Miteinander gegenseitiger seelischer Entwicklungshilfe entsteht neues Urvertrauen. Es erwächst nicht mehr aus dem rein intuitiven Geschenk wie zu Beginn der jungen Liebe, sondern die Zweifler haben es sich im vollen Bewusstsein gemeinsam erarbeitet:

Bei dir bin ich zu Hause, so wie ich bin, mit meinen Fehlern ebenso wie mit meinen Stärken. Bei dir finde ich meine seelische Heimat, bei dir bin ich geborgen, finde ich Schutz in meiner Verletzlichkeit, finde ich die Erfüllung für meine Sehnsucht. Bei dir finde ich die Nahrung, die mein Menschsein, die meine Seele braucht. Ich wohne in dir und du wohnst in mir.
Einander »beiwohnen« ist der sehr alte Begriff für sexuelle Vereinigung.

Seelische Heimat zu finden, ist in den Zeiten der Unverbindlichkeit, der Vorherrschaft des Kapitals, der dadurch grassierenden Arbeitslosigkeit und der zunehmenden existenziellen Bedrohung für viele von uns das einzig verbleibende Refugium. Die weltweite Globalisierung widerspricht dem menschlichen Maß (Schuhmacher 1977) von fühlbarer Beziehung, die gegenseitige Verantwortung lebendig werden lässt.

Die Partner versuchen in ihrem Zuhause, sich diesen Aspekt immer wieder gegenseitig vor Augen zu führen. Die Kostbarkeit einer solchen Heimat wächst mit jedem Tag, denn nur hier ist der intime Austausch, der uns alle mit uns selbst versöhnt, möglich. Hier ist der sichere Ort für den intimen Dialog von Körper, Geist und Seele.

Immer wieder bitte ich Klienten, die von solch einer narzisstischen Grundstörung betroffen sind, ihre Lebensgefühle und Lebensängste zu beschreiben. Meist fordere ich sie auch dazu auf, dies nicht nur mit Worten, sondern auch mit Gesten und körperlicher Bewegung auszudrücken. Oft zeigen sie dann Reflexe, wie das Schließen von Armen und Beinen, ein Zusammenkrümmen und Einrollen in einer Ecke. Am deutlichsten erhält diese einsame Verzweiflung ihren Ausdruck in Bildern, die sie dazu ma-

len sollen. Oft stellen diese eine riesige schwarze oder weiße Leere dar, an deren Rand das eigene Selbst als winzige Figur wie ein Klecks oder in drei Strichen auftaucht, hilflos treibend in diesem dunklen All. Damit kommt eine erschütternd menschliche Verlorenheit zum Ausdruck, die der Philosoph Heidegger als das »Geworfensein des Menschen« definiert, das schließlich zur Grundhaltung des »Sorgens« in der menschlichen Existenz führt. Hier heilt das Ausdrücken von Eindrücken.

Erst die untrügliche Sicherheit, im Partner vollkommen geborgen zu sein, erlöst diese Verlorenen aus ihrer Heimatlosigkeit und gibt ihnen das Gefühl der Dazugehörigkeit zurück.

Umgang mit deinen Fehlern

Diese Übung wird zu einem weiteren Prüfstein im jetzt vertieften Dialog der Partner. Fehler haben wir alle. Fehler sind menschlich. Sie lassen sich nicht ausrotten. Trotzdem das Gute im Partner zu sehen und zu würdigen, ist ganz wesentlich die Voraussetzung für jede Liebe, ist Kernbestandteil jeder Liebesfähigkeit.

»Auch wenn du gerne schlecht über dich denkst, – trotz und gerade wegen der unglücklichen Dinge, die du tust, – auch wenn du um Gerechtigkeit für dich schreist, – ich sehe das Gute in dir, – ich sehe das Gute in dir« singt die nordirische Sängerin Karen Matheson.

Und das ist die Übung für Erwachsene: Den Partner seiner Fehler wegen nicht anzugreifen, zu beschämen, zu entwürdigen und bloßzustellen. Vielmehr geht es darum, ihm beizustehen. Er leidet ja selbst darunter. Natürlich, solange sie ihm nicht bewusst sind, leidet nicht er darunter, sondern der Partner. Aber selbst dann handelt der Andere selten aus bösem Willen.

Jedem Kind, das Fehler macht, werden die Eltern hoffentlich tröstend, geduldig, großmütig und helfend zur Seite stehen. Es ist nicht schwer, sich vorzustellen, dass der Partner nichts anderes braucht.

Falsch dagegen sind: aggressive Kritik, weinerliches Lamentieren, Strafen, beleidigter Rückzug, Liebesentzug, Drohungen oder gar Gewalt. Dies alles reaktiviert sofort die alten Störungsherde aus der Zeit der narzisstischen Kränkung. So gerügte Verhaltensfehler werden dann zwar aus Angst vor weiterem Terror unterdrückt, was aber meist nur kurzfristig gelingt. Zu einer wirklichen Verbesserung der ungeliebten Verhaltensweisen kommt es dadurch nicht.

Immer und immer wieder müssen die Partner, auch zusammen mit den Therapeuten, gerade die im Umgang mit Fehlern und Charakterschwächen auftretenden Reaktionsmuster durchsprechen. Immer wieder erfordert die gemeinsame Seelenarbeit hier besondere Aufmerksamkeit und Hinterfragen.

Wir tendieren alle dazu, auf die Fehler anderer, besonders natürlich auf die des Partners, mit Unbehagen und Missfallen, mit Verachtung, mit Abstrafen, mit Wut oder Enttäuschung, mit Schreien oder Weinen, mit Aggression oder Depression zu reagieren.

Ein einfaches Korrektiv liegt dann in der direkten Umkehrung, wie nämlich jeder von uns hofft, dass der Partner mit meinen eigenen Fehlern, Schwächen und Unzulänglichkeiten umgehen möge.

»Liebe deinen Partner wie dich selbst.« meint auch immer: »Nimm seine Fehler wie die deinen.« Sie sind wichtiger Bestandteil der Gesamtpersönlichkeit. Was einst die Anziehung und Faszination bei der Partnerwahl ausgemacht hat, waren ursprünglich neben den hellen Seiten auch die Schattenseiten.

Wie bereits erwähnt, ist ein weitgehend unbekanntes Gesetz der Partnerwahl, dass wir den Anderen unbewusst gerade auch seiner Fehler wegen wählen. Sie sind später das notwenige Konfliktpotential, das wir brauchen, um in unserer eigenen Entwicklung weiter zu kommen. Ohne diese »Dornen im Mantel der Liebe« würden wir uns nicht wirklich bequemen, so anstrengend an uns selbst zu arbeiten.

Nun gilt aber gerade für die narzisstisch Gekränkten, dass sie, um von den eigenen Fehlern abzulenken, die des Anderen doppelt und dreifach bewerten. Das Eingeständnis eigener Fehler ist der entscheidende Beginn jeder Möglichkeit positiver Veränderung. Der zweite Schritt liegt dann darin, mit den Fehlern des Partners ebenso wie mit den eigenen verantwortlich, offen und hilfreich umzugehen.

Grundregeln dafür sind:

1. Lob geht vor Kritik – Abstrafung verhärtet Fehlverhalten;
2. Not hinter dem Fehlverhalten erkennen;
3. Fehler eingestehen führt zu Verstehen;
4. Gleichzeitigkeit der Geständnisse;
5. Verstehen – Verzeihen – Versöhnen.

»Loben, Erkennen, Gestehen und Verzeihen« heißt demnach die kurze »Zauberformel« zum erhofften Partnerglück. Mit den Fehlern zu leben, sie als Entwicklungspotential zu erkennen und in gemeinsamem Solidarpakt Verstehen und Verzeihen zu praktizieren, ist die Basis zu innerer und äußerer Versöhnung.

Verzeihen und Versöhnen

Diese Übung verlangt Selbstüberwindung. Hier geht es um mehr als um einfache Beendigung von Streit. Es ist der letzte große Schritt, um mit dem Partner in dauerhaftes Glück zu gehen.

Die eigenen Anteile am Beziehungskrieg zu erkennen, sie dem Partner einzugestehen und dafür um Verzeihung zu bitten, ist Teil des Erwachsenwerdens. Selbst zu begreifen, auf

230

welche Weise dem Anderen durch mich Schmerz, Leid und Verzweiflung zugefügt wurden und werden, ist nicht nur schamvoll, sondern macht mich verwundbar. Aber das soll der Sinn des Fehlerbekennens sein: sich dem Partner ganz auszuliefern, sich ganz in seine Hände zu begeben. Wir wissen aus der Sexualität, dass es immer auch risikoreich ist, sich völlig hinzugeben, was aber gleichzeitig höchste Lust erzeugt.

Verzeihung zu erbitten, ist die eine Seite der Münze, Verzeihung zu gewähren, die andere. Die Fehler des Partners und die Schmerzen, die er mir damit zufügt, vor Augen zu haben und ihm trotzdem dafür aus dem Grund meines Herzens zu verzeihen, ist die wohl schwierigste Aufgabe.

Für diese Übung sollten sich die Partner vier Wochen Zeit nehmen. Sie bitten sich darum, einander einen Brief zu schreiben, in dem sie Verzeihung aussprechen und um Verzeihung bitten. Zum verabredeten Zeitpunkt lesen sie sich gegenseitig diese Texte feierlich vor. Gegen Ende der Beziehungsarbeit kommt es darauf an, den Partner für eigene Schwächen um Verzeihung zu bitten. Dabei darf diese Bitte um Verzeihung nicht im Ansinnen vorgetragen werden, dass der Partner darauf eingehen muss. Dieser soll vielmehr mit Klarheit und Ehrlichkeit vorgehen. Er kann sinngemäß reagieren:»Ja, ich verzeihe dir aus ganzem Herzen, in aller Tiefe und mit vollem Bewusstsein und will dir diese Fehler, die du benennst, tatsächlich in Zukunft nicht mehr vorhalten.«

Oder er soll, so hart es dann auch sein mag, antworten:»Nein, zum jetzigen Zeitpunkt bin ich noch zu verletzt, zu betroffen von diesen Fehlern. Ich kann dir jetzt noch nicht verzeihen. Ich will es bei mir abwägen und überprüfen und werde dir das dann mitteilen.«

Es bleibt zunächst völlig offen, ob der, der Verzeihung gewähren soll, überhaupt bereit ist, dem Partner wirklich diese Chance einzuräumen. Viele brauchen, besonders nach einem Ehebruch, lange Jahre für solch einen Schritt, wenn er überhaupt möglich wird. Noch einmal wird die ganze Dramatik der narzisstisch Gekränkten virulent: Verzeihung zu gewähren, fällt ihnen noch schwerer als es schon der Fall ist bei dem Um-Verzeihung-Bitten. Es fällt deshalb so schwer, weil sie dann auch noch ihren letzten Trotz aufgeben müssten. Der aber, so ist es oben beschrieben, bedeutet im Leben der Narzissten die »letzte Bastion vor dem Feind«, oft die letzte Verteidigungsmöglichkeit, die einzige Chance, nicht fremdbestimmt zu werden. Trotz als Wunderwaffe, gegen die selbst die Eltern nicht ankamen, freiwillig aufzugeben, fällt schwer.

Aber die Beziehung kann sich nur weiterentwickeln, wenn Vertrauensbrüche und Konflikte der Vergangenheit durchgearbeitet und verarbeitet und so auch verziehen werden. Werden *Altlasten* dagegen permanent mitgeschleppt, häufen sich darauf immer noch mehr Lasten an, und die Konflikte müssen eskalieren.

Die höchste menschliche Würde liegt darin, zu verzeihen und um Verzeihung zu bitten. Dieser Akt zeigt uns nackt und bloß – und doch, er schützt uns mehr als alles andere. Erst im Eingestehen und Zugestehen menschlicher Fehlerhaftigkeit finden wir zu menschlicher Größe.

Fünfte Station: *Paargestaltung*

Themen: Kreativität und Schöpfungskraft – Kreativität durch Fragen – Kreativität durch Sinnlichkeit – Würdigung – Yin und Yang
Schwerpunkt: Schöpfungskraft der Liebe

Die abenteuerliche Reise des Paares nähert sich ihrem Ziel. Viele Gefahren, Krisen und Hindernisse liegen zurück. Die Konfliktaufarbeitung hat die Partner vor große Prüfungen gestellt. Vier wichtige Abschnitte haben die bisherige Route markiert:

Am Anfang stand das Suchen und Erkunden von Höhen und Tiefen im krisenhaften Durcheinander, Miteinander, Ineinander, Füreinander und Gegeneinander der Partner (*Paargestalt*). Im zweiten Abschnitt ging es um seelische *Altlasten* und Aufarbeitung von Störungsherden durch Konfliktbearbeitung (*Partnerwerdung*). Dieser Teil der Reise, der anstrengendste, führte zum Aufeinandertreffen und Ausgleichen der Krisenpotentiale durch Dialogarbeit (*Paardynamik*). Im vierten Abschnitt wurde aus der bisherigen Konfliktvernetzung gemeinsame Entwicklungs- und Versöhnungsarbeit in der spirituellen Suche nach Sinn durch Sinnlichkeit (*Konfliktanalyse*). Jetzt ist das Paar im »Gelobten Land« angekommen. Früchte können geerntet und neuer Samen ausgesät werden.

Für jede Liebesbeziehung gelten vor allem Kreativität, Gefühlsreichtum, Neugier, Schöpfungskraft und Sinnlichkeit als Früchte und Samen in einem. Jungverliebte besitzen sie tausendfach. Das ist die Wunder bewirkende Kraft der Liebe. Zerstrittenen Paaren fehlt sie tausendfach. Dabei würde die Ausschöpfung dieses Liebespotentials 90% aller Trennungen und Scheidungen überflüssig machen.

Kreativität und Schöpfungskraft

Worin lag und liegt die Schwierigkeit, diese heilsamen Potenzen und Ressourcen der menschlichen Seele dauerhaft mit dem Partner für die Liebe zu nutzen? Denn auch jetzt, nach so viel beschwerlicher Seelenarbeit, ist die ungetrübte Freude daran nicht sichergestellt. Aber die Zukunftsfähigkeit jedes Paares hängt davon ab. Auch und gerade Streitkompetenz, Konfliktmanagement und Krisenbewältigung sind wichtiger Bestandteil von Kreativität in der Liebe. Aber eigentlich ist unser Sinnen und Trachten auf die lustvolle und sinnenfrohe Produktpalette der Liebe ausgerichtet. Diese »Sonnenseite« der

Paardynamik genießen zu können, macht sie erst auf Dauer krisenfest.

Die Humanistische Psychologie, in deren Tradition die *Paarsynthese* steht, geht davon aus, dass Kreativität zur Grundausstattung des Menschen gehört. Einfallsreichtum und Erfindungsgeist kennzeichnen geradezu die vor Kreativität sprühende Kinderseele. Die Vielfalt kindlicher Einfälle, Spiele und Späße, sind nur noch zu überbieten durch die der Jungverliebten. Was nimmt den »alten Paaren« diese Kraft und vor allem, wie können sie diese wiederfinden?

Zwei Gründe für diese Blockierung eigener und gemeinsamer kreativer Gestaltungskräfte sind entscheidend:

1. anerzogene Hemmung, Angst und seelische Blockierung,
2. Stress.

Hier ist der Unterschied besonders deutlich zu sehen. Sicher: Die ungehemmten Narzissten gehören zu den kreativsten Menschen. Wir kennen sie von den Theatern, Bühnen und Filmen dieser Welt. Durch ihr dynamisches Auftreten strahlen sie meist große erotische Attraktivität aus. Oft aber übertreiben sie ihre Selbstdarstellung bis ins Unerträgliche. Die Schätze der Gehemmten dagegen blühen nur im Verborgenen. Sie brauchen einen Befreier aus ihrer Befangenheit.

In unserem Alltag aber fehlt die Bühne – und auch der Prinz. Die Offensiven unter uns produzieren Stress um sich herum. Aus Angst vor Hingabe flüchten sie in aktive Ersatzhandlungen. Sie produzieren eine Überfülle an Stress, der auf die ganze Umgebung einwirkt. Wirklicher Genuss wird gering geachtet, zählt nicht. Genuss geht im Stress unter. Die Defensiven flüchten sich häufig in passive Ersatzhandlungen: Genuss geht im Pessimismus verloren.

Beide, ob gehemmt oder ungehemmt, verhindern so die

kreative Vielfältigkeit in der Liebe. Beide führen dann den All-
tagsstress durch Beruf und Kinder als Grund an, nicht zum
kreativen und sinnlichen Austausch miteinander zu kommen.
Dieser aus dem angeblichen Termindruck herrührende Zeitmangel wird in der Praxis der Paartherapie leider zur stereoty-
pen Ausrede. Zwei Drittel aller Paare greifen anfänglich danach. Oberflächlich und dümmlich zugleich wird dieses
Argument gehandelt, als ob es um ein Kavaliersdelikt ginge.
In Wirklichkeit handelt es sich um ein Verbrechen an der Liebe, das zum Tod der Gefühle und zum Zerbrechen der Beziehung führt. Auch wenn der moderne Umweltstress noch so
sehr diese Fehlentwicklung begünstigt, muss dieses Alibi
durch die begleitenden Therapeuten genauestens hinterfragt
werden. Wer nicht genießen kann, ist ungenießbar.

Tatsächlich sind nach Sigmund Freud die Merkmale eines gesunden Seelenlebens: Arbeitsfähigkeit, Liebesfähigkeit und Ge-
nussfähigkeit. Die Sinnfähigkeit ist nach Viktor E. Frankl zu ergänzen. Die Gestalttherapie nach Fritz Perls fügt noch
Kreativität hinzu.

Aber: Für die (Rück-)Gewinnung der partnerschaftlichen und
besonders der erotischen Kreativität bietet die traditionelle
westliche Kultur keine geeignete Liebeslehre an. Der Umgang
mit Intimität und Sinneslust wird in Privatheit und Pornographie
abgedrängt. In Politik und Bildungswesen haben Intimität und
Liebe keinen Platz. Selbst in den üblichen Therapieausbildun-
gen fehlt überwiegend die Lehre von der Heilkraft der erotischen Liebe und ihrer Anwendung.

Daher verwendet die *Paarsynthese* die Liebeslehren aus anderen Kulturen wie Tao und Tantra. Hier wird die erotische
Kraft als ein Entwicklungspotenzial verstanden, das alle Trans-
formationen ermöglicht, von der materiellen, stofflichen über
die emotionale zur geistigen und schließlich zur spirituellen

Kraft. Sexuelle Kraft wird so auch zur Kraft der Heilung, der Ganzwerdung und der Ganzheitlichkeit.

Kreative Vielfalt im Liebesdialog für Zärtlichkeit, Hautkontakt, Sinn-Entfaltung, seelische Begegnung, emotionale Tiefe und Herzenssprache sind liebes- und lebensnotwendig. Erfindungsgeist, Gefühlsreichtum, Neugier, Schöpfungskraft, Sinnlichkeit, Spieltrieb, Gedankenblitze, Aphrodisiaka wirken als die wahren Antriebskräfte in der Psychologie der Liebe.

Das Finden und Ausleben dieser Schöpfungskraft fällt Jungverliebten leicht. Von ihnen können aber auch reife Paare immer noch lernen:

- Sie zeigen Mut zur Hingabe, gehen Risiken ein, »fassen sich ein Herz«, engagieren sich füreinander.
- Sie schenken einander Zeit, nehmen die Liebe ernst, hören einander zu und stellen einander viele Fragen.
- Sie lieben, streiten und versöhnen sich statt wochenlanger Abstrafung.
- Sie suchen den Dialog, behandeln einander mit Würde und geben der Liebe den Vorrang vor allem anderen. Sie passen sich dem Partner an, fordern ihn heraus und sind geduldig mit seinen Fehlern.
- Sie können ihre eigenen Fehler zugeben und um Verzeihung bitten.

Paare im Alltag der Liebe benötigen für diesen Schritt zur kreativen *Paargestaltung* jetzt am Ziel der Reise vor allem Zeit für die Bereicherung durch Sinnlichkeit und Kreativität. Sinne und Kreativität hängen eng zusammen. Beide gilt es zu üben. Wir schlagen deshalb Liebeswochenenden vor. Die Kinder werden Freunden anvertraut. Das Paar zieht sich für zwei Tage zurück.

Die Psychologie der Liebe hängt eng mit der Psychologie der Zeit zusammen. Zeitnotstand ist Kennzeichen unserer Unkultur der Liebe. Maschinentakt, Fließband, digitaler Rhythmus, Flugpläne und Konferenztermine dominieren und deformieren den Rhythmus der Seele. Der Rest an Menschlichkeit geht in der Reizüberflutung zu Hause vor dem Fernseher und dem heimischen PC verloren. Elektronische Spiele verdrängen das menschliche Spielen.

Ohne einander zugewandte Zeit zerbricht aber jede Liebe. Zeitmangel hungert sie aus. Ohne Zeit ist kein Einfühlen, keine Kreativität, keine Dauer möglich. Lust verkommt im Fastfood. Wir drohen, daran zu verhungern, egal wie viel wir davon in uns hineinstopfen.

Narzisstisch Gekränkte und Selbstzweifler sind schnell daran zu erkennen, dass sie vermehrt über Zeitnot klagen. Innere Zeit gibt es kaum, da sie zu wenig Gefühl für ihr eigenes Selbst haben. Wichtigsein ersetzt das Selbstgefühl. Daher stehen sie unter hohem Druck, etwas zu leisten und verhindern so wiederum, zu sich selbst zu kommen. Der Druck verwandelt Lust in Last, dann in Frust. Materielles steht im Vordergrund. Genuss geht verloren. Wer aber nicht genießen kann, wird ungenießbar.

Das Erwachen der Kreativität scheitert in unserer bürgerlichen Enge überdies meist an Hemmungen infolge der verletzten Kinderzeit. Das Paar hat in den oben beschriebenen Schritten von *Paargestalt*, *Partnerwerdung*, *Paardynamik* und *Konfliktanalyse* zwar viele dieser Behinderungen beiseite geräumt, trotzdem wird die Kreativität noch nicht frei fließen, weil infolge der früheren Defizite die Erfahrung und Übung mit kreativen Prozessen fehlt. Wer jahrzehntelang Hemmungen hatte, seine Ideen umzusetzen oder gar keine entwickeln durfte, kann nicht auf Knopfdruck kreativ werden.

Als Therapeuten leiten wir die Partner dazu an, machen ihnen Mut und helfen auch, Ideen dafür zu entwickeln. Gedankenblitze, Aha-Erlebnisse, Träume, Tagträume, Blödeln, Brainstorming, Singen, Schreiben, Tanzen sind nur einige davon. Viele Schulen lehren diesen kreativen Prozess und seine Gesetzmäßigkeiten. Besonders im Bereich von Kunst gibt es Schulen für Theater und freies Improvisieren, für Malerei und Skulptur, für Ausdruckstanz, für Kalligraphie. Auch im Ikebana wird ein kreativer Weg aufgezeigt, wie ihn der Zen-Buddhismus lehrt. Tao und Tantra lehren die kreative Vielfalt von Sinnlichkeit, Erotik und Sexualität.

Alle Schulen lehren gewisse Grundregeln, die für kreative Prozesse generell gelten. Diese den suchenden Paaren zu vermitteln, ist neben der therapeutischen Aufarbeitung das größte Anliegen der gemeinsamen Entwicklungsarbeit. Nachdem Schutt und Geröll der psychologischen *Altlasten* zur Seite geräumt sind, ist der Weg frei für die Liebe. Kreative Selbstentfaltung zu zweit ist das Ziel.

Die Dynamik des kreativen Prozesses vollzieht sich in fünf Intervallen. Sie zu kennen und zu nutzen, hilft den Partnern auf dem Weg zu liebevoller Vielfalt. Sie setzen sich voreinander und beginnen abwechselnd, die innere Vielfältigkeit nach außen zu bringen. Fünf kurze Phasen kennzeichnen diesen Vorgang: Eindruck, Blockierung, Ausdruck, Reaktion, Kreation.

EINDRUCK

Die erste Stufe hat das Ziel, die eigenen inneren Eindrücke abzurufen. Oberstes Gebot dafür ist, sich Zeit zu nehmen, Zeit, um nach innen zu lauschen. Vielfältige »Impressionen der Liebe« schlummern in uns und warten auf ihren Einsatz. Dazu gehören Wünsche, Sehnsüchte, Impulse, Erinnerungen, Kummer und Schmerzen. Sie alle brauchen das Nachsinnen, um geweckt werden zu können. Kontrolle, Tabus und Hemmungen werden bewusst zur Seite geschoben, um die im Inneren aufbewahrten Schätze abholen zu können. Tausend Bilder, Gerüche, Szenen, Worte und Fantasien sprechen dann zu uns. Jetzt braucht es ein achtsames Hinspüren, was davon im Moment am deutlichsten in den Vordergrund treten will. Und noch einmal: Dieses Nachsinnen braucht viel ruhige, innere Zeit als Voraussetzung für jede bewusste kreative *Paargestaltung*.

BLOCKIERUNG

Blockierungen zu erkennen und zuzulassen ist der nächste Schritt. Sofort nach dem eigenen Bewusstwerden der schlummernden Eindrücke tritt in der Regel, oft gegen den eigenen Willen, doch die »innere Zensur« ein. Sie sperrt einen Großteil dieser Ressourcen mit dem Hinweis auf Undurchführbarkeit, Verbotensein oder Unlust. Schwindelgefühle, Beklemmung, Lähmung oder plötzliche Leere mögen eintreten. Manche schämen sich sogar dieser ihrer innersten Empfindungen. Abwehr und Widerstand treten erneut in Aktion.

In der Therapie mit Paaren ist das gut zu beobachten. Viele Paare klagen über die Einfallslosigkeit in ihrer Beziehung. Versteigen sich aber die Therapeuten und geben gute Tipps, Hinweise und Ratschläge, was die Partner alles tun könnten, werden sie oft mit erstaunlichen Begründungen zurückgewiesen. Wird ihnen aber kopfnickend zugestimmt, erklären die Paare in der nächsten Sitzung regelmäßig, dass nun doch keine Zeit war, die so gute Idee durchzuführen.

Hemmungen sind die Gräber für Kreativität und Sinnlichkeit. Angst und Scham sind die Hauptmotive. In der Folge unterbleiben diese lebens- und liebesnotwendigen Impulse. Steifheit, Verschlossenheit und starre Langeweile treten an ihre Stelle. Genau diese Hemmungen werden jetzt in Ruhe vor dem inneren Auge betrachtet und in den folgenden Ablauf mit eingebaut. Die Selbstüberwindung, trotzdem aktiv zu werden, braucht wiederum ihre Zeit, aber die Idee ist schon mal geboren.

Blockierungen einzubauen, heißt jetzt, dem Partner gegenüber einzugestehen, dass zwar Ideen vorhanden sind, aber Hemmungen dagegen stehen. Das sind zwei unendlich wichtige Informationen für ihn. Erstens, er begreift, dass sich beim anderen innerlich viel abspielt und zweitens erfährt er, dass Geduld gefordert ist, der inneren Hemmnisse wegen. Dadurch kann er selbst innerlich Anteil nehmen und Unterstützung anbieten. Als gewohnter Selbstzweifler braucht er die nach außen sichtbare Reaktionslosigkeit seines Partners nicht mehr als Lieblosigkeit ihm gegenüber falsch zu deuten.

Ausdruck

Ausdruck bedeutet das jetzt folgende Umsetzen der eigenen inneren Eindrücke, Impulse und Hemmnisse. Spüren, Fühlen, Reden und danach Handeln, heißt der Weg. Dafür brauchen die Partner aber wiederum Zeit. Jeder Druck, ganz besonders Zeitdruck, verhindert das Gebären von Ideen und Impulsen. So, wie jedes Kind seine angemessene Zeit braucht, auf die Welt zu kommen, braucht jede Idee und jeder Impuls seine eigene Zeit.

Innere Impulse werden in Handlung umgesetzt. Dazu setzen oder stellen sich Beide voreinander auf. Der Erste beginnt ganz langsam mit geschlossenen Augen, immer noch nach innen horchend, sein inneres Empfinden in Gesten, in Bewegung, in Handlung, auch in Sprache umzusetzen. Natürlich ist es auch möglich, Gleiches in Bildern, Zeichnungen, Texten oder Ritualen zum Ausdruck zu bringen. Einziges Ziel ist, möglichst frei und offen Gedanken, Gefühle, Sätze in Taten umzusetzen. »Ich begreife dich – ich fühle dich – ich ertaste dich – ich erfasse dich.« Unsere Sprache ist voll solcher konkreter Verbindungen von Wort und Tat.

Die Gestalttherapie verdankt ihren ungeheuren Siegeszug genau dieser Eigenart. Ihr Begründer, Fritz Perls, nannte diesen

Schritt »In Aktion gehen«. Danach werden alle Impulse, die im Organismus von Körper, Geist und Seele vorhanden sind, je nach ihrer aktuellen Bedürfnislage unbewusst in den Vordergrund gebracht. Ihnen dann bewusst Ausdruck zu geben, trotz aller Hemmungen, ist der heilende Faktor dieser Therapieform. Keinesfalls geht es darum, sich einen Plan zu machen und ein fertiges Konzept abzuspulen. Inspiration ist kein festes Programm, sondern intuitives Vorgehen. Von Minute zu Minute kann sich das Ziel ändern. Schon während einer Geste mag eine neue auftauchen oder ein Gedankenblitz aufleuchten. Dann wird der sofort umgesetzt.

Diese Impulse mit denen des Partners ins Gleichgewicht zu bringen, ist der nächste Schritt.

REAKTION

Die Reaktion des Partners in die eigene Aktion einzubeziehen, setzt wieder Zeit voraus, miteinander in Resonanz zu treten. Der passive Partner braucht Zeit, um die vorgetragenen Einfälle auf sich wirken zu lassen. Er nimmt sich diese Zeit, um sich selbst dabei zu spüren und seine eigenen Antwortimpulse zu finden. In der Zwischenzeit kann das Spiel des Aktiven ruhig weitergehen. Seine Impulse bedeuten ja die Energie, die der Empfänger so gern in sich aufnimmt, die ihn beglücken, vielleicht auch stören. Aber erst das Kommunizieren der inneren Eindrücke, seien sie noch so verboten, ermöglicht Gemeinsamkeit statt starrer Fassade. Dadurch wird der Partner angeregt, seinerseits zu handeln.

KREATION

Dieser letzte Schritt bedeutet, erneut nach innen zu lauschen und zu antworten bzw. zu kreieren. Aus dem bisherigen getrennten Agieren wird nun ein gemeinsames. Der »Tanz der Verliebten« kann nun beginnen. Nicht nach vorgegebenen

Schrittfolgen, sondern mit intuitivem Spiel Blicke tauschen, Hände berühren, Küsse schenken, ein Lied singen, ein Gedicht vorlesen, mit einer Blume dich streicheln, Rosenblätter in dein Bett streuen, in den Rückzug gehen, um sich erneut zu öffnen, sich anzubieten und wieder zu verweigern, sind nur einige der vielen Möglichkeiten. Alles ist jetzt möglich, ohne Angst vor Strafe. Mal ist es wie das Balgen wilder Kinder, dann wild wie ein Tier, mal wie der Auftritt auf einem großen Ball, dann wieder wie das Beten in der Kirche oder das Meditieren bei Sonnenaufgang.

FRAGEN ALS KREATIVER WEG ZUM DU

Für den Einstieg in kreatives Handeln gibt es sicher viele Wege. Ein einfacher Weg liegt im Fragen. Jedes Paar kann ihn gehen. Eindrücke hinauszutragen in die Welt und möglichst viele Erfahrungen in sich hineinzuholen, das öffnet schließlich die Herzen. Dies tut sich besonders bei Kindern kund, die auf alles neugierig sind. Eine ganze Entwicklungsphase ist gekennzeichnet durch das »Frage-Alter«. Die Welt zu erfragen, sich auf diese Weise die Welt zu erschließen, ist auch ein Weg zur Sinnfindung. Aber: Als Kinder wurde uns die Freude am Fragen oft ausgetrieben mit der Aufforderung: »Frag nicht so viel«, »Frag nicht dauernd!«, »Sei nicht so neugierig!« usw.

Das ist bedauerlich. Neugierde sollte nie erlahmen. Sie macht die Welt, die Liebe und den Partner so spannend. Neugierig Fragen zu stellen, ein Loch in den Bauch fragen, dich durch Fragen besser zu verstehen – damit verdichten die Partner den Weg zueinander.

Viele Märchen und Mythen berichten von der Macht des Fragens. Die Sphinx stellte allen, die auf ihrem Weg an ihr vorbei mussten, eine Rätselfrage. Der Reisende hatte sie richtig zu beantworten oder zu sterben. Die hintergründige Frage lautete: »Was ist das? Am Morgen geht es auf vier Beinen, am

Mittag auf zwei und am Abend auf drei?« Viele mussten sterben, bis es endlich *Ödipus* gelang, die Frage zu beantworten. Parzival, der Sucher nach dem Heiligen Gral, hatte das Schicksal in der Hand, mit seiner Frage über die Krankheit von König Amfortas ihn von seinem Leid zu befreien und den Gral für die Menschen zu retten. Lohengrin verbot seiner jungen Frau, die er zuvor vor dem Tod errettet hatte, ihm die Frage nach seiner Herkunft zu stellen. Als sie es doch tat, musste er sie verlassen.

Sokrates hat die Macht des Fragens für die damalige und für die heutige Welt am lebendigsten demonstriert. Wie Jesus war auch er ein guter Therapeut. Als Philosoph wurde er schon zu Lebzeiten besonders durch seine Fragetechnik bekannt, sein bohrendes Nachfragen. Gerade, wenn eine Antwort schon lange vorliegt, sie trotzdem in Frage zu stellen, ist seine Kunst. In der philosophischen Praxis heißt dieses die *Technik des Sokratischen Dialogs.*

Sokrates als Lehrer hatte damit eine ungewöhnliche Lehrmethode entwickelt. Seine Tätigkeit, die ihm allerdings zum Ärger seiner Frau Xanthippe wenig Geld einbrachte, bestand in einem Frage-Antwort-Spiel, wobei er einfach Vorübergehende anredete. Das übliche Muster, in dem der Lehrer vorgibt und der Schüler fragt, hat er genau umgedreht. Als Lehrer seinen Schüler so zu fragen, dass er mithilfe der richtigen Fragestellung das schlummernde Wissen aus jenem herauslockt, ist der Sinn. Sokrates hat daher seine Fragetechnik als Hebammenkunst verstanden und mit dem Beruf seiner Mutter, einer Hebamme, verglichen. Er wollte nicht selbst seine Weisheit gebären, sondern anderen zur Geburt ihrer Ideen verhelfen.

Die therapeutische Fähigkeit dabei ist, die Fragen so zu stellen, dass sie nicht demotivieren, sondern immer mehr Neugier daran wecken, wohin die Reise letztendlich führt. Entscheidend ist dabei die Haltung, mit der solche Fragen gestellt werden. Geschieht es aus moralischem Druck, Manipulation oder mit strafender Strenge, wird keiner tiefer auf die Fragen eingehen. Eine innerlich berührende und teilnehmende Fragetechnik wird dagegen nicht nur den Kopf, sondern auch das Herz und den ganzen Menschen so tief bewegen, dass dieser in einen Glückszustand und in heilsame Aktivierung versetzt wird, als würde er von einer inneren Triebfeder ergriffen.

Jungverliebte fragen sich viel. Die ewig zweifelnden Gekränkten hören nun auf mit Zweifeln und stellen stattdessen Fragen oder lassen sich fragen. Fragen, die sie ernst nehmen und deren Beantwortung ebenso. Nicht die Fragen sind gemeint, die Rechenschaft fordern, kontrollieren, moralisieren oder den Anderen überführen und ins Unrecht setzen. Sinnvolles Fragen ist vom Wohlwollen getragen, vom Mitfühlen und Einfühlen. Das Hauptmotiv für Fragen gilt es zu verstehen. Dann vertiefen diese Fragen die Beziehung. Hören Sie nie mehr auf, zu fragen. Sie verändern damit Ihre Welt.

Durch Fragen wird Altes neu beleuchtet, Verlorenes wiedergefunden, Unentdecktes entdeckt, Kreatives geweckt. Fragen erfordern allerdings auch Zuhören. Dann fühlt sich der Befragte ernst genommen. Durch aufmerksames und durchaus kritisches Zuhören fühlt er sich verstanden. Fragen stiften Verständigung. Fragen brauchen manchmal Zeit, um beantwortet zu werden. Manchmal bedarf es auch besser keiner Antwort. Und dann wieder darf das Fragen bohrend sein, nicht nachlassend, damit das Wesentliche zutage treten kann.

Das ist auch das zweite wichtige Merkmal für richtiges Fragen: Neben dem Wohlwollen ist es wichtig, Fragen mit Tiefgang zu stellen. Nicht Alltags- und Berufsfragen oder Fragen zum Haushalt, zu den Hausaufgaben der Kinder und dem nächsten Urlaub führen in die Tiefe, sondern nach dem inneren Denken, Fühlen, Hoffen und Sehnen – Fragen nach Fantasien, Bedürfnissen, nach Gefühlen, nach Verborgenem.

Hier beginnt die Kreativität der Liebenden. Der Einstieg in diese wundersame Welt, in die Psychologie des Fragens scheint einfach. Wieder gilt es, innere Hemmungen und Tabus zu überwinden. Dann fällt auf, dass es gar nicht so einfach ist, die richtigen Fragen zu finden. Sich allein Fragen auszudenken, erfordert innere Zeit. Hilfreich ist, sich eine Reihe von Fragen erst einmal aufzuschreiben und den Katalog im Verlauf der Woche mit neuen zu ergänzen.

Zwei Ausgangsfragen helfen dabei: »Was ist die wichtigste Frage an mich selbst?« Und parallel dazu: »Was sind meine zwei wichtigsten Fragen an dich?«

Wenn jetzt schon zu Beginn keine solchen Fragen auftauchen, sprudeln gleich viele weitere Fragen: »Wieso habe ich eigentlich keine Fragen an mich, an dich? Wann habe ich mich, habe ich dich eigentlich das letzte Mal ernsthaft etwas gefragt? Will ich gar nichts wissen über mich, über dich? Habe ich kein Interesse mehr an dir, an mir? Wann habe ich aufgehört, zu fragen? Was habe ich als Kind gefragt? Welche Antworten habe ich damals bekommen? Stelle ich meinen Kindern die wesentlichen Fragen? Oder habe ich auch dort keinen Mut dazu?«

Wirkliche Fragen zu stellen, heißt, mit allen Sinnen in der Welt zu sein.

SINNENSCHULE

Jetzt sind die Partner auf ihrer Reise ganz dicht vor dem Ziel: Durch Sinnlichkeit zum Sinn und zur Vielfalt der Liebe – das ist der Weg der Liebenden. Seit jeher ist die Suche nach dem Sinn für alle Menschen auf der ganzen Erde zentrales Thema. In der *Paarsynthese* gehen wir davon aus, dass wir Menschen Sinn durch unsere Sinne erfahren, soweit wir diese zu öffnen vermögen. Und für die Liebe brauchen wir wirklich alle Sinne. Das ist das Beglückende an ihr, das macht Liebe so reich, aber auch so verletzlich.

Dieses tiefe Öffnen unserer Sinne ist durchaus nicht selbstverständlich und nicht ganz einfach, sondern erfordert Übung, bis ein ganzheitliches Wahrnehmen von Körper, Geist und Seele entsteht.

Die Liebe an sich ist das sinnlichste Erleben überhaupt. Sie steht deshalb im Zentrum menschlicher Dynamik. Die ihr eigene Sinnlichkeit ist dreifach in Körper, Geist und Seele. Die Erfahrungen von Erotik und Sexualität werden so zum zentralen Element von Sinnlichkeit und Sinnerfahrung. Und sie schließen die Kreisläufe der Energie im eigenen Selbst, zwischen den Menschen und zwischen Mensch und Kosmos.

Es fällt auf, dass die Jungverliebten das aus sich heraus praktizieren. Sie sind selig verbunden mit dem »siebten Himmel«, innig verbunden mit dem Geliebten und schließlich intensiv verbunden mit dem eigenen Selbst: Es vibriert der ganze Körper vom Scheitel bis zur Sohle von der Energie der Liebe. Was diesen schwärmenden Kindern des Glücks intuitiv geschenkt wird, erarbeiten sich die krisenerprobten Partner jetzt wieder neu. Es fehlt dabei die rührende Unschuld, dafür gewinnen sie die Würde der Reife.

Einige Übungen zur Sinnlichkeit für diesen letzten Teil der Reise seien hier vorgestellt:

Einfach wird es für Anfänger solcher Rituale sein, sich voreinander aufzustellen und dann abwechselnd in unendlicher Behutsamkeit jede einzelne Linie des Gesichtes vom Partner wie ein Künstler nachzufahren, sanft besinnlich. Die jeder Linie innewohnende Bedeutung und ihre Geschichte vom glatten Kindergesicht bis zum hohen Alter zu fühlen, ist von tiefer Berührung – im wahrsten Sinn des Wortes. Diese Übung nennt sich **Portrait-Zeichnen.**

Eine weitere Übung der Sinne liegt in der **Vereinigung mit den vier Elementen**. Die Teilnehmer meditieren unter freiem Himmel jeweils schweigend. Im Wechsel von zehn Minuten stehen sie an einem Baum, liegen auf der Erde, im Wasser und nehmen das Feuer der Sonne in sich auf. Den Baum zu umarmen und mit ihm zu sprechen, wird zur mystischen Zwiesprache. Oder auf dem Wasser eines klaren Sees zu treiben und ihm zu danken, dass es uns trägt und nährt. Das wird zu einer ganz anderen Erfahrung von Welt und Kosmos als indirekt dafür einem Schöpfergott zu danken. Ich habe einmal solche Übungen mit Kindern durchgeführt. Sie haben noch 10 Jahre später als junge Erwachsene sehr berührt davon gesprochen.

Eine weitere und wieder in sich gekehrtere Übung kann die sein, ein Ikebana-Gesteck anzufertigen. Dafür sind die Regeln so, dass mit den in der Natur gefundenen Mitteln ganz sparsam in einer Schale diese Vorstellung vom In-der-Welt-Sein abgebildet wird: Ein größerer Zweig symbolisiert den Himmel, eine mittlere Blume den Menschen und ein Blatt oder etwas Moos die Erde. Die Teilnehmer haben dafür zwei Stunden Zeit. Anschließend wenden sie sich ihrem Partner zu und berühren diesen genauso vorsichtig, wie sie das Gesteck angefertigt haben.

Eine einfache und doch innige Form der Sinnerfahrung zu zweit liegt im gemeinsamen Atmen. Das Paar legt sich dazu nackt in die »Löffelstellung« und atmet in gleichem Rhythmus ein und aus. Der im Rücken liegende Partner umfasst dabei den vorne Liegenden mit einem Arm und legt seine Hand auf dessen Brust. Sie lassen dabei den Atem von Chakra zu Chakra immer höher steigen. Diese Übung nennt sich **Chakrenwelle** und sollte mindestens eine halbe Stunde dauern. Dabei wechselt der Atemrhythmus von ganz langsam leise bis ganz schnell und heftig laut.

Diese Wege der Sinnlichkeit führen zum eigenen Selbst, zum liebevollen Du und zum Kosmos. Wir beschreiten sie real durch unsere fünf physiologischen Sinne, die jedem Menschen von

Geburt an zur Verfügung stehen: Hören, Fühlen, Riechen, Schmecken, Sehen. In der *Paarsynthese* fügen wir das *Lieben* dazu.

Diese Sinne zusammen ständig zu entfalten und zu erweitern, führt zur Erfüllung menschlichen Seins, erfüllt den Sinn unseres Lebens, ist unser göttlicher Auftrag. Es ist spannend, diese Schulung zu erleben. Spannend vor allem deshalb, weil dieses Lernen naturgemäß nicht oder nur sehr begrenzt mit sich allein stattfinden kann. Vielmehr ist dieses Lernen bereits beziehungsstiftend, weil es wesentlich auf ein Gegenüber angewiesen ist. Auch die Natur wird zum Gegenüber.

Diese Schulung aller Sinne vertieft unser Empfinden und macht uns frei, unsere inneren Blockierungen, Hemmungen, Ängste, Hindernisse und Behinderungen auf natürliche Weise selbst zu überwinden. In der Folge gelingt es uns, unser menschliches Potenzial besser zu verwirklichen: Unser Sehnen und Hoffen, unsere Kreativität, unsere Energie und Lust, etwas zu leisten und zu erarbeiten, unsere Freude, aneinander und miteinander Lust zu entwickeln, den Reichtum unserer Gefühle in die Welt zu tragen. In solch einem »Tanz der Sinne« wird die Freude und Neugier am Leben und am Partner aufs Neue geweckt.

Lesen Sie sich dazu gegenseitig den folgenden Text vor, langsam und leise, als ob Sie fernen Klängen lauschen:

Zentrierung zum Tanz der Sinne.
Unsere Sinne und unsere Sinnlichkeit sind wie Pforten der Wahrnehmung, durch die das Leben eintritt und uns im Innersten berührt. Unsere Sinne sind wie Brücken, die uns mit allem Leben verbinden: mit anderen Menschen, mit der Natur, mit dem Universum.

Wir hören, sehen, riechen, schmecken, fühlen und ahnen das Leben, das in uns ist und uns umgibt. Je sensitiver wir sind, desto lebendiger sind wir und desto offener dafür, Sinn zu erfahren – Sinn meines Lebens und des Lebens mit dir.

Sehen: *Wie oft genieße ich den Augenblick, öffne meine Augen, die*

Fenster meiner Seele und schaue in die Welt, verschließe die Augen nicht, nicht vor dem Leid und auch nicht vor der Liebe. Wie viel Zeit nehme ich mir, mich zu sehen und dich zu sehen, dein Gesicht, deinen Körper?

Hören: *Wann hast du zum letzten Mal dem Rauschen des Windes gelauscht, der durch die Bäume fährt, wann beim Lieben auf den Atem gelauscht, wann wirklich zugehört, was deine Frau, dein Mann dir sagt. Wie nutzt und pflegst du diesen Sinn, wie nährst du ihn mit sanften oder wilden Klängen?*

Riechen: *Kennst du die Düfte des Winters, riechst du den Frühling, den Duft der Rose, den Geruch der Haut in der Beuge des Halses, den Duft der Liebe?*

Schmecken: *Wie oft habe ich mir in den letzten Monaten einen Bissen auf der Zunge zergehen lassen, ihn ausgekostet und genossen? Wie oft habe ich mir Zeit genommen um dich zu schmecken?*

Fühlen: *Wie oft gibst du dich deinem Bedürfnis nach Berühren und nach Berührtwerden hin, innerlich und äußerlich? Wann hast du das letzte Mal dich selbst berührt, vielleicht gestreichelt? Wie viel Zeit gönnst du dir, die Hände, die Haut, den Körper deines Mannes/deiner Frau zu fühlen und dich fühlen zu lassen?*

Und gibt es Zeiten in unserem Leben, in denen wir unsere Sinne miteinander tanzen lassen? Vielleicht zusammen baden – im Wasser, das der Haut schmeichelt – im Duft, den wir genießen – in Worten des Herzens, die wir hören – wenn wir uns anschauen, uns entdecken und erkennen?

Wie viel Achtsamkeit schenken wir unserer eigenen Sinnlichkeit – unseren Sinnen, die das Leben uns geschenkt hat?

Nach dieser inneren Zentrierung trennt sich das Paar für etwa eine Stunde. In dieser Zeit überlegen Beide, was sie an Ideen für ein »Fest der Sinne« finden können, zu dem sie sich gegenseitig einladen.

Gelingt dieser Prozess der Sinnfindung durch die Sinne, erfüllen wir implizit die uns Menschen zugedachte Aufgabe, genau den Platz im ewigen Kreislauf, im Kosmos auszufüllen, für den wir auch vorgesehen sind. Erfüllen wir alle unsere Sinne, werden wir dadurch auch zu reichen und verantwortungsbewussten Menschen.

Dieser aufgezeichnete Entwicklungsweg ist kein Ideal im esoterischen Schonraum, sondern er führt mitten durch die Realität. Wir müssen lange daran arbeiten, durch all unsere Behinderungen hindurch die volle Entfaltung der Sinne zu erreichen. Sinn im menschlichen Leben kann nur erfahren und nicht erdacht oder erfunden werden.

Würdigung

Die Schöpfungskraft der Liebe führt schließlich zu reicher Ernte. Erntedankfest kann jetzt gehalten werden, da die Liebenden, jeder an sich und gemeinsam miteinander an der stetigen Vertiefung des Austausches von Körper, Geist und Seele gearbeitet haben.

Erntedankfest *ist eine Übung für »alte« Paare. Anhalten, innehalten und Rückschau halten – im Fluss der Zeit. Viele, sehr viele Jahre gemeinsamen Lebens sind vergangen, viele Höhe und Tiefen durchschritten, viele Prüfungen überstanden. Nun kommt es darauf an, Bilanz zu ziehen. Viel Entwicklungsarbeit ist geleistet. Auf einem Spaziergang, an einem geweihten Ort, in einer Kirche, wo immer Sie die nötige Stille finden, diese Betrachtung anzustellen, ist es gut. Die Partner schreiben ihren Dank auf, bevor Sie sich gemeinsam darüber austauschen. Worüber freuen wir uns, wofür danken wir einander, worauf sind wir stolz? Was hat sich nicht erfüllt an Träumen? Von unserer Sehnsucht? Auch diese Lücken gehören zu solch einem Fest – nicht alle Samen sind aufgegangen, nicht alle Früchte gereift. Trauer darf sich in die Freude mischen.*

Die Verzauberung in der Liebe kann nun wiedergefunden werden. Die Partner haben die Bedeutung der gemeinsamen Fehlerdynamik erkannt und dadurch ihre Sinnfindung vertieft.

Beide tragen zur Würdigung von Weiblichkeit und Männlichkeit bei. Die Partner heilen sich gegenseitig durch ihre Liebe. Sie haben den Weg zur gemeinsamen Entfaltung ihrer eigenen Potenzen eingeschlagen.

Was noch zu tun bleibt, ist sich dafür gegenseitig zu würdigen. Immer und immer wieder gilt es, dies in die Tat umzusetzen: Dem Partner auszudrücken, wie kostbar, wie würdig er für mich ist. Leider empfinden wir häufig Scheu, den Partner sichtbar zu ehren. Dabei sind wir erst durch die Bekundungen der Liebe so kostbar geworden. Ursprünglich war es die unumschränkte, bedingungslose Liebe der Eltern, die uns das Gefühl für unsere eigene Würde, unsere Bedeutung und Wichtigkeit gegeben hat. Dort schon haben wir erfahren, wie kostbar wir sind. In der Liebe zum Partner wiederholt sich dieses Wunder. Menschenwürde liegt in seiner Liebesfähigkeit und nicht in seinem Drang, andere zu unterwerfen.

*Um diese **Würdigung** sichtbar zu machen, schlagen wir unseren Gruppenteilnehmern und Paaren vor, dass sie sich in den folgenden 20 Minuten aufrecht voreinander hinstellen oder gar hinknien. Sie beginnen dann, sich wechselweise voreinander langsam, ganz langsam, Millimeter für Millimeter, zu verneigen. Sie falten dazu ihre Hände oder kreuzen diese vor der Brust. Sie senken dabei langsam Augen, Kopf und beugen Ihren Rücken so tief sie können. Wenn Beide knien, beugen sie ihren Kopf bis zum Boden. Sie ruhen dort etwas aus, ohne sich gleich wieder aufzurichten. Der Andere, der diese Würdigung empfängt, bleibt aufrecht und nimmt diese Würdigung für sich entgegen. Dann richtet sich der Erste ebenso langsam wieder auf. Kniet oder steht er schließlich gerade, beginnt der Andere, die Hände zu falten, sich zu verneigen, so tief wie möglich, um sich dann ebenso langsam wieder aufzurichten.*

Eine solche Liebeskultur gibt uns Menschen die Würde zurück. Wir üben uns dazu in Ritualen, die das »Göttliche Element« im

Partner jeweils würdigen, seine Einzigartigkeit mit all seinen Stärken und Schwächen achtungsvoll feiern. Solche Gesten sind für viele befremdlich, aber es ist wichtig, das Herz auch für solch neue Wege der Liebe zu öffnen. Auf diese Weise heilen die Wunden der um die Liebe so vielfach Betrogenen.

YIN UND YANG

Am Ende wie am Anfang steht die Feier von weiblich und männlich, von yin und yang, von Adam und Eva, von dir und mir. Die ewigen Kräfte von Frau und Mann in Resonanz zu bringen, gibt uns Kraft. Oft ist es leicht und oft sehr schwer. Alles auf dieser Welt hat seinen Gegenpol: Himmel und Erde, Gott und Teufel, Tag und Nacht. Vom Gleichgewicht dieser Pole hängt unsere Gesundheit, unser Glücksempfinden und unser Sinn in dieser Welt ab. Resonanzenergie statt Durchsetzungsenergie ist das Ziel. Dann wird niemand ausgebeutet, sondern gegenseitige Ergänzung sorgt für optimale Erfüllung.

Frau und Mann brauchen einander zum Leben und geraten doch in Konflikt darüber. Häufig spielen sie ihre Kräfte gegeneinander aus, statt sie aufeinander abzustimmen und zusammen wirken zu lassen. Geben und Nehmen geraten dann ins Ungleichgewicht. *Paarsynthese* sucht aber exakt dieses Zusammenwirken der Partnerkräfte im Rhythmus der Seelen.

Das Symbol der vor der Brust in Herzenshöhe gefalteten Hände versinnbildlicht das Zusammenströmen der männlichen und weiblichen Energie. Die linke, kognitive und analytisch dominierte Gehirnhälfte und die rechte, analoge und emotional dominierte schaffen erst lebendige Ganzheit. Männer können Frauen dann verstehen und befriedigen, wenn sie in sich selbst die weiblichen Anteile zulassen, statt sie zu unterdrücken. Umgekehrt gilt dasselbe für Frauen. Die Gegensätze von Frau und Mann, die sich in Körper und Seele kundtun, führen erst im stetigen Wechsel zur seligen Einheit. Die daraus resultierende

Zwiespältigkeit von Hingabe und Abgrenzung lustvoll zu gestalten, wird zum Schöpfungsprozess des Paares, wird aber auch zur Erfüllung menschlicher Sehnsucht. So finden wir Heimat in dieser Welt. Die Liebe von Frau und Mann trägt in sich das göttliche Prinzip, nämlich das Potenzial zur Vollkommenheit. Sie gibt die Kraft zur Expansion, d. h. die Partner nehmen den ihnen gebührenden Platz im Kosmos ein. Das Paar schafft Leben und trägt damit zur Erhaltung der Kreisläufe bei.

Literaturhinweise

Asper, K. (2003). *Verlassenheit und Selbstentfremdung.* München: Deutscher Taschenbuchverlag

Bauriedl, T. (1984). *Beziehungsanalyse.* Frankfurt / M.: Suhrenkamp

Chopich, E.J., Paul, M. (1993). *Aussöhnung mit dem inneren Kind.* Ullstein

Clement, U. (2004). *Systematische Sexualtherapie.* Stuttgart: Klett – Cotta

Cöllen, M. (1984). *Lass uns für die Liebe kämpfen. Gestalttherapie für Paare.* München: Kösel

Cöllen, M. (1993). *Heilende Partnerschaft. Paartherapie als Seelendialog.* Reinbek: Rowohlt

Cöllen, M. (1997). *Paartherapie und Paarsynthese – Lernmodell Liebe.* Wien: Springer

Cöllen, M. (2002). *Liebe in Zeiten der Unverbindlichkeit – Eros und Ethos.* Stuttgart: Kreuz

Cöllen, M. (2003). *Lieben, Streiten und Versöhnen – Übungen und Rituale für Paare.* Stuttgart: Kreuz

Ferenczi, S. (1929). *Die Elastizität der psychoanalytischen Technik.*

Kast, V. (1984). *Paare – Beziehungsphantasien oder Wie Götter sich in Menschen spiegeln.* Zürich: Kreuz Verlag

Kernberg, O. (1983). *Borderline-Störungen und pathologischer Narzissmus.* Frankfurt: Suhrkamp

Kohut, H. (1973). *Narzissmus.* Frankfurt: Suhrkamp

Kreisman, J.J., Straus, H. (1992). *Ich hasse dich – verlaß' mich nicht – Die schwarzweiße Welt der Borderline-Persönlichkeit.* München: Kösel

Lacan, J. (1986) *Encore. Das Seminar Buch XX.* Weinheim: Quadriga

Leboyer, F. (1997). *Sanfte Hände – Die traditionelle Kunst der indischen Baby-Massage.* München: Kösel

Lukas Moeller, M. (1988). *Die Wahrheit beginnt zu Zweit – Das Paar im Gespräch.* Hamburg: Rowohlt

Lukas Moeller, M. (2000). *Gelegenheit macht Liebe – Glücksbedingungen in der Partnerschaft.* Hamburg: Rowohlt

254

Mann, M. (1999). *Psychotherapie – Eine erotische Beziehung*. Stuttgart: Klett – Cotta

Mentzos, St. (1984). *Neurotische Konfliktverarbeitung*. Frankfurt: Fischer

Ornish, Dr. med. D. (1999). *Heilen mit Liebe. Krankheiten ohne Medikamente überwinden*. München: Mosaik

Petzold, H.G. (1985). *Leiblichkeit – Philosophische, gesellschaftliche und therapeutische Perspektiven*. Paderborn: Junfermannsche

Petzold, H.G. (1993). *Integrative Therapie – Modelle, Theorien und Methoden einer schulenübergreifende Psychotherapie (I – III)*. Paderborn: Junfermann

Polster, E., Polster, M. (1975). *Gestalttherapie*. München: Kindler

Richter, H.E. (2002). *Das Ende der Egomanie – Die Krise des westlichen Bewusstseins*. Köln: Kiepenheuer & Witsch

Rogers, C. (1961). *On becoming a person*. Bosten: Mifflin

Röhr, H.P. (2004). *Narzissmus – Das innere Gefängnis*. Zürich: Walter

Ruppert, F. (2002). *Verwirrte Seelen*. München: Kösel

Schröter, P., Meyer, C. (2003). *Die Kraft der männlichen Sexualität*. Zürich: Dendo

Schumacher, E.F. (1977). *Die Rückkehr zum menschlichen Maß – Alternativen für Wirtschaft und Technik. »Small is Beautiful«*. Hamburg: Rowohlt

Symington, N. (1995). *Wege zur Partnerschaft. Narzisstische Störungen und ihre Überwindung*. Göttingen: Steidl

Tscheulin, D. (1992). *Wirkfaktoren psychotherapeutischer Intervention*. Göttingen: Hogrefe

Willi, J. (1975). *Die Zweierbeziehung*. Reinbek: Rowohlt

Willi, J. (1985). *Koevolution – Die Kunst gemeinsamen Wachsens*. Reinbek: Rowohlt

Wyss, D. (1981). *Lieben als Lernprozeß*. Göttingen: Vandenhoeck & Ruprecht